大学生が出会う
経済・経営問題

お金の話から就職活動まで
――役立つ基礎知識――

信州大学経済学部経済学科［編］

創成社

はしがき

　自分が大学生になったばかりの頃を振り返ると、経済学を専門として勉強することになったのだからと意欲に燃えて、経済問題を扱った本を手にとってみても、まったくちんぷんかんぷんで、文字を表面的に追うだけでそこに書かれていることの意味内容が頭に入ってこない苦しい経験をしたことを思い出す。例えば文学や歴史学など、高校時代までの勉強で馴れ親しんだ教科科目と連続性が強い学問分野を大学で専攻すれば、こうした経験はおそらくしなくても済んだことだろう。学年が進んで、経済学の基礎科目を勉強し、専門演習にも入ってより高度な論文も読むようになると、ほんの1、2年前に難しいと感じた本に、実はそれほど高級なことは書かれていなかったことに気付くことになったが、このように経済学は学生にとって決してとっつきやすい学問ではない。

　さまざまな学問の標準的な教程では、まず先に基礎科目を詰め込んでから、応用科目へと進むことになっており、これは今も昔も王道である。経済学の多くの応用問題も、当然基礎科目の知識を前提にして説明されることになっており、これが体系化された学問に共通する習得方法だ。よく使われるたとえだが、ちょうど登山で山頂の雄大な景色を楽しむためには、途中の山道を汗をかきながら登らなければならないのだ。

　このような登山のたとえに説得されたというよりもむしろ、私が大学生だった1970年代頃にはまだ、大学で講義されている学問全般に対する何か憧れのようなものがあって、それに突き動かされて抽象的な概念や理論の習得が中心となる基礎科目の勉強にも何とかついていくことができたように記憶している。しかし、山頂の楽しみを知らない人が、初めて山道を黙々と歩き続けるのは苦しいものだ。
それから数十年が経ち、私自身が大学で教える立場になった今では、専門教育に進むための導入教育について、大学でも意識して取り組むようになっている。これは、登山を始める前に、まず山頂の風景をビデオで楽しんでもらうようなものだ。山道の途中で苦しくなったら、もう少し頑張れば本物の山頂の絶景を見ることができることを思い描いて、これを励みにして山道を乗り切ってもらおうというものだ。

本書は、こうした目的で企画されたもので、本学部経済学科の教員が分担して執筆したものである（執筆後に他大学等へ異動した教員も含みます）。これは、先に本学部経済システム法学科の教員が分担執筆した『大学生が出会う法律問題』が幸いにも好評を得ることができ、その姉妹編として世に出るものである。今回の『大学生が出会う経済・経営問題』では、経済学、経営学、会計学、統計学の身近な応用問題を取り上げて、応用例から逆に基本概念や考え方に接してもらおうとするものである。本書が、経済学部の導入教育の道標として広く活用されることを願っている。

２０１２年８月

徳井丞次（信州大学経済学部長）

目　次

第8章　データと分析……202

第1章　物の値段

1　牛丼チェーンの値下げ競争と〝需要の価格弾力性〟

学習のポイント
① 商品の価格と販売量との関係を表す需要曲線。
② 価格の値下げは、お店の売上を増やす？　それとも減らす？
③ 価格変化が販売量へ及ぼす影響は、商品によって異なる…需要の価格弾力性。

はじめに

経太は、最近、昼食代が安く上がって少し嬉しそうです。経太がちょくちょく通っている牛丼のチェーン店が、大幅な値下げキャンペーンを行っているからです。そういえば、新聞にも、こんな記事が載っていました。

〝先読みビジネス天気（5）外食――単価引き上げの動きも（終）〟

2011年1月25日　日本経済新聞　朝刊

松屋240円、すき家250円、吉野家270円――。1月半ば、牛丼大手3社は並盛り価格を30～110円引き下げた。このところ恒常化している期間限定の値引きキャンペーンだ。**それでも最も値下げ幅の大きかった吉野家の期間中の売上高は6割増、近年の最安値となった松屋も客数を4割増やすなど、店頭はにぎわった。**

2009年末に通常価格を下げた松屋とすき家は昨年1年間、売上高を増やし、昨秋に低価格商品を投入した吉野家も客足が回復。牛丼は、家で食事する「内食」に流れがちだった消費者を呼び戻し、再び「不況期の強さ」を証明した。**すき家のゼンショーの小川賢太郎社長は「低価格で来店頻度を上げ、市場を拡大できた」と話す。**……後略

大手牛丼チェーンの間では、激しい値下げ競争が繰り広げられているようです。でも、経太は、少し不思議な感じがしました。「値下げをしたら、お店の収入は減りそうだけど、値下げした牛丼チェーンは、すごく売上（牛丼の販売による会社の収入）が伸びているのはどうして？」そういえば、少し前には、値下げせずに価格を維持していた牛丼チェーンは、売上が減ってしまった、って記事もあったっけ。

〝吉野家、280円で「牛鍋丼」、低価格で巻き返しへ、値下げ競争激化必至。〟

2010年9月3日　日本経済新聞　朝刊

前略……

牛丼大手では昨年12月に松屋フーズとゼンショーが牛丼価格を下げる中、吉野家だけは価格を維持。この結果、吉野家の既存店売上高は7月まで17カ月連続の前年割れとなっている。

2日に記者会見した安部修仁社長も、「(業績)不振の原因として、競合他社の低価格の影響が最も大きかった」と認めた。

松屋フーズは期間限定で牛めし(通常は並320円)を250円で販売。「すき家」も近くに競合店がある店では牛丼価格を下げる戦略をとっている。

商品の販売って「値段を上げて高く売れば収入が増える」なんて、単純な話じゃないみたい。でも、経太のお姉さんでOLの経子さんは、ヨーロッパの高級ブランドのバッグや財布を買って、とっても嬉しそうにしていました。他にもっと安いカバンや財布があるのに、どうして、あんな高いものを買うんだろう。経子さんだけじゃなく、経子さんのお友達も、高級ブランドがお気に入りです。牛丼チェーンのように、値下げをすることで売上を伸ばす業界もあれば、高級ブランド・ショップのように、高い値段を維持しても人気を博しているところもあります。どうも、企業が活動していく上で、どのような価格をつけるかということは、一筋縄ではいかない重大な問題みたいです。そこで、牛丼チェーンの値下げ競争の背景を考えながら、価格と売上の関係について考えてみます。

商品の価格と販売量との関係を表す需要曲線

誰でも、買いたい商品の値段は安い方が嬉しいはずです。こうした消費者心理を表したものが、**需要曲線**です。需要とは、ある値段の下で、どれだけ商品を買いたいかということ。たとえば、280円の牛丼並盛を食べている人は、その牛丼を食べることに〝280円以上の価値〟を見出しているはずです。280円を下回る価値しか感じていないのであれば、この280円を他のことに使った方が良いからです。たとえば、ハンバーガーショップに行くとか、コンビニのお弁当にするとか、大学の学生食堂で食べるとか。このように、ある価格の下で、お金を払って牛丼を食べるという需要行動から、その人の牛丼に対する評価が見えてきます。

この、〝需要〟と〝価格〟の関係を示したグラフが、需要曲線です。「安ければ、より多く買いたい」という心理を反映して、需要曲線は、価格が低いほど需要が多くなるという傾向を示しています。そして、1人ひとりの需要曲線を足し合わせていくことで、世の中全体（市場）の需要曲線を考えることができます。こうした市場の消費者全体の行動を示す需要曲線を使うことで、消費者全体の購買意欲のパターンも見えてきます。たとえば、図表1―1のような需要曲線であれば、P_1からP_2まで縦軸の価格が低下すると、X_1からX_2まで横軸の需要量は増加します。高い価格P_1を上回る価値があると思う人の数よりも、低い価格P_2以上の価値があると考える人の数の方が多いはずですから、需要量は増加するわけです。このように、通常は、需要曲線は右下がりのグラフになります。

実は、企業が価格設定を考えるとき、価格の変化自体の影響と、価格変化が引き起こす需要量の変化との相対的な大きさが重要となってくるのです。

価格の値下げは、お店の売上を増やす？　それとも減らす？

企業が製品を販売することで得る収入、つまり売上は、左記の式で計算することができます。

売上＝製品単価×販売数（客数）

ここで、製品単価を引き上げて値上げを行った場合を考えてみましょう。製品単価の上昇は、製品1単位当たり（たとえば牛丼1杯当たり）の収入を増やすので、右の式の右辺を増やす、つまり売上を増加させる効果があるはずです。ところが、ここで、需要曲線の性質を思い出してみましょう。需要曲線は、価格が上昇すれば、人々の購買意欲が減退して〝需要〟が減少する性質を表していました。つまり、価格の上昇は、製品の〝販売数〟を減らす効果をもちます。したがって、価格の上昇は、販売数の減少を通じて、売上を減少させる効果ももつことになります。

では、製品単価を引き下げる場合は、どうでしょうか。製品単価の低下は、製品1単位当たりの収入を減らして、売上を減少させる効果があります。一方で、需要曲線の性質から、価格の低下は製品の〝販売数〟を増やす効果をもちます。よって、

図表1－1

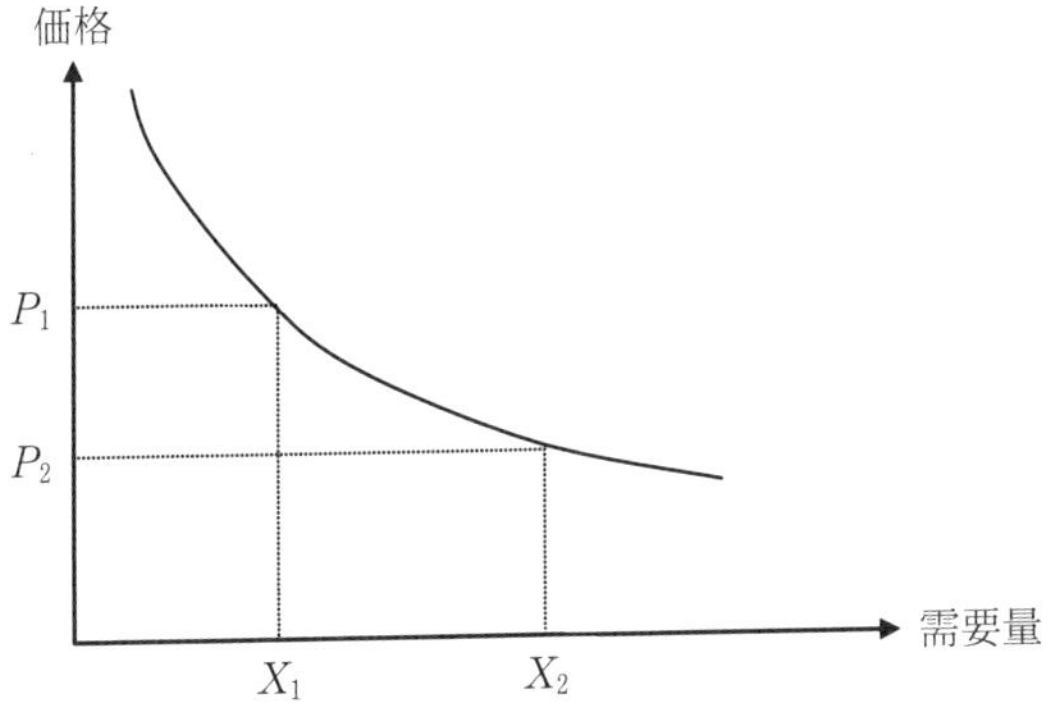

価格低下は、販売数の増加を通じて、売上を増加させる効果ももつことにもなります。

価格の変化が生み出す直接の効果（製品1単位当たりの収入の変化）と、需要量（販売数）の変化を引き起こす間接的効果とは、それぞれ逆方向の効果をもたらすため、双方の効果を併せて考えなければ、うまく売上を増やすことはできません。企業にとっては、ここが悩みどころです。そこで、どのような価格にすれば、売上が最大になるのかを、考えてみましょう。価格を下げても需要量が増えるため、企業の収入である売上は、増えるか減るか、一概にはわからないところがポイントです。

価格設定を考えるにあたって、ある価格の下でどれだけの量を販売することができるかは、需要曲線から考えることができます。すでに述べた通り、需要曲線は、価格と需要量との関係を表したものです。ここで仮に、価格をP、需要量をXとした場合に、需要曲線は、左記の1次関数で表現できるものと考えてみます。

$$P=-X+30$$

この式では、Xの係数、つまり、需要曲線の傾きが-1になり、需要曲線が右下がりの形状になることがわかります。このことは、図表1−2の通り、価格が“1”下がると、需要が“1”だけ増加することを意味します。

そして、この式を変形すれば、$X=-P+30$となります。つまり、需要量Xを価格Pの関数として表すことができます。売上をSとすると、S（売上）の式は、

売上（S）＝製品単価（P）×販売数（需要量X）

ですから、$X=-P+30$という性質を利用すれば、売上を、価格の関数として表現できます。

すなわち、

売上（S）＝製品単価（P）×販売数（$-P+30$）

$$=P\times(-P+30)$$

$$=-P^2+30P$$

したがって、〝売上（S）〟は、〝価格P〟の２次関数になります。２次関数の性質から、左記のように平方完成を行うことで、グラフの形状を考えることができます。

$$-P^2+30P=-(P-15)^2+225$$

つまり、図表１－３のように、$P=15$の時、２次関数$S=-P^2+30P$は最大値２２５となることがわかります。この時、需要曲線関数$P=-X+30$より、$X=15$となります。このように、需要曲線の形状を考慮に入れて、価格が売上に与える影響を定式化することで、企業の売上を最大にする価格を導き出すことができます（微分のテクニックがわかる人は、S（売上）をP（価格）で微分することで、Sの最大値を求めてみてください。同じ結果を得ることができます）。

図表１－２

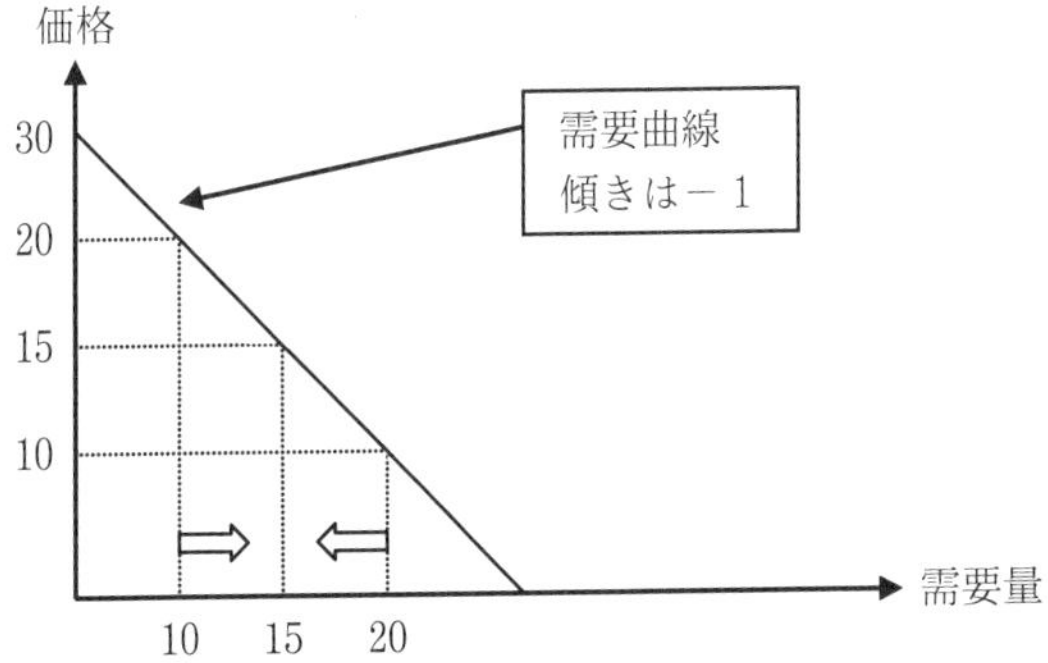

図表1－3

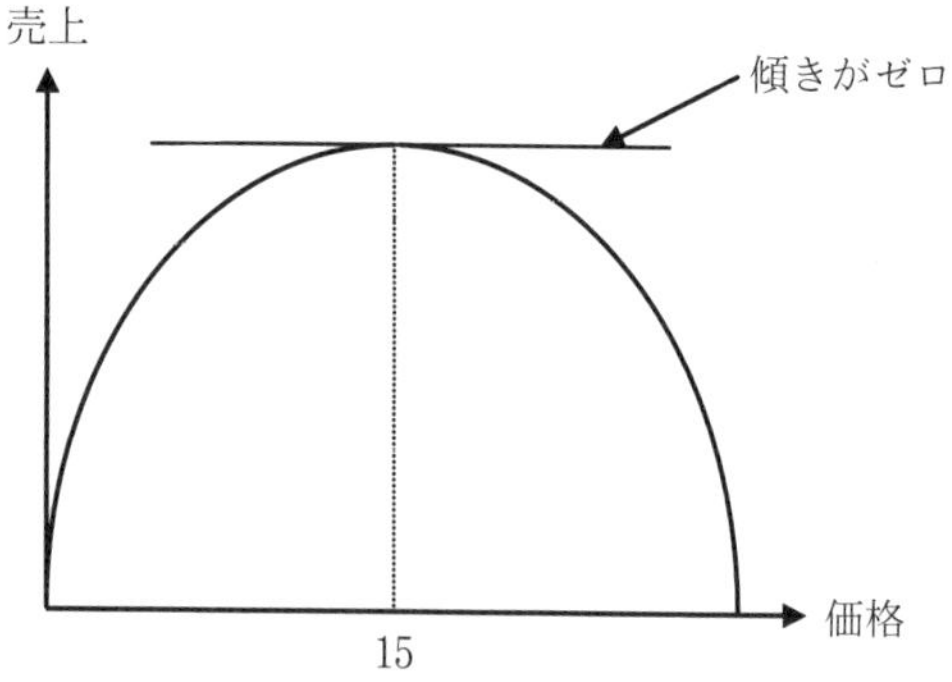

S（売上）のグラフ（図表1－3）は、$P<15$の時には右上がり、つまり価格（P）の上昇によって、売上（S）が増加する形状となっています。これは、価格の引上げが引き起こす2つの効果の間で、直接の効果（製品1単位当たりの収入を増やす効果）が、需要量（販売数）を減少させる間接的効果を上回っていて、価格引上げが売上を増やすことを表しています。

逆に、$P>15$の時には右下がり、つまり価格（P）の上昇によって、売上（S）が減少する形状です。この場合、価格の引上げによる直接の効果よりも、需要量を減少させる間接的効果の方が大きくなっていて、$P>15$であれば、むしろ、価格を引き下げた方が売上が増えることを表しています。逆方向に働く2つの効果の兼ね合いを考えると、$P=15$の時、ちょうど売上が最大になるわけです。

数式上、売上を最大化する価格を求めることはできましたが、その背景は、どのように解釈すべきでしょうか。これについて、次節で〝需要の価格弾力性〟の概念を通じて考えてみます。

価格変化が販売量へ及ぼす影響は、商品によって異なる：需要の価格弾力性

もちろん、需要曲線の傾きは、1になるとは限りません。さらに言えば、1次関数の形状であるとも

限りません。たとえば、需要曲線の傾きが1よりもなだらかで水平に近くなると、次ページの図表1−4のような形状になります。

この図では、価格がP_1からP_2まで少し低下しただけでも、需要量はX_1からX_2へと大きく増加します。つまり、需要曲線の傾きがなだらかになる製品は、価格のわずかな変化に対して、需要量が敏感に反応することがわかります。このように、価格変化に対して、需要が大きく変化する場合、「価格に対して弾力的な需要曲線」といいます。需要曲線が価格に対して弾力的な場合、製品の単価を引き下げると、販売量が大きく増加します。すると、値下げによる売上へのマイナス効果を、販売量増加によるプラス効果が上回り、値下げすることが売上増加につながる可能性が出てきます。

図表1−4

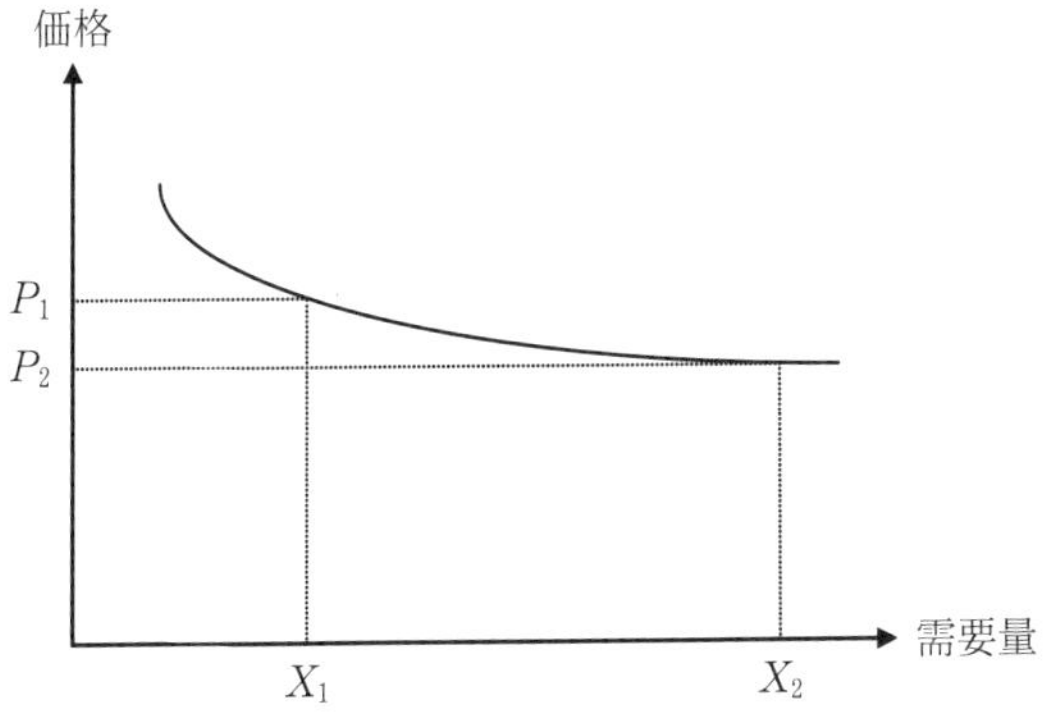

代替的な商品がある場合、つまり、その製品を買わなくても、他の似た製品を買うことで事足りる場合、需要曲線は価格に対して弾力的になる傾向があります。たとえば、バターとマーガリンであれば、個人の好みはあるものの、どちらを使うかは、簡単に切り替えができます。もし、マーガリンの価格が変わらない時、バターの価格が少し上昇すれば、バターの需要は大きく減少するはずです（一方で、マーガリンの需要が大幅に増えるはずです）。

逆に、需要曲線の傾きが1よりも急で垂直に近くなると、どうでしょうか。需要曲線は、図表1－5のような形状になります。こんどは、価格がP_1からP_2まで大幅に低下しても、需要量の変化はX_1からX_2へと、あまり大きな増加は生じません。

需要曲線の傾きが急になると、価格変化に対して需要量は、あまり敏感に反応しません。価格変化に対して需要量の変化の程度が少ない場合、〝価格に対して非弾力的な需要曲線〟と呼びます。需要曲線が価格に対して非弾力的な場合、多少の値下げをしても、大きな販売量増加を見込むことはできません。むしろ、値下げによる製品1個当たりの収入減少効果の方が大きくなって、売上が減少してしまう恐れもあります。このような場合には、ある程度の価格水準を維持した方がよいかもしれません。

米やパンのような生活に欠くことのできない商品の場合、価格が多少変化しても、需要に大きな変化があるわけではありません。仮に米の値段が大幅に低下して10分の1になったとしても、普段1食で1杯しか食べていないご飯を10杯に増やす人は、まずいないでしょう。この他、電気やガス、水道といった生活必需品も、需要曲線の傾きは急になる傾向にあると考えられます。

さて、ここで、話を牛丼チェーンの値下げ競争に戻してみましょう。需要が価格変化に対して弾力的

図表1－5

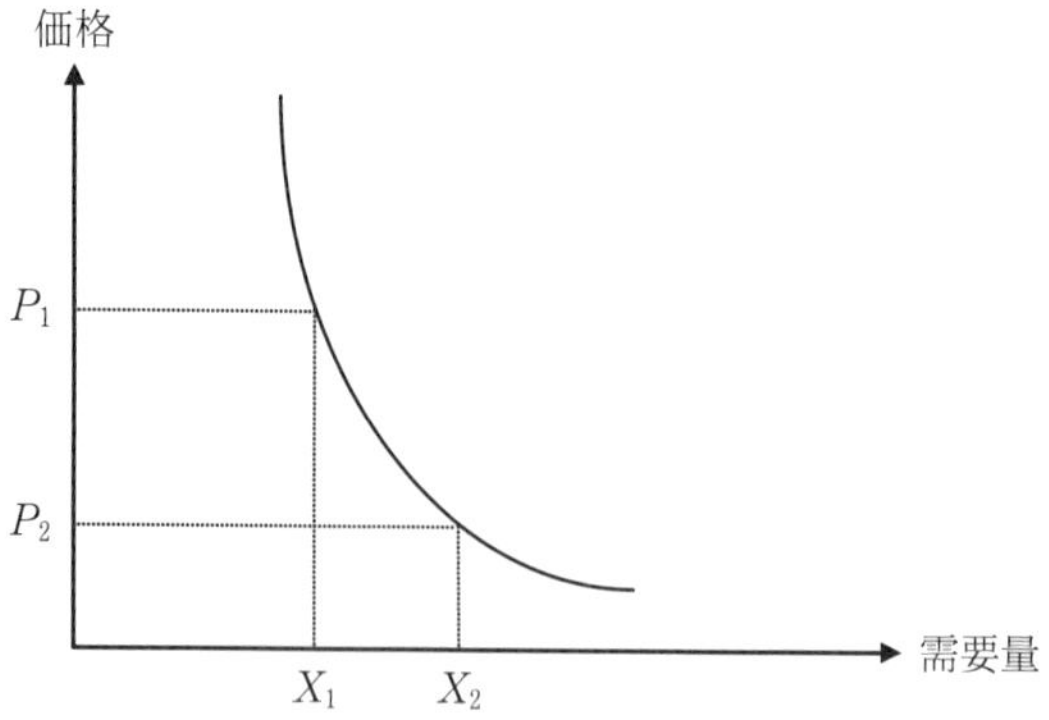

になる（敏感に反応する）理由の1つとして、〝代替品の存在〟を指摘しました。実は、代替品という意味では、ライバルとの競合関係も影響してきます。たとえば、ガソリンの場合、どこのガソリン・スタンドで購入しても、商品は同じです。つまり、あるガソリン・スタンドで買うのをやめても、他のガソリン・スタンドで買えばいいわけです。どこで買っても同じとなれば、1リットル当たり数円の値段の差で、消費者はガソリン・スタンドを変えてしまいます。経太は、家族でドライブに出かけた時、お父さんが安くガソリンを入れようと、国道沿いのガソリン・スタンドの価格表示を一生懸命見入っていた姿を思い出しました。

牛丼チェーンやハンバーガーショップなどの外食産業のように、食事という共通の目的に対して、数百円という同じような価格帯で多数の企業が商品を提供している場合も、密接な代替材が豊富に存在していると考えられます。牛丼1杯食べて300円でお釣りがくるというのを、魅力的に感じる人も少なくないはずです。今までハンバーガー・ショップや、コンビニエンス・ストアの弁当といった他のファスト・フードで昼食を取っていた人も、牛丼を食べる機会が増えたかもしれません。経太も、最近はハンバーガー・ショップで食事をすることが少なくなりました。

同じような価格帯に、ライバル各社の商品がひしめいている場合、わずかな値下げでも、ライバル他社から顧客を奪う形で、来店客数が大幅に増える可能性があります。こうした構造は、自分の会社の製品の需要曲線を、価格に対して弾力的にしているかもしれません。大手牛丼チェーン各社は、こうした需要曲線の形状に着目して値下げを実行し、売上増加に結び付けていたと考えられます。

過去にも、牛丼チェーン大手の吉野家は、1杯400円だった牛丼並盛を、2001年の夏、突然、280円へと、一気に120円という大胆な値下げを実施したことがあります。吉野家ホールディングス社長安部修仁氏によれば、「昭和50（1975）年に、それまで200円だったのを300円に値上げしていますから、だいたい4半世紀前の値段感覚ですね」（安部修仁・伊藤元重『吉野家の経済学』（日経ビジネス文庫）より）。

『吉野家の経済学』によれば、値下げ直後の最初の1週間では、来店客数は2・7倍。値下げ後1カ月間では、全店のアベレージで2・2倍、売上で60％以上の増加を記録しました。そして、吉野家は、280円への値下げを断行する前に、店舗網を利用して綿密な市場調査を行っていました。期間限定セールを行うことで、270円、280円、290円、300円と、いくつかの異なった価格を設定してみて、顧客の反応を試していたのです。すると、以下のような結果が出てきました。

300円と290円では、価格が低い方が、顕著に売上が多い。
290円と280円の間でも、価格が低い方が、顕著に売上が多い。
280円と270円では、それほど大きな違いは無かった。

このことから、「280円という価格設定が、もっとも高い売上を確保できる」と判断したわけです（詳しい内容は、伊藤元重『ビジネス・エコノミックス』（日本経済新聞社）と、安部修仁・伊藤元重『吉野家の経済学』（日経ビジネス文庫）を読んでみてください）。

このように考えてみると、ライバルがひしめきあって顧客を奪い合うような構造の下では、自社製品への需要曲線は、価格に対して弾力的になりがちで（需要曲線の傾きが、水平に近くなりがちで）、価格競争が激しくなるといえそうです。もし、経営者が価格競争に巻き込まれたくないと考えれば、自社製品への需要曲線が価格に対して非弾力的になるように工夫することがポイントかもしれません。具体的には、どうすればよいのでしょうか。

たとえば、優れたデザインやブランド・イメージの構築などを通じて自社製品に特徴をもたせて、ライバルの製品との違いを前面に出す製品差別化が重要かもしれません。ヨーロッパの高級ブランドのように、高い品質でブランド・イメージを育成すると、経太のお姉さんの経子さんのように、特別に愛着をもつユーザーが出てきます。自社製品に愛着をもつファンを作り出すことができれば、ライバル企業よりも高めの価格設定を行っても、ある程度の販売量を確保できます。大きな需要を獲得できなくても、製品単価を高めに維持することで利益を確保することができます。このような製品差別化の動きは、経済学では〝独占的競争〟と呼ばれる概念で捉えており、産業組織論という分野で分析が行われています。

最後に、「需要曲線が価格に対して弾力的」という点は、「価格の変化が需要量へ与える影響」について着目した議論です。売上を最大化するためには、「価格の変化が製品1単位当たりの収入を変化させる効果」も考慮して考えなければなりません。経済学では、価格の変化が及ぼす2つの効果を同時に捉える概念として、**〝需要の価格弾力性〟**という指標を考えています。需要の価格弾力性は、需要関数を定義することで具体的な値を算出できます。詳しくは、ミクロ経済学の講義で学習できます。

需要の価格弾力性の値の導出には、もう少し数学的な解説が必要になりますので、ここでは、結論だけを述べます。この需要の価格弾力性の値が高い場合（具体的には、1を上回る場合）、価格の引下げによる直接の効果よりも、需要量を増加させる間接的効果の方が大きくなって、価格を引き下げた方が売上が増えることを表しています。需要の価格弾力性の値は、当然、需要曲線の傾きがなだらかな方が高くなります。

そして、価格変化が需要の価格弾力性へ及ぼす影響は、需要曲線の傾きの他に、注目する価格水準によっても異なってきます。したがって、同じ需要曲線を見ても、注目する価格水準に応じて、需要の価格弾力性の値は異なります。具体的には、価格水準が高い時には需要の価格弾力性の値は高く、値下げが売上の増加に効果的である場合が多くなります。前述の需要関数の例でいえば、価格 $P>15$ の場合です。一方で、価格水準が低い時には需要の価格弾力性の値も低くなります。

大手牛丼チェーンでは、世の中の動向を見極めて、当時の価格水準では自社製品の需要の価格弾力性が高い状況にあると判断し、牛丼の価格引下げに踏み切ったと解釈できるかもしれません。


（広瀬純夫）

2　市場価格の意味—えっ?!「価格」ってお金で測るんじゃないの?—

学習のポイント
① 機会費用という考え方—欲しいもののために何をどれだけあきらめられる?
② なぜキャンペーンだけで車利用を減らせないのか。
③ 見えざる手のある市場、ない市場—取引の役割。

行列の正体—需要曲線

ある日ミクロ経済学の講義に出た経太は、「競争は市場経済活動の原動力だと先生は説明するけど、どういう競争なんだろう。競争というと相手を蹴落とすみたいな響きがあるんだけど」と考えながら、緑香る乾いた風が吹いている教室の外へ、終了チャイムと同時に出てきました。そこへ「バイト代が入ったから、最近評判の新しいラーメン屋に行こう」と友達が誘うので、いつもは生協食堂に行くところを、大学から南に位置する店まで自転車で出かけました。店に着くと、案の定、店先には行列ができていました。列の先頭は1時間ほど待っている様子です。「大学に近いところにもラーメン屋があるけど、あそこに列ができたためしはないよなぁ」と言う友達にうなずきながら、経太は「これが「競争」だとしたら、相手の邪魔をしたり足をひっぱったりする競争とは、どうやら意味が違う」と思いました。

実はこの行列、ラーメンを購入して食べたいと思う人たちの重要な需要情報を表しています。列の先頭にいる人と経太たちとは、明らかにラーメンに対する執着が違います。執着の違いは、ラーメンに対する価値判断の違いです。列の先頭の人にとってこの店のラーメン1杯は、他の店のラーメンはおろか、ファミレスや定食屋のランチにも代えがたく、このラーメン代金分を払わなければできたはずの他のことをすべて捨てたうえ、バイトに行けば900円はかせげたはずの1時間を列に並ぶことに費やしても悔やむことがないくらい、十分な価値があるということになります。それら他にできたはずの事柄すべてを、経済学ではその人にとっての**機会費用**と呼び、これでラーメンの価値を測ります。

列の先頭の人の「機会費用」が一番大きく、次の人の機会費用は2番目、列の最後尾は一番小さくなります。列に並んでいる人の人数が20人であれば、ラーメン20杯分の人々の機会費用を、図表1—6のように描くことができます。これは経済学テキストでよく見る、右下がりの需要関数のグラフそのもの

図表1－6　ラーメン店前の行列

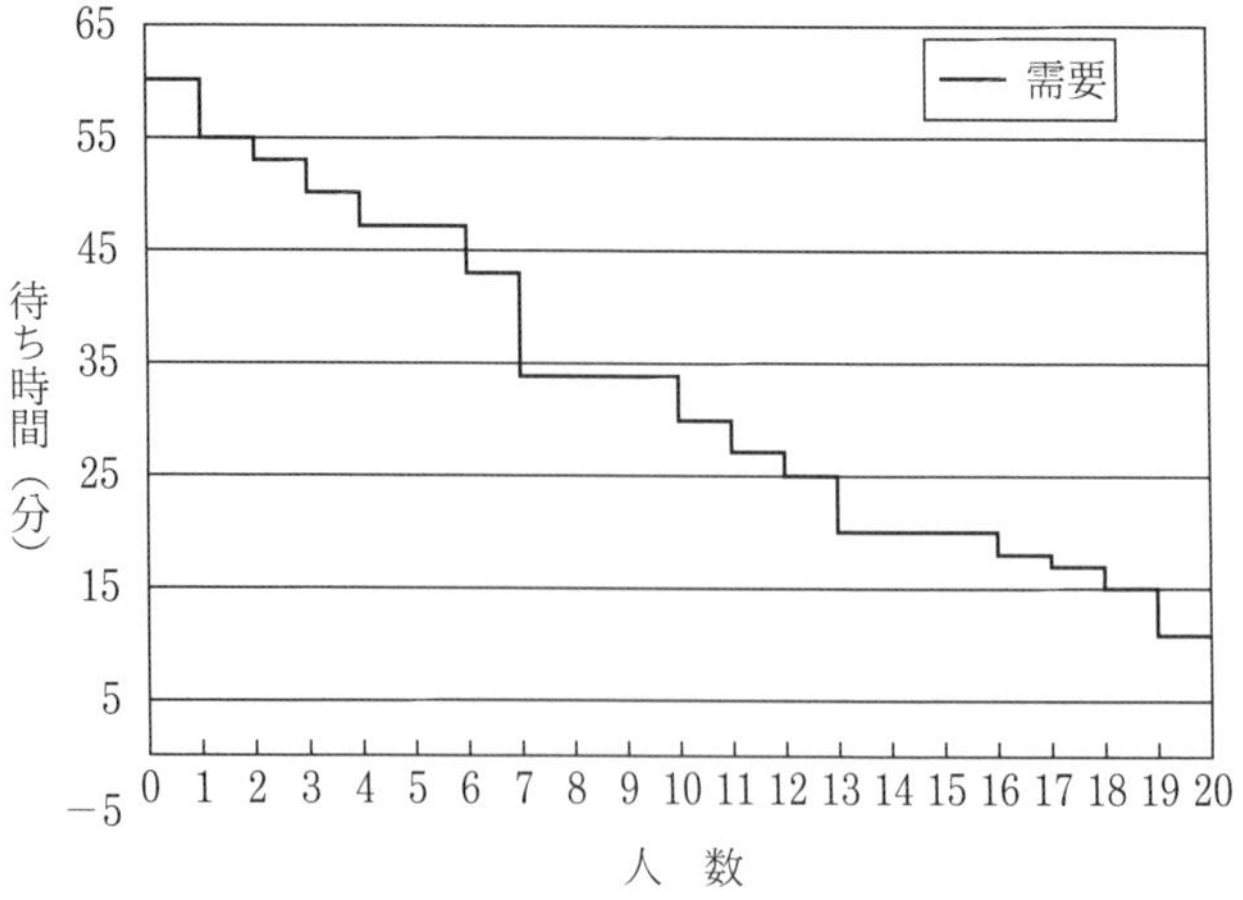

にほかなりません。縦軸の「待ち時間」は、その人の「機会費用」とラーメン1杯に支払う分の差分を測っていることに注意してください。つまり、ラーメンの価格は「機会費用」で測ったものであって、お金の単位で測ったものではないのです。[1]

そのとき経太の携帯に、「今日はなでしこジャパンの決勝戦を見る女子会があるので、ごめんね」とメールが入りました。どうやら彼女にとって経太と過ごす「機会費用」は、なでしこジャパン決勝戦より低いようです……。

供給側の競争―松本のガソリン価格の謎

経太は、サークル合宿のために実家のある千葉からもってきた車を出すことになっていたので、車にガソリンを入れておこうとアパートを出ました。ガソリンという商品は、どこのスタンドでもどの販売元系列でも、その品質に大きな差はないと考えられます。[2]そこで、買う側は価格差にとても敏感になります。スタンド側も、他の競争相手より1円でも高いとお客をとら

図表１－７　経太実家近辺のガソリン市場

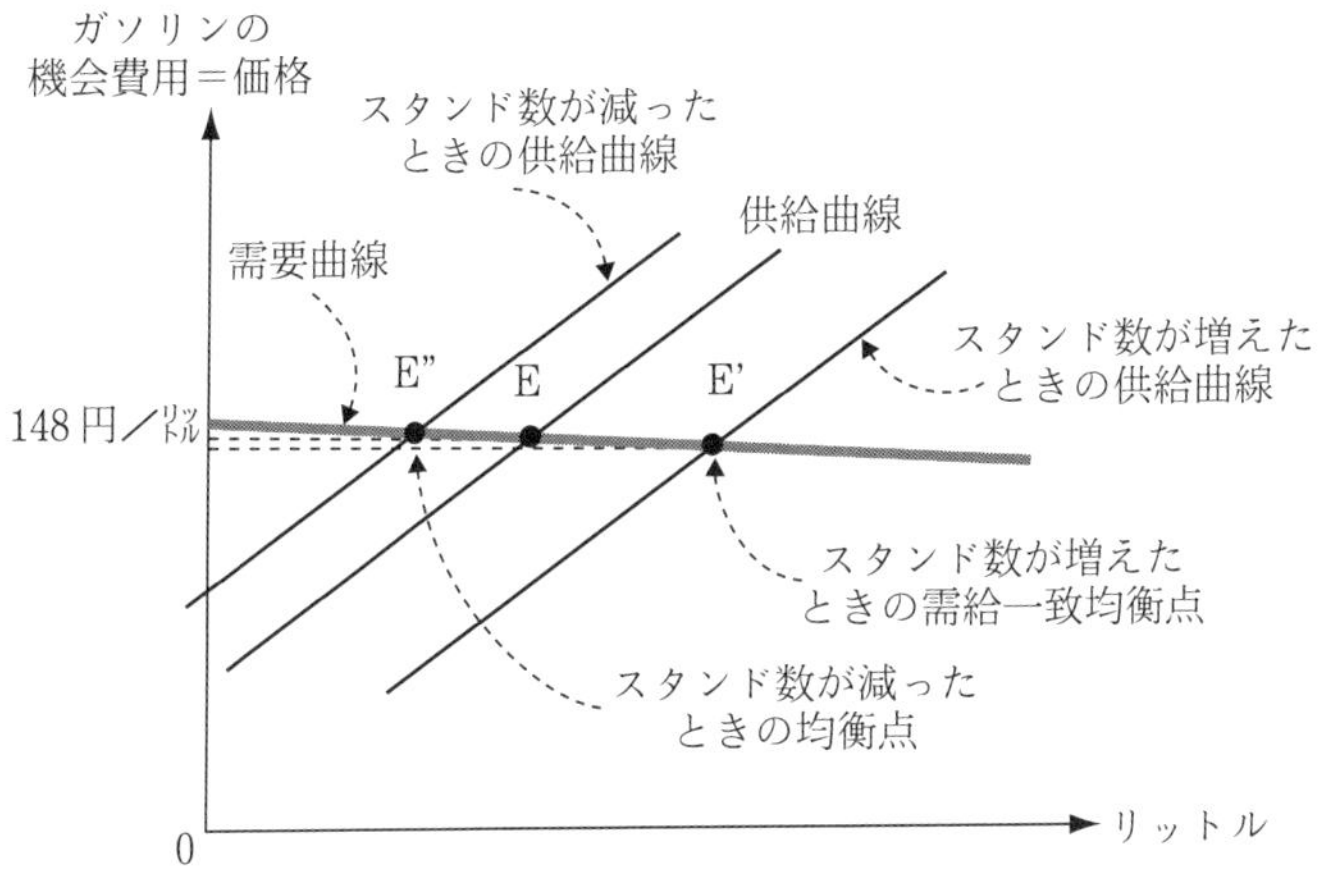

れるので、まわりにはよく目を配っています。その結果、経太の実家近くのスタンドの表示価格は、せいぜい1円程度の幅でほとんど横一線に並んでいます。その上、その設定価格はかなり安いのか、店を閉めて撤退してしまうスタンドも珍しくありません。が、また新しいスタンドもすぐできる、いそがしい業界です。

図表1―7は、経太の実家近くのガソリン市場を表しています。ガソリンの需要は価格にすごく敏感ですから、需要曲線はほとんど水平に近い形をしています。たとえば、E点で需要と供給が一致しているとしましょう。スタンドが互いに競争していると、E点の高さに対応する価格以外で販売することはできません。また、ガソリンスタンドの数が増えて供給曲線が右に移動しても、閉店数が増えて左に移動しても、交点の位置はE'やE"点にずれますが、価格はほとんど変動しません。これが、地域のスタンドの表示価格が横一線に並ぶ理由です[3]。

さて、松本の街を走り始めた経太は、すぐにおかしなことに気づきました。ガソリンスタンドの価格表示が千葉に比べてずいぶん控えめなのです。加えて、「会員価格あるいは現金価格は別」と書いてあったりします。しかも、その価格は実家近くのスタンドより10円ほど高いのです。「松本市民はよくこんな高い値段に我慢しているよなぁ」と経太はつぶやきました。「でも、松本のバスや電車の便がよくないので、少しくらい高くても車を使わないわけにはいかないなぁ」(4)

その日の夕方、サークル仲間と合宿の打ち合わせをしているときに、経太は昼間の疑問を地元出身のメンバーに聞いてみました。「あれじゃない、ガソリンは石油製品だから輸入原油はタンカーで港に入るわけで、千葉は海辺で輸送費がかからないから安いんじゃないの。」と1人が言うと、その場にいたほとんどがそれで納得した様子で、もち寄ったポテチを口に入れ始めました。ところが別の1人が「俺の実家は松本の隣の塩尻だけど、松本より安いよ。海からの距離はどちらも同じくらいじゃないかな」と言い出しました。費用が理由じゃないとしたら、あとは松本のスタンドが互いに競争していないと結論するしかないじゃないか、と経太は思いました。そう考えると、いろいろつじつまがあってきます。スタンドの表示価格が地味なのも、つぶれるスタンドがほとんどないのも……。

市場ができること、できないこと

「市場競争にまかせる」民営化政策には、民間活力を利用し無駄な公共事業を廃止する効果を評価する声がある一方で、「弱者切り捨て」の批判も多く、民主党に政権が移行した後に反民営化路線の揺り戻しの動きもありました。しかし、「市場」で何もかも解決できるという前提で政策の賛否を議論すること自体、おかしな話です。市場にはできることとできないことがあるのです。

まず、市場が得意なことの例から説明しましょう。信州大学には医学部付属病院があります。経太は、所属している経済学部の講義棟へ行くのに、いつも病院の前を通ってくるのですが、病院の駐車場へ入ろうとする車が長蛇の列を作り、大学前の道路に大渋滞をおこすのをたびたび見ました。ところが、最近病院駐車場が有料化され、駐車場拡張工事も行われていないのに、この渋滞が相当解消されているのに気付きました。駐車料金が有料化されれば、多くの人はバスや電車に切り替えるようになり、駐車場利用の中心はどうしても車でしか来られない人になるからです。有料化しないまま、「なるべく車を使わないように」とキャンペーンしただけでは、人々はバスに切り替えてくれません。他の人がどこまで切り替えてくれるかわからない状態で、自分だけが切り替えても損だと思うからです。他方、料金が高くなれば、人々はその料金に見合った車利用の価値が自分にとってあるかないかだけを考えるようになるのです。

同じようなことは、東北地方太平洋沖地震直後のガソリン事情にも見られました。パニックになった被災地以外の消費者に、買いだめしないようにテレビ等でさかんにキャンペーンが行われましたが、結局ガソリンの供給が追いつかず価格が高騰するまで、スタンドでの車の列の解消は難しかったのです。

駐車場料金にせよガソリン代にせよ、人々の自家用車の利用を自発的に減らすよう誘導するためには、バスや電車など他の交通手段を使った方がお得だと思わせなければなりません。公共交通の便をよくし、自転車利用のしやすい環境を作ったうえで、駐車料金をコントロールして人々の自動車の「機会費用」を十分高くすることが肝心です。人々の損得勘定を利用して望ましい方向へ誘導するのは、市場の得意技なのです。

市場への無理な注文の例として、次のありがちな主張を挙げておきましょう。「医療・保育所サービスといったものは、利用したいと思うすべての人の手に渡らなければならない。したがってこれらのサービスは無料で提供されるべきだ」というものです。「機会費用」の視点から言えば、症状の重い人にとっては、他の活動の何をおいても病院へ行かなければと思うほど診療サービスの価値は高いわけですが、ちょっとしたキズや普通の風邪の人にとっての「機会費用」は低いはずです。診療サービスがタダになれば、「機会費用」の低い人、つまりそれほどの病状でない人も病院へ押しかけていってしまう結果、ただでさえ混んでいる病院がますます混んで、本当に辛い症状の人が診療を受けられなくなってしまいます。「じゃあ、重い病気でもお金がなくて病院に来られない人はどうするんだ？」と経太は腑に落ちません。しかし、タダにすると、所得がない人もある人も鼻風邪くらいで病院へ行ってしまいます。本当に治療が必要な人だけが病院に来るようにする目的と、所得のない人を救済する目的の2つを同時に、診療サービスの料金という手段だけで解決することはできないのです。所得のない人の救済は、やはり生活保護などいわゆる各種所得政策手段を使って行い、市場における料金設定に救済目的を課さないことが大事なのです。

市場制度―ゆがんでいるのは競争ではなく制度では？

では、競争的であれば、どんな取引ルールの「市場」でも得意な機能を発揮するのでしょうか。答えは「否」です。例として、ネットオークションをはじめとする「入札」市場で考えてみましょう。

閉店する中古楽器屋さんが、同じ質の中古ピアノの在庫5台をオークションにかけたとします。このピアノは、ドイツの名門メーカーによる注文生産だとします。図表1―8の太線は、そのピアノ1台を手に入れるための「機会費用」が大きい順に、買い手を並べたもので、ピアノの需要曲線に対応します。買い手は転売目的をもたない個人とし、1人1台のみを購入するとしますので、横軸は人数であると同時にピアノの台数を表します。

図表1－8　入札市場：1人1札ケース

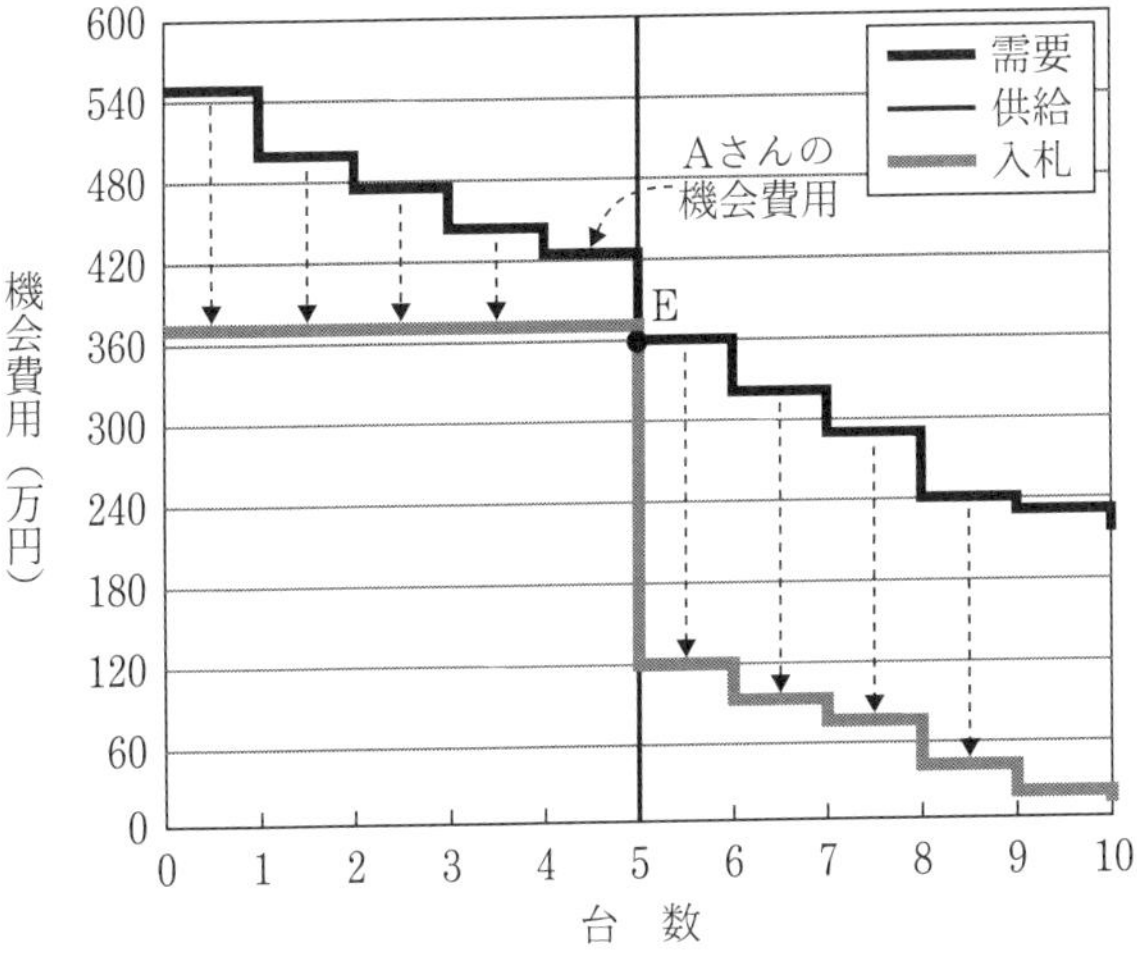

入札に勝って商品を手に入れることを落札するといいます。落札ルールにはいろいろありますが、ここでは入札された札の中から上位5番までの札を入れた買い手が落札し、自分が入れた札の値で支払いを行うという、もっとも一般的なルール[5]を考えましょう。あなたは一番熱心な買い手、つまり図表1―8の需要曲線の一番左上に位置している買い手だとします。あなたも他の競争相手も商品について非常に詳しく、互いに他の人が需要曲線上のどこに位置しているかわかっているとします。このとき、あなたは自分の機会費用そのままの値550万円で入札しますか？

売りに出されている台数は5台ですから、5台目を誰が落とすかをまず考えましょう。需要曲線上で高い方から5番目に位置している買い手をAさんとしましょう。Aさんは、全体で6番目に高い札より少しだけ高く入札すれば商品を手に入れることができます。機会費用が6番目の人はピアノ1台を360万円と評価していますから、この人は360万より

図表1－9　入札市場：1人2札ケース

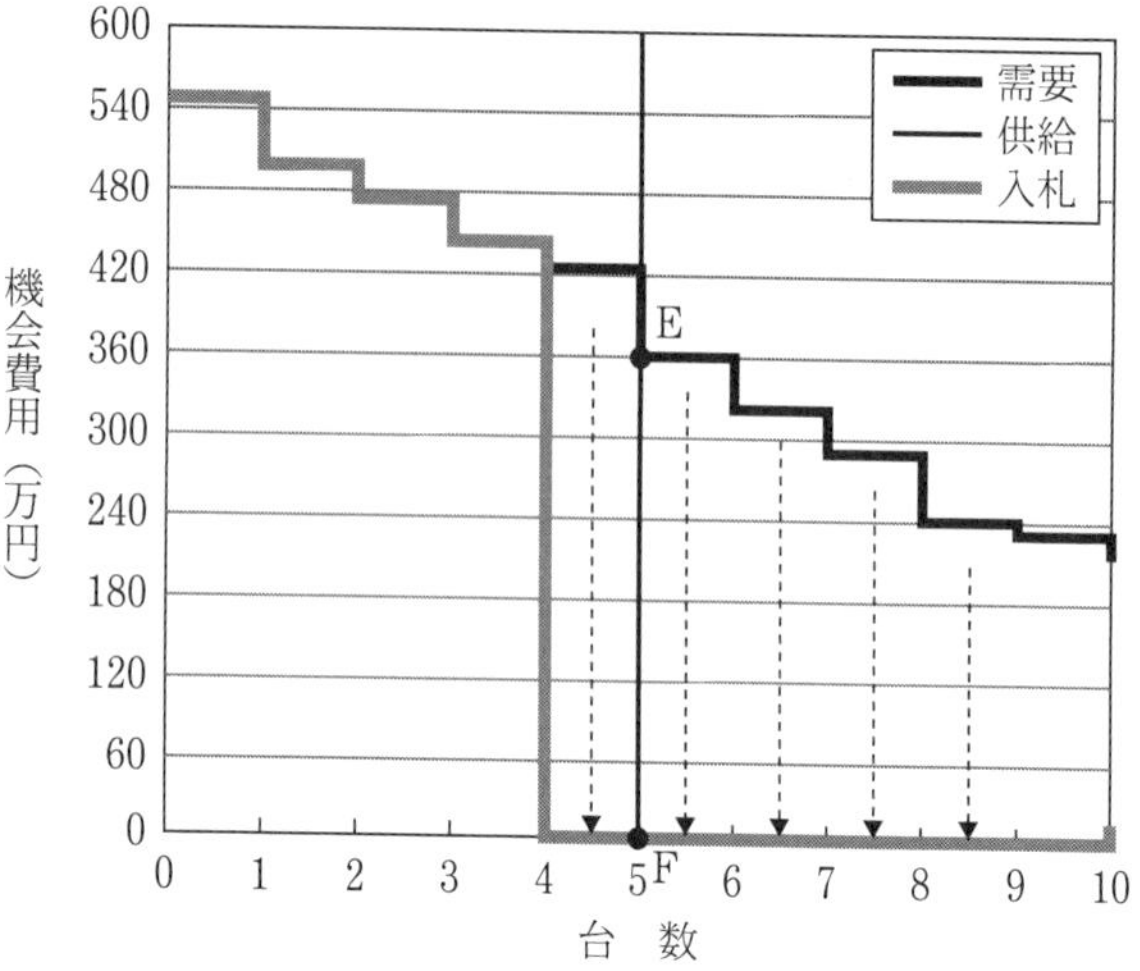

高く入札することはありません。そこでAさんは360万より少しだけ高く入札すれば、必ず1台手に入れることができるはずです。そう思うのはAさんだけではなく、あなたを含めた上位4人も同じように考える結果、5人が360万より少しだけ高い値で横並びの入札を行います。6人目以降の買い手は、自分たちに勝ち目がないとわかると、自分の評価よりもずっと低い値の「やる気なし」入札をするかもしれません。結局、入札の結果はグレーの線のようになり、各自の機会費用を表した太い需要曲線とは異なったものになります。しかし大事な点は、あたかも需要曲線が見えているかのように、均衡であるE点の価格と量で取引が行われることです。

次に、同じく入札の値の高い順に落札していくのですが、5番目に落札した札の値でそれまで落札した5単位の商品すべてを取引するという別のルール[6]を考えましょう。買い手は4人いて、それぞれの買い手が2単位ずつ全部で8単位の商品を欲しいと思っているとし、1人の買い手が2札入札するのを許します。4人分の商品価値をばらして、高い順に並べたものが図表1―9の需要曲線です。5単位の商品に対して8単位の需要なので、売り手が一見有利ですが、実はそうはなりません。4人それぞれ最初の1札については、需要曲線上の5単位目の値より高い値で入札しますが、2札目は0を入札します。こうすると入札ルールから、4人はそれぞれ1単位の商品をタダで手に入れ、最後の1単位はくじびきで5人の誰かがタダで手に入れるという、ぼろもうけができるわけです。こうなると、F点で取引が行われ、市場は機能しなくなります。

上記2種類の入札市場の間にあるほんの少しの取引ルールの違いが、結果を大きく左右するのです。やみくもに市場を開設しても、市場本来の機能を発揮できるとは限りません。十分に取引ルールを吟味する必要があるのです。

【注】

（1）経済学テキストのグラフの縦軸には「価格」をとることがよくありますが、その「価格」は単なる「お金」の単位ではなく、ここで説明しているように「他にできたことすべての価値＝機会費用」を測っています。

（2）価格変化率a％に対して需要量の変化率がa％以上であるとき、需要は価格変化に敏感であり弾力的であるといいます。（需要量変化率／価格変化率）を需要の価格弾力性といい、これが1以上であると弾力的です。

（3）供給曲線も販売する側の「機会費用」によって決まります。それがわからないと供給曲線を具体的に特定できないので、実際にE点で取引が行われているかはわかりませんが、スタンドの表示価格が横並びであって、スタンド数が増えても減っても価格にほとんど変化がないという点は、供給曲線の位置や形に依存しません。また、スタンドの表示価格が横並びでも、供給曲線自体が水平とは限らないことに注意してください。
（4）この場合の需要は価格変化に鈍感です。つまり需要は非弾力的で、価格弾力性は1未満に対応します。
（5）このタイプは通常「第1価格入札」方式と呼ばれています。
（6）このタイプは通常「同一価格入札」方式と呼ばれています。

（西村直子）

3　石油価格の話―どうして値動きが激しいんだろう―

学習のポイント

①　石油の寿命と勘違いされている可採年数は可変的である。
②　石油は市場メカニズムによる需給調節が難しく、価格は大幅に変動しやすい。
③　21世紀に入っての石油価格の上昇傾向はグローバル化の影響が大きい。

はじめに

経太と友人2人は春休みに関西へ行こうと考えています。
経太「特急と新幹線を使うのが早くて楽だけど、1人2万円くらいかかるなぁ」
法明「バスだと、往復で1万円だよ。ただ、5〜6時間かかるから、半日つぶれちゃうな」

経三「僕のクルマで行こうか。高速料金は京都まで往復15、000円くらいだから、あとはガソリン代」
経太「昨日、ガソリン入れたけど、リッター145円だった。京都までどれくらい距離があるのかな」
経三「えーっと。350キロメートルくらいだね。3人交代で運転すると、そんなに疲れない。ただ、クルマ、ちょっと古いんで、燃費はあまりよくないんだよ。リッター10キロメートルとして35リットル。京都往復で1万円。関西であちこち行くと、結構交通費かかるけど、クルマならいらない」
法明「都会は駐車料金高いよ。それに、ガソリン価格が春休みまで同じなんだろか」
経太「たしかに……。何年か前は190円くらいしていたのに、あっという間に100円台。それからまた上がって。最近は140円台だけど数カ月前は10円くらい高かった。かなり頻繁に価格が変動するし、幅も結構大きいな」
経三「どうしてそんなに動くのかなぁ。石油の寿命はあまりないって話もあるけど、不足しているのなら、上がる一方のはずだし……」
経太「**エネルギー**に詳しい先生にきいてみようか」

石油の寿命はあと何年?

石油に関する大きな誤解に可採年数に関する誤解があります。

可採年数＝確認埋蔵量÷年間生産量

可採年数とは、確認埋蔵量を年間生産量で除した数字ですが、確認埋蔵量、生産量とも変化します。

埋蔵量というのは地下に存在する**資源**の量ですが、地下にどれくらい資源があるのかは地上からではわかりません。確認埋蔵量とは、地下に存在すると確認された資源のうち、技術的・経済的に採掘可能な資源量を意味します。

地下資源は、石油の場合も、掘削して初めて、その存在が確認できます。ただ、確認できても、非常に粘着性が高いなどの理由で、技術的に採掘できない場合もありますし、採掘コストが高く採算性がない場合もあります。これらの場合は、確認はされても埋蔵量には算入されません。採掘・利用できない資源はないのと同じということなのです。ただし、技術革新、コスト低下、資源価格の上昇などの要因で採掘可能となった場合は、確認埋蔵量に算入されることとなります。

実際、世界の確認埋蔵量は、原油価格上昇や技術改革の結果、1980年の6,675億バレルから2010年には13,832億バレルへ増加、年間生産量は日量6,295万バレルから8,210万バレルに増加したものの、可採年数は29年から46年に増加しています。

もともと、可採年数は石油会社の在庫指数のようなものでした。石油製品や原油（地下から採掘された炭化水素の混合物）を販売する石油会社にとって、いつでも利用できる原油を確保する必要があり、石油危機以前は、油田開発に必要な10年程度が一般的であったといわれています。この数字が世界全体に適用されて独り歩きし、大きな誤解を与えることになったといえます。

さらに、確認埋蔵量は在来型の石油の埋蔵量で、オイルサンド（流動性をもたない高粘度の重質油を含む砂ないし砂質岩）、オリノコヘビーオイル（オリノコ川流域に賦存する超重質油）、オイルシェール（石油根源物質を含む堆積岩）などの非在来型石油の究極可採埋蔵量は、在来型石油を大幅に上回ると推定されています。

図表１－10　原油価格の歴史

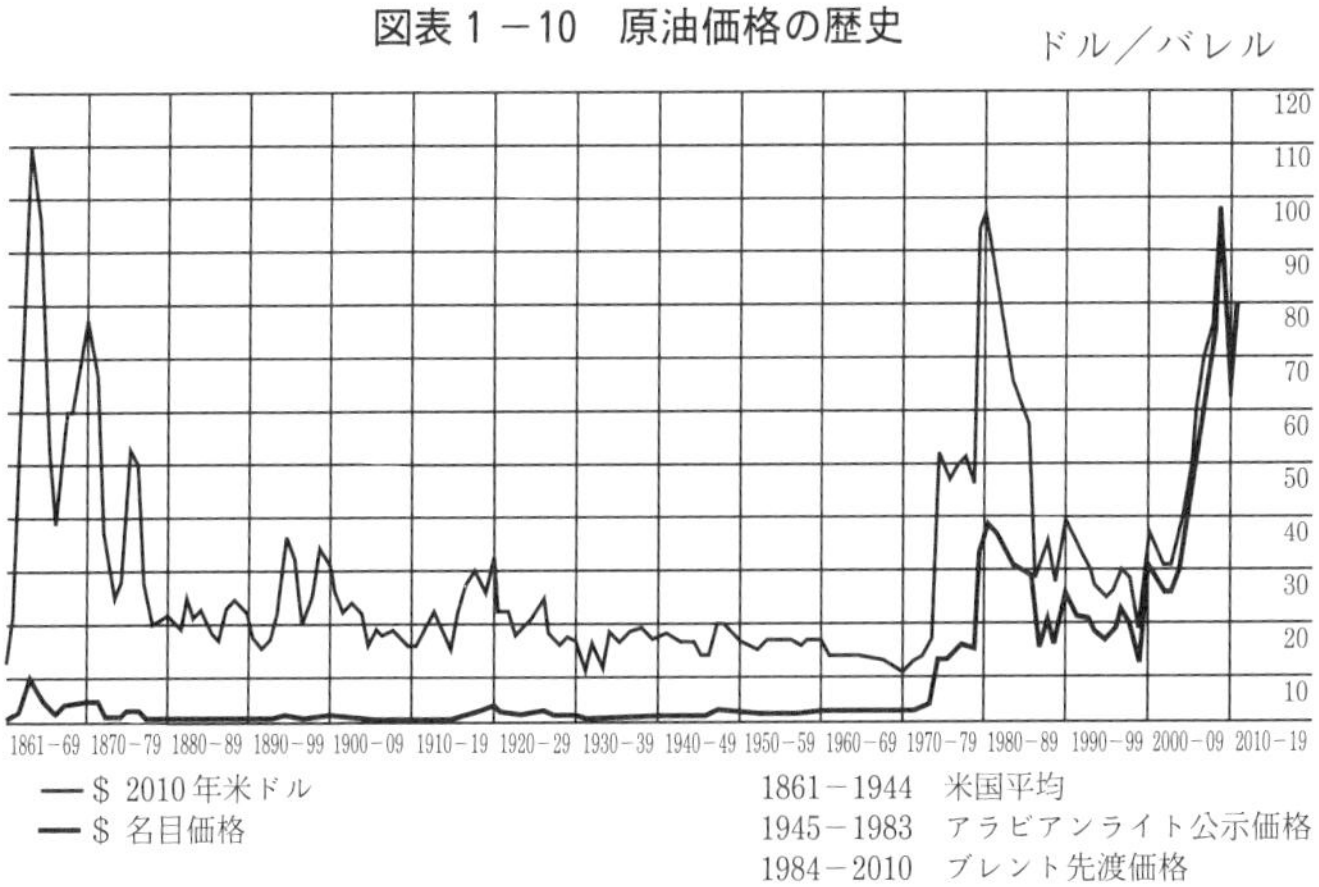

出所：BP Statistical Review of World Energy, 2011.

要するに、現在の生産水準を続けても、46年で石油が枯渇するというものではありません。さらに、将来、地球温暖化対策との関係で、燃料電池自動車、電気自動車などが普及した場合、石油消費量≒生産量そのものが抑制される可能性もあるでしょう。

大幅な価格変動が普通だった石油の価格

19世紀半ばからの原油価格の動きをみると、原油価格（2010年実質ドル）は大幅に変動するのが普通だといえます（図表1―10）。市場経済が全面化した資本主義社会では、価格・市場を通じた需要と供給の調節が行われますが、石油にはこのような価格メカニズムを通じた受給調節が難しい面があります。

石油資源は偏在しており、その開発には大きなリスクが伴ううえ、長期の時間と巨額の投資が必要です。このため、石油需要が増加し価格が上昇しても、すぐさま供給が対応できるとは限りません。また、価格が上昇しても、需要は低下しにくいといえます。とりわけ、自動車などの内燃機関燃料であるガソリンや軽油に対する代替材は少なくとも従来はほとんどないというのが現状でした。また、発電用・工業用などのボイラーやタービンにしても、装置体系の変更には少なからざる時間を要します。

一方、石油価格が低下しても、全体の供給は簡単には減少しません。石油開発には膨大な設備投資を要するため、生産費中の減価償却費など、生産量にかかわらず発生する固定費は非常に大きいばかりか、一度掘削された油井からは、相当期間、地下の圧力（油層圧）によって石油は自噴（自然に噴出）するなど、生産に比例する変動費の割合は極めて小さいのです。このため、減産すると販売額は減少しますが、コストはあまり変わらず、収益が圧迫されます。

需給の短期的価格弾性値の低さから、石油価格は大幅に変動しやすく、価格機構による需給調整には不向きな性質をもっているといえるでしょう。このため、石油産業の歴史は、19世紀末のスタンダードオイル・トラストをはじめとする巨大独占組織の歴史でもありました。

メジャーとOPEC

第2次大戦前の国際石油市場では、米国が圧倒的な地位を占めていました。近代的石油産業が誕生した国であり、戦前、すでに普通の人が自動車に乗っている唯一の国だったからです。戦後、欧州や日本でもモータリゼーションが進展、石油需要が急速に拡大しましたが、大手国際石油会社（メジャー）は、新しく開発した**中東**における原油生産の増加でこれに対応しました。中東の資源量は膨大で、コストも米国など既存の油田に比べ著しく低いのです。

低コストの中東石油の市場進出増加にもかかわらず、1950年代、60年代は、石油の歴史からみて、例外的に価格が安定していた時期であり、とりわけ、61年から70年までは1・8ドル（アラビアンライト原油公示価格）が続きました。何らかの価格操作が行われたことは間違いないと考えられます。

中東での石油開発・生産は、エクソン、ロイヤル・ダッチ・シェルなどセブン・シスターズと呼ばれるメジャー7社によってほぼ独占されていました。メジャーは原油生産からガソリン販売まで行う垂直統合企業であり、あらゆる部門で大きな市場シェアを有していました。メジャーはアラムコ、クウェート石油など現地で原油生産を行う会社を合弁で設立、これらの合弁会社が産油国政府と50年以上にも及ぶ独占的な「包括的利権契約」を結び、資源を独占しました（図表1―11）。メジャーから派遣された重役が複数の現地合弁会社で重複しているなど、合弁会社を通じて、メジャー間の情報交換・利害調整が行われたのでしょう。ガソリン販売状況など需要情報を参考に、独占下にある中東地域全体からの石油供給をコントロールしたと考えられます。

しかし、1960年代半ばから、発展途上国の多くで資源主権の回復をめざす「資源ナショナリズム」が高まり、73年には第一次石油危機、79年には第二次石油危機が発生、バレル当たり2〜3ドルだった価格は30ドルを超えました。この過程で、産油国は、メジャーから原油生産、価格の決定権を奪取、合弁会社への資本参加、国有化を進展させ、資源主権を確立しましたが、これはメジャーに代わって産油国が国際石油市場の管理を行わなければならないことを意味していました。

1960年に設立されたOPEC（石油輸出国機構）が、石油危機後、産油国間のカルテルとして市場管理を行うこととなりました。73年におけるOPEC加盟国の世界原油生産に占めるシェアは50％以上、さらに、原油輸出に占めるシェアは90％近いという状況でした。石油輸入国としては、OPEC以外からの輸入が難しく、OPECの価格支配力は非常に強力だったのです。OPECは総会で加盟国の原油価格を決定（価格協定＝価格カルテル）、その後生産量の決定（生産協定＝生産カルテル）も行うことに

図表1－11　中東におけるメジャー合弁会社

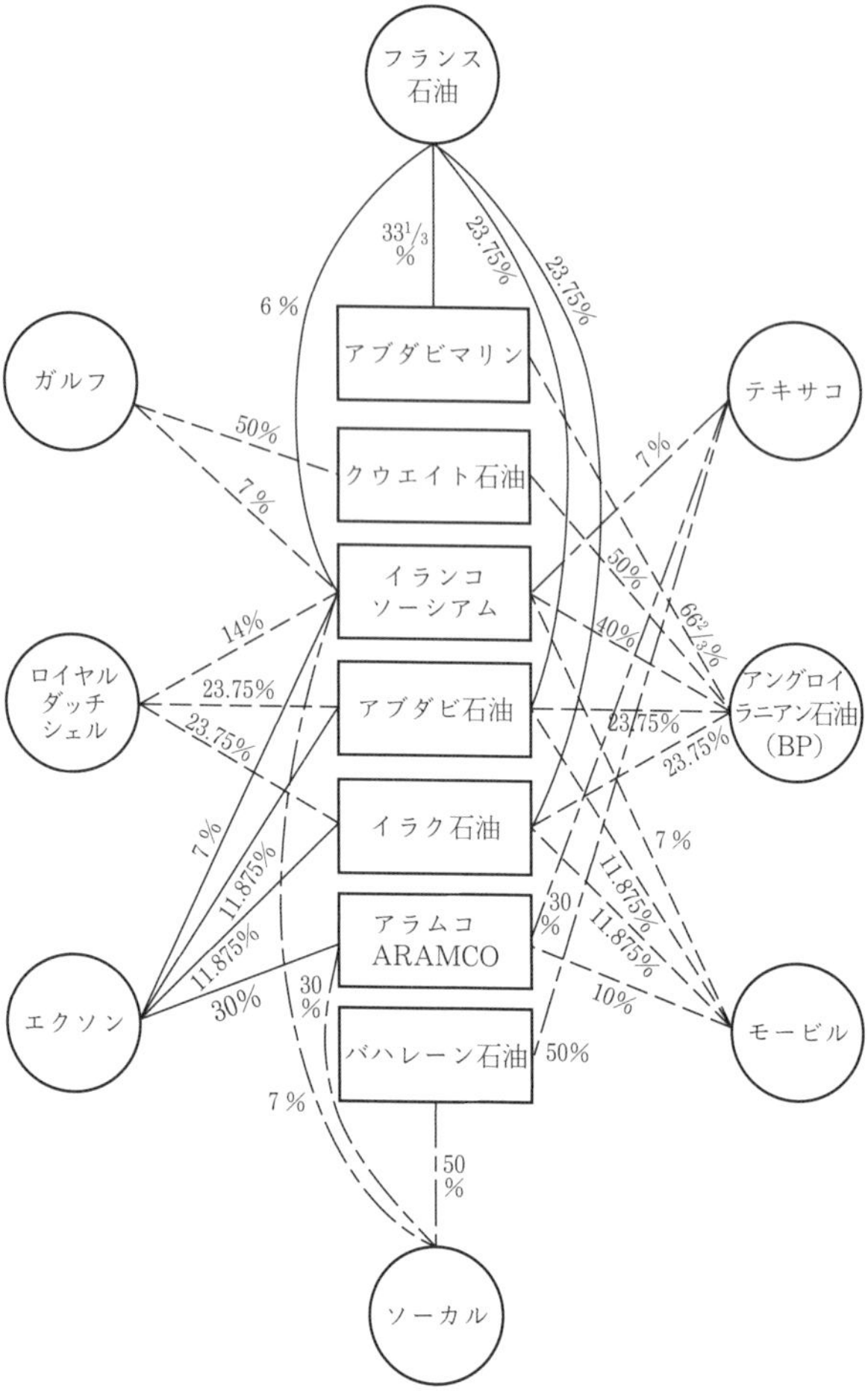

出所：Multinational Corporations and United States Foreign Policy, Hearings before the Subcommittee on Multinational Corporations of the Committee on Foreign Relations, United States Senate, 93rd Session, 1974.

なりました（現在は後者のみ）。もっとも、石油危機における価格の高騰は、戦争や革命による供給の途絶や混乱がもたらしたパニック心理によるところが大きいのですが、上がった価格が維持できたのはＯＰＥＣの力です。

しかし、原油価格の大幅な上昇は、採算性のなかった油田の開発を促進し、ＯＰＥＣ以外の地域の原油生産が急増しました。一方、先進国では、自動車や家電を経済基盤とする経済構造がほぼ成熟化したうえ、石油価格の上昇もあり、石油消費は低迷、85年にはＯＰＥＣの原油生産シェアは30％を割込みました。同年半ばには原油価格が10ドル以下に暴落、その後も15年近く10～20ドルの範囲で変動を続けることになったのです。ＯＰＥＣは国家間カルテルであるため、協定違反に対する制裁ができず、買収、合併、倒産を通じた集中力の強化などもできません。このため、少なくとも主要加盟国の合意がない限り実効性のある行動はとれないのですが、価格低下と生産減少で各国の財政・経済は危機的な状況にあり、利害対立が激化、機動的な価格防衛策がとれないまま、価格崩落に至りました。

グローバルマネーと国際石油市場

10～20ドルで推移していた原油価格も21世紀に入ると上昇傾向に転じ、２００４年以降は急速に上昇、２００８年夏場には一時１４０ドルを上回りました。その半年後には40ドルを割ったあと再び上昇に転じ、２０１１年春には再び１００ドルを上回るなど非常に激しい動きをみせていますが、90年代に比べると大幅に高い水準にあります。

価格上昇の背景には**グローバル化**の進展があります。60年代後半から、韓国、台湾などでは先進国からの直接投資による輸出志向型の工業化が始まりましたが、80年代以降この動きはアジア全体、さらには中東欧などにも広がる一方、工業化分野も労働集約的産業・工程から電機・電子、さらには自動車など戦後の先進国の成長を支えた産業にまで広がりました（生産・企業のグローバル化）。また、次第に拡大しつつあった世界的な過剰資金（グローバルマネー）が90年代以降急膨張、米国に吸収後、新興国など世界に再配分されるという資金循環が形成され、バブルの発生と崩壊を伴いつつ、世界経済を拡大させました（金融グローバル化）。こうした中、21世紀に入ると、世界の石油需要は、中国などの発展途上国やグローバル化の中心である米国を先頭に着実に増加を続けました。

一方、長期の石油価格低迷でOPEC産油国は大きな経済的打撃を受け、若者を中心とする失業問題や経済格差が深刻化し、イスラム原理主義が台頭するなど政治的にも不安定な状況が続きました。財政危機下、石油生産能力の拡大のための投資は削減され、経済開発、福祉など国民生活の安定化のための支出が優先されたため、戦争、革命、事故などで石油供給が減少した場合に利用できる余剰石油生産能力が世界的に低水準を続けることとなりました。もともとコストの高かった非OPEC地域の原油生産は、長期の価格低迷の影響で21世紀に入ると減少傾向に転じています。

石油消費が増大傾向にあり、産油国の政治的安定に問題もあるうえ、世界の余剰生産能力が小さい場合、価格は上昇しやすくなります。この傾向は、グローバルマネーの石油市場への流入拡大によって異常に増幅されることになりました。ニューヨーク・マーカンタイル取引所（NYMEX）などで行われる石油先物取引は現物取引を伴わないペーパー取引であり、参加者は、もともと石油会社や実需家より投機的取引を目指す投資家の割合が大きかったのですが、21世紀に入って、巨大なヘッジファンド、商品インデックスファンドなどが続々と参加、市場規模も拡大しました。とはいっても、最大のNYMEXでも規模は1、000億ドル台であるのに対し、世界の株式市場や債券市場の規模は、それぞれ何十億ドルという規模です。このため、これらの市場から、一部の資金が石油先物市場に移動しただけでも、大幅な価格変動が生じることになります（先物市場では、現物なしの売買であるため、上昇、下落どちらにも変動する）。２００７年８月、パリバ・ショックによって、サブプライムローン問題が顕在化すると、不動産関連証券や株式から、より安全と考えられた石油先物などへの資金流入が急速に進み、ＷＴＩ先物価格はほぼ1年で、70ドル程度から１４０ドルへ上昇しました。ところが、08年9月のリーマン・ブラザーズ破綻を契機にした、金融システム不安、信用収縮によって、金融市場からの資金流出は一気に進み、ＷＴＩ価格も年末には40ドルを割り込んでしまいました。その後もギリシャ財政危機を発端とする欧州ユーロ危機など世界的な金融不安が続く中、行き場のないグローバルマネーが相対的に安全な石油市場などに再び流入、価格は回復したといえるでしょう。

近年の石油市場・価格の動きは、グローバルマネーの流入により需給の実態から離れる場合も多いと考えられます。

（岩﨑徹也）

第2章　働くこと

1　経済の今昔―働くことってどう変わったの？―

学習のポイント

① 人々の働き方・生き方は、資本主義経済のもとで歴史的に大きく変化した。
② 資本主義経済の大きな特徴は、労働力が商品化していること。
③ 経済学の見方は、私たちの働き方・生き方を考えるヒントを与えてくれる。

はじめに

経太は、大学で経済学を勉強しています。実家は農家なのですが、家業の農業とは関係のない経済学部に入ったのは、もし農家を継がず普通に就職するなら、経済学部に入っておけばツブシが利くだろうという打算もあってのことでした。しかし大学に進学して数年たち、そろそろ進路について考えだすころになると、経太の中に迷いが生じてきました。アルバイト先で目にする社会人はみな仕事で大変そうです。就職活動をして正社員にならないと生涯所得が激減すると大学の講義で聞きました。このごろ経太は、景気に左右される会社員よりも、実家の農業を継ぐほうがいいかなと考えはじめています。

社会の急激な拡大

日本の大学進学率は、2011年現在で5割を超えています。大学を出て会社（会社と企業とは税法上異なりますが、以下では同義とします）に勤めるというコースは、日本の若者にとってかなり一般的なものになりました。経太のような境遇――実家が農家で、大学を出てから実家を継ぐか会社に就職するかを迷っている――はいまや少数派です。多くの学生は、会社に勤めている親のいる家庭で育ち、やがて自分も会社に勤めることになると考えています。だから大学生にとって、卒業後の就職は一番の関心事です。

ところで、経太のように実家が家業を営む人が少なくなり、会社や官庁などに職を求め就職しようとする人が大多数になるという社会の変化は、どうして起こったのでしょうか。ひと口に家業といってもいろいろなかたちがありますが、かつて多くの人々にとって家業とは農業のことでした。日本の現在の農業人口は全就業人口の5％以下ですが、農業生産が主体だった江戸時代の日本の農業人口は推定で80％以上、農業は社会の主役でした。先祖代々の農地を一生かけて耕していくことが当たり前だったその当時の生き方に比べて、学校を出て会社への就職を考える私たちの現在の普通の生き方は、ずいぶんと変わってしまったといえるでしょう。

こうしたライフスタイルの変化には、私たちの生きている経済社会の変化が大いに関係しています。それは農業を主とする自給自足経済から、市場経済（商品経済）が拡大した**資本主義経済**への変化です。私たちが生きている資本主義社会をそれ以前の社会と比較するために、ここでは1つの指標として人口

図表２－１　日本人口の推移（1,000 人）

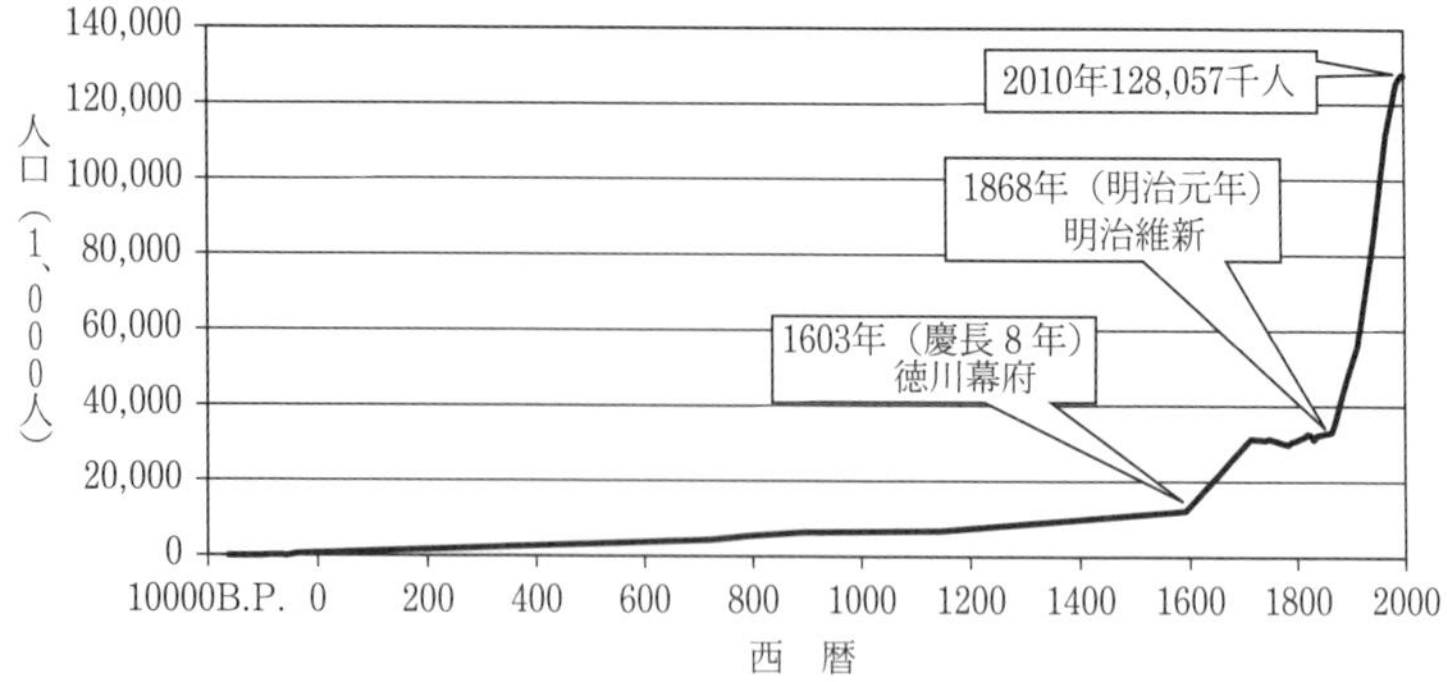

出所：鬼頭宏『人口から読む日本の歴史』（講談社）および国立社会保障・人口問題研究所人口統計資料集（2012 年版）より作成。

図表２－２　世界人口の推移（100 万人）

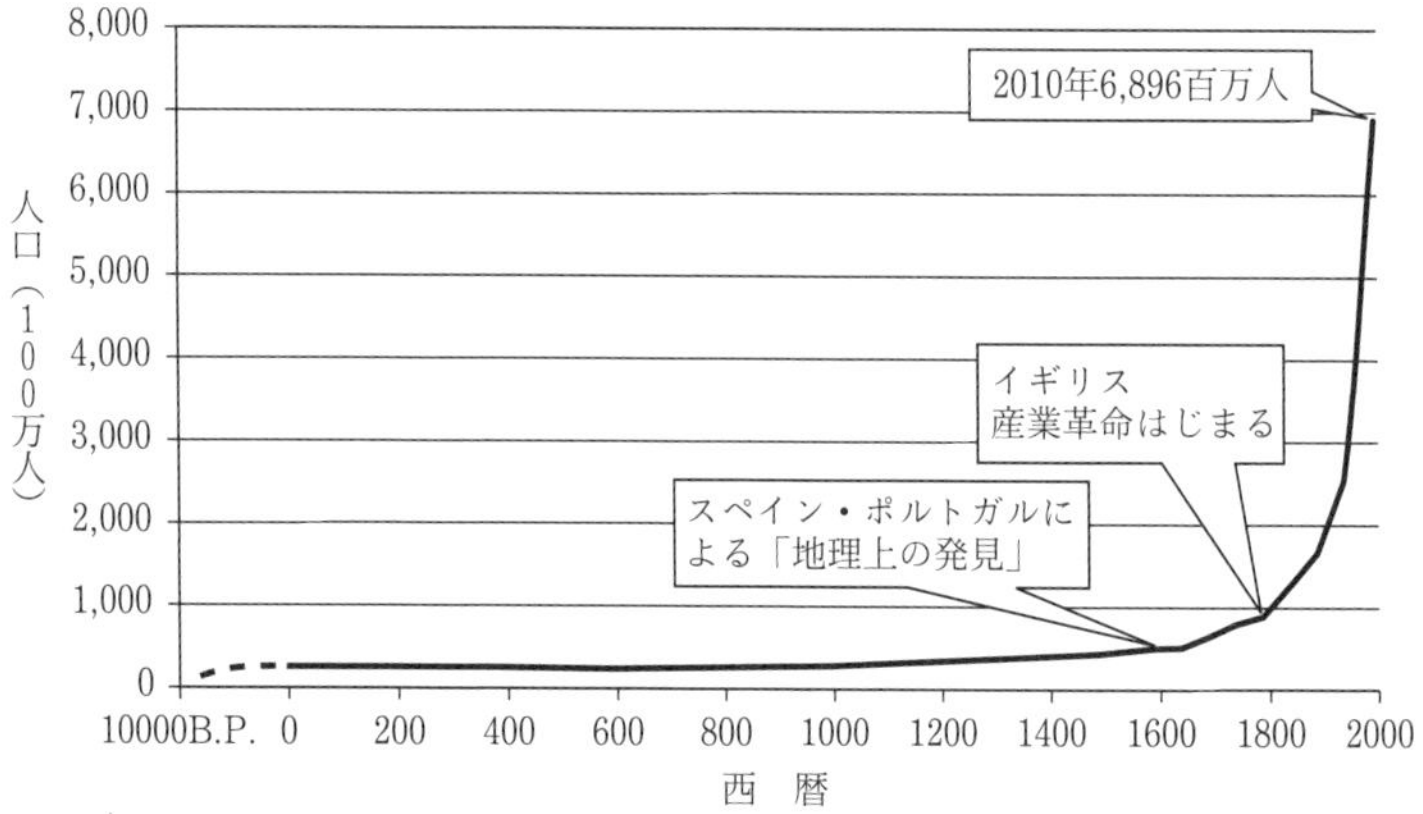

出所：国立社会保障・人口問題研究所人口統計資料集（2012 年版）より作成。

の変化をとってみましょう。

図表2－1は、日本の人口の推移を歴史的に見たものです。日本の人口は長期的には漸増していますが、日本が農業を主体とする社会であった江戸時代までに比べて、とりわけ明治維新を画期とする日本の近代化以降、急激に増加していることがわかります。これは何も日本だけで起きた変化ではありません。図表2－2は、日本を含む世界全体の人口の推移をながめたものです。世界人口は、16世紀以降の近代社会成立のころから増加しはじめ、18世紀から19世紀にかけて、「産業革命」を経て、西ヨーロッパや北アメリカ・日本を中心に本格的に資本主義経済が確立していくにつれて爆発的に増大しています。

人口の増大に見られる生産力の発展は、なぜ市場経済の拡大とともに起こったのでしょうか。この点に答える前に、まずは資本主義経済の成り立ちを考えてみましょう。

資本主義経済の特徴―「労働力の商品化」する社会

「経済」という言葉は、今日では資本主義経済を指すものだと考えられることが普通ですが、本来広い意味における経済という用語は、農業に基礎をおいた自給自足経済を含めて「人間と自然との物質代謝」、つまり人間が自然に働きかけ、人間にとって必要不可欠な食糧その他を獲得する物的再生産の過程のことを指しています。人間が自然に働きかけ、食糧その他の生活資料や生産手段を日々創り出し消費する中で生命をつないでいくという物的再生産の充足は、封建社会であろうと資本主義社会であろうと、どんな社会においても社会が存続するためには欠くことのできない条件です。私たちがそのもとで暮らしている資本主義経済とは、売りと買いの関係に基づく市場経済的要因が支配的となってこの「人間と自然との物質代謝」が行われている社会のことであり、広い経済の中の1つの類型にすぎません。

ただし物的再生産という経済の原則が満たされなければ社会は存続できないことは確かだとしても、それを行うにあたって経済の中でどのような要因が大きな位置を占めるかによって社会の性格は異なってきます。市場経済的要因が支配的な資本主義社会に対比すると、資本主義社会以前の諸社会では、村落などの共同体を基礎とする農業生産が重要な位置を占め、人々は基本的に自給自足的要因が支配的な経済を営んでいました。

もちろん以前の諸社会にあっても、市場経済的要因は古くから存在しました。とりわけ時代とともに農業生産が増大すると、農村内部の自家消費を超える剰余生産物を、貨幣を媒介にして農村外部の産品と交換する不定期市や定期市が現れるようになり、一部にはそれを目的に商品作物が栽培されたりするようになりました。しかしそうした市場経済的な要因は、16世紀以前の諸社会では、剰余生産物の交換として、村落と村落とのあいだ、あるいは社会と社会とのあいだの交易として存在しただけでした。そこでは市場経済は、農業生産を主とする生産過程に対して、貨幣を媒介とする交易関係などの流通過程をおおっていたにすぎませんでした。商人の活動もそうした流通過程に限定され、社会の再生産の圧倒的な部分が農業を主とする自給的要因によって果たされていたのです。

この状態に最初に変化が起きた場所は、まずヨーロッパの国々でした。16世紀以降、アメリカ大陸やアジア社会などとのあいだで海路による貿易がスペインやポルトガルを中心に行われるようになると、それに刺激されて羊毛業など貨幣収入を目的とする副業が農業生産の傍らで次第に営まれるようになりました。こうした市場経済的要因の拡大は、やがて人々の本来の生業だった農業にも徐々に浸透していくことになっていきます。

この動きは、その後農業生産の増大とともに加速し、貨幣的な富が社会的に蓄積されるとともに、貨幣経済に巻き込まれた農民の中には、先祖伝来の土地という生産手段を失い自己の労働力を売って生活せざるを得ない人々が多数生まれました。こうした人々は、折から進行していた「産業革命」で発明された機械装置を採用した工場群に、安価な労働力として雇用されるようになりました。このように、一方において貨幣財産が蓄積され、他方において直接的生産者である農民が土地という生産手段から分離され、自分の「労働力」を商品として売る賃銀労働者へと転化する過程を、**資本の原始的蓄積**と呼びます。この動きが最初に強まったのは、18世紀後半から19世紀にかけてのイギリスでした。ヨーロッパの一角であるイギリスに起こったこの動きは、たちまちに世界を巻き込み、その後わずか200年のうちに先の図のような人口の急増に見られる生産力の発展を生み出していったのでした。

ここで重要なのは、文明の発生以来長く直接的な生産者であった農民が、生産手段である土地と分離された結果、多くの人々が自分の労働力を商品として売ることによって生計を立てなければならなくなったという点です。資本の原始的蓄積を通じたこの**労働力の商品化**は、剰余生産物の交換として古くから、あるいは香辛料や羊毛などの商品作物の交換として16世紀以降のヨーロッパ世界から流通過程において始まっていた市場経済が拡大し、ついに農業を中心とする共同体経済を解体して生産にまで浸透し、生産過程の内部までも市場化・商品化するに至ったことを意味しています。社会のおおもとをなす物的再生産の過程までが売りと買いの関係によって規制されるという生産過程の商品化が行われて初めて、社会の根底からの市場経済化・商品経済化が決定的なものとなります。19世紀以降、イギリスの後に続いて日本を含めた多くの国々では、こうした資本の原始的蓄積の過程がそれぞれの国ごとの特色をもって進められていき、資本主義経済が確立されていきました。

経太のように家業を継ぐか就職するかで悩む人々が少なくなり、学校を出て会社に就職していくライフスタイルが普通となることは、この労働力の商品化が一般的となる資本主義社会において初めて出現したのです。

経済学の見方

経済学という学問は、16世紀以降、市場経済の勃興とともに独立して発展してきました。資本主義以前の諸社会にも市場経済があったように、経済学的な思考はそれまでの時代にも断片的なかたちで存在しましたが、経済学の体系が初めて完成したかたちで示されたのは、19世紀を前後する頃にイギリスで成立した**古典派経済学**と呼ばれるものです。

経済学の体系化が、資本主義社会が初めて確立したイギリスにおいてなされたのは、偶然ではありません。古典派以前の経済学者は、経済活動における利潤さらには大きく国富の源泉を、流通過程における差額である譲渡利潤――たとえば交易で得られる金銀や貿易黒字――に求めていました。しかしもしも交換（流通過程）において安く買って高く売ることから富が発生するならば、ある人が安く買って高く売ることとは、とりもなおさず別の人が安く売って高く買うことになりますから、富はある場所から別の場所に移転することはあっても、社会全体ではプラスマイナスはゼロとなってしまいます。経済が全体として成長することはありません。事実、先に述べたように資本主義以前の商品経済では、たとえば紀州のミカンを江戸に送ったり、あるいはアジアの物産をヨーロッパ世界に輸送したりして売却し商人が利益を得る場合にも、それは安い所で商品を仕入れて高い所で売りさばくといった地域的な価格差を利用したものでしかありませんでした。それでは商品経済に基づく富の移転はあっても、富の生産はありません。そのような産品そのものの生産は依然として、土地を生産手段とする農民によって基本的に担われていたのです。

　先に見たように、資本主義社会がそれ以前の農耕を主とする社会から飛躍した根拠は、単に流通過程だけにとどまらず、富を創り出す源泉である生産過程をも商品化したことでした。最初の古典派経済学者である**アダム・スミス**（1723-1790）は、進展するイギリスの産業革命と資本主義経済への転換を社会的背景として、国の富の源泉を、それまで考えられてきたように貴金属や貿易差額などではなく、ひろく人間の労働による生産と捉える見方――**労働価値説**――を提示しました。経済学は、資本＝企業が生産を担うようになった資本主義社会の確立を歴史的背景として、初めて成立したのです。

　古典派経済学が、社会の富の源泉を生産過程における労働として捉えたことは大きな進歩でしたが、その後の資本主義経済の長足の発展は、この最初の経済学が見落としていた2つの問題を明らかにします。

　第一の問題は、資本主義経済の発展の真の原因に関連します。古典派経済学は、19世紀に確立した資本主義社会を、それ以前の諸社会に対して、単に分業が発達した「商業社会」（スミス）、「技術と商業が繁栄している社会状態」（リカード）としてだけ考えていました。これでは、先に図表2－1・2に関連して見たように、どうして資本主義社会になると、それ以前の諸社会に対比して、人口の増大に見られる生産力の急激な発展が現われるのかという問題を、本当に理解することはできません。それ以前の諸社会と資本主義社会がどのような点で異なり、どのような点で同じなのかという資本主義経済の歴史性が明らかにならないからです。

　第二の問題は、19世紀中葉以降の資本主義経済が、周期的な恐慌を含む景気循環を発生させたことです。それに伴って生み出された失業の増大・貧困や格差の問題は、今日に至るまで多くの人々の関心を集めてきました。これは、それ以前の社会を規制していた人為的な制限を取り払えば、市場経済の「見えざる手」（スミス）の働きによって、自然に社会的な物的再生産の需給均衡が達成されると考えていた古典派経済学では理解しがたい現象でした。

こうした現実に直面して、経済学の潮流は19世紀後半以降、分岐をはじめます。まず古典派のいう「見えざる手」による市場メカニズムをいっそう精密に追求することに関心を移し新しい価格理論を創り出した**新古典派経済学**が成立します。もう1つは、資本主義経済の歴史的性格をより重視し、恐慌や景気循環の発生に資本主義経済の特徴が現われているとする**マルクス経済学**が生まれます。新古典派経済学の見方については他の章でも紹介されていますので、以下ではマルクス経済学の見方を紹介しましょう。

第一の問題から考えてみましょう。図表2―1・2で示されるように、人口の増加に見られるような社会の成長・生産力の発展は、なぜこのように市場経済の社会的な広がりとともに現われてきたのでしょうか。それは、経済における価値ないし利潤の源泉がどこから発生するのかという点と関連します。**マルクス**（1818―1883）は、資本主義経済の発展の基礎を、生産過程における「労働力の商品化」に見ます。資本主義経済以前に出現した商人資本の運動は、安く買って高く売る運動を展開しました。Gを貨幣・Wを商品とすると、商人資本の運動は、安く買って高く売る行動G（貨幣）―W（商品）―G′（G＋⊿G：利潤）という範式で表すことができます。商人資本G―W―G′としては、生産を内部に摂り入れることができず、その利潤は社会と社会、地域と地域との価格差を利用することからしか得ることができませんでした。資本主義経済における最大の変化は、流通過程ではじまった資本という形態が生産過程を内部に摂り入れた運動を生み出したことであるのは、先に述べた通りです。つまりG―W―G′の内部に生産Pを摂り込んだ産業資本の運動G―W…P…W′―G′は、安く買って高く売るという価格差を利用することなく、商品を買い（G－W）、それをより高い価値を有する別の商品へと生産する（W…P…W′）ことによって、たとえば紀州と江戸あるいはアジアとヨーロッパなどの地域的な価格差に依存することなく、価値ある商品を価値通りに売ることによって利潤を得る（W′－G′）ことができるのです。

資本主義以前の諸社会では、農民の手で創られていた社会の剰余生産物は、たとえば領主への貢納や将来に備えた備蓄など、多くが非市場経済的に吸い取られて消費されていました。しかし資本主義社会では、モノの生産は営利企業による商品の生産として行われます。生産過程は、自分たちで消費するモノを作っていた自給自足の農業生産ではなく、貨幣的な利益を誘因とする資本の生産として行われますから、「足るを知る」ことはありません。かつての剰余生産物は、この資本主義社会では、労働力商品が創り出す「**剰余価値**」（マルクス）として資本の利潤となり、繰り返し価値増殖するために蓄積されていきます。こうして資本主義経済では、自己消費に限定されることなく、未来永劫にわたって利潤を生み出すことに誘導された生産活動――資本の価値増殖――が行われるようになります。そしてこの点にこそ、近代以降、人口の増大に見られる爆発的な生産力の増大が生み出された真の原因があったのです。

第二の、資本主義経済の特徴である恐慌や景気循環の発生という問題も、かつてのモノの生産が商品の生産として行われることと大きく関連しています。

資本主義社会以前の自給自足的な経済では、景気の循環や恐慌・不況はありませんでした。もちろん資本主義社会以前の諸社会にも、物的再生産が滞り、多くの人々が飢え苦しんだことはたくさんありました。しかしそうした事態はほとんどの場合、凶作が重なったり天災に見舞われたりして、食料をはじめとするモノの生産が直接に滞った結果として生じた事態でした。

この点は資本主義経済では異なります。労働力と生産手段とによって必要なモノの生産が行われるだけでは充分ではありません。利益を目的とする資本によって生産が行われる以上、商品は売られることによって初めて価値を実現します（W′－G′）。貨幣はそのままで価値をもっていますが、商品は売れなければ価値をもちません。そして売られることがなければ、より多くの貨幣になることができず、生産された商品はそれを切実に欲している人々の手元に届くことはありません。生産されたモノは豊富にあり、またそれを売りたい人もそれを欲する人もたくさんいるのに、一見それを媒介しているに過ぎない貨幣が無いために双方が飢え苦しむという奇妙な状態が発生します。マルクスは、このW′－G′の過程を「商品の命がけの飛躍」という言葉で表現しましたが、それは、生産された商品が貨幣へと転化する販売過程W′－G′が全社会的に滞る事態こそ、恐慌や景気循環といった深刻な経済危機の状態にほかならないためでした。資本主義経済に特有な景気の変動は、生産されたモノが生産者によって消費されていたそれ以前の自給自足経済と異なり、資本主義経済において生産されたモノがひとまず貨幣によって購買されなければならない商品であるという事実に起因します。資本主義社会における生産の主体である資本＝企業は、より多くの貨幣G′を目的にして生産を行っているからです。流通によって生産が包まれる社会とは、周期的にモノが売れなくなるという危機を常に内包する社会となるのです。そして恐慌や景気循環に巻き込まれた人々に、貧困や格差という問題を絶えず突きつけることになります。

はじめに見た景気の良し悪しに左右されたくないという経太のぼんやりした不安は、経太が学んでいる経済学の社会に対する見方と、実のところ大きく関連しているのです。

（吉村信之）

2 労働を軸として経済を見る—生産性が上昇したら生活はどう変わるの?—

学習のポイント

① 名目賃金と実質賃金はどう違うのか。
② 1日の労働時間は必要労働と剰余労働とからなる。
③ 生産性が上昇した場合の3つの効果。

はじめに

大学1年生の経太は、この2・3年、薄型テレビの性能は良くなっているのに価格はびっくりするほど安くなっていることに気づきました。また、ノート型パソコンもどんどん安くなっている、と思いました。そして、それらの価格低下の一因として、技術革新による生産性の上昇、それによるコストの低下があることを知りました。

経太は、父親は最近残業が少なく給料は少なくなったと言っており、母親は近くのスーパーが閉店となりパートができなくなったなどと言っていますが、もし給料が同じ額で、薄型テレビなどの消費財が安くなりより多くの商品が買えるようになったとすると、給料、賃金ともいうのですが、その「価値」は高くなったことになるのだろうか、と思いました。

　そして、経太は、自分が大学を卒業して会社に就職した時のことを考えました。消費財が安くなった場合に、同じ時間働き、同じ額の賃金をもらって、より多くの商品を買った方がよいのか、それとも、同じ量の商品が買えるのだったら働く時間が短い方がよいのかと考えました。そして、まだまだ買いたい商品は多いが、地球環境のことなんかを考えると、物質的により豊かになるのではなく、買える商品の量は同じでも、働く時間が短く休日が多くて地域のボランティア活動に参加できるような生活の方が自分は好きだな、と思いました。

名目賃金と実質賃金

　今の日本では、多くの人は、企業に雇われて給料をもらい、その給料で生活に必要なものを買って生活しています。給料は、実際には、基本給、残業手当、家族手当などさまざまなものからなっています。ですが、以下、単純化し、すべて労働した時間に応じて支払われていると仮定します。

　さて、その給料、賃金ともいいますが、その価値はどう計ればよいのでしょうか。月給、日給などがありますが、働いた日数・時間数が多いほど賃金の額が多いのは当然なので、賃金の額の大小を考える時には、結局1時間当たり800円だとか1，000円だとかいう、所定時間当たりの賃金額が基準になります。そのような所定時間当たりの賃金額を、賃金率といいます。率というと、利益率（利潤率）や利子率がそうであるように、パーセントが問題になる場合が多いのですが、この場合には、所定時間当たりの賃金額そのものを指します。

　1時間当たり800円の賃金など、貨幣額で表現した賃金を**貨幣賃金**といいます。ですが、貨幣賃金額が同じでもその賃金で買えるものは、物価が変化すると変わります。パンの値段が2倍になると、同じ賃金で半分の量のパンしか買うことができません。それ故に、賃金が実質どれだけの価値があるかは、貨幣賃金額を消費者物価指数で割って求められます。消費者物価とは、消費者が購入する消費財（生活のための手段なので生活手段ということもあります）等の価格です。貨幣賃金が10％上昇しても、もし消費者物価が20％上昇すれば、その10％上昇した貨幣賃金では、以前の約92％（110÷120）の生活手段しか買えません。ですから、この意味での賃金は、実際にどれだけの生活手段が買えるのかを示すものなので、**実質賃金**といいます。そして、貨幣賃金は**名目賃金**だということになります。この「名目」と「実質」という区別は、経済ではよく問題になるのでちゃんと理解しておく必要があります。たとえば、皆さんもよく聞くと思いますが、日本の経済規模・経済成長率などを表現する時に使われるGDP（国内総生産）にも、名目GDPと、名目GDPを物価指数で割って求められる実質GDPとがあります。もちろん、この場合に問題となる物価は、賃金の時に問題になる消費者物価ではなく、国内で取引されるすべての商品の価格であり、GDPデフレータといいます。

労働時間で「価値」を計る

今まで名目賃金と実質賃金との違いについて説明してきました。そして、名目賃金は同じでも、価格が変化すると実質賃金も変化することがわかりました。次に、労働を軸として、その実質賃金の「価値」を問題にしましょう。

今、実質賃金は同じだと、すなわち、賃金バスケットとも表現されますが、賃金で購入し買い物かご（バスケット）に入れられる生活手段の量は同じだと仮定します。ですが、その場合にも、賃金は、国民所得（その年に新たに生産された付加価値）の内のどれだけの割合なのかとか、その賃金バスケットにはいる商品の生産方法が改良されコストが低くなった場合にも、実質賃金の「価値」は同じと言ってよいのかなどということが問題になります。以下、それらの点につき、労働を軸として経済の動きを見るという立場から考えてみましょう。

経済学の中には、**労働価値説**という考え方があります。統計学の始祖と言われるウィリアム・ペティ（1623～1687年）あたりからはじまり、名前くらいは聞いたことがあると思いますが、スミスやリカードなどの古典派経済学者、そして、マルクスにつながる考え方で、商品の価値は究極的にはその商品を生産するのに必要な労働時間によって決まるという考え方です。マルクスは間違ったことも言っているのですが、重要な視点から、社会・経済を捉えているので、以下、マルクスの用語を使って説明します。

商品の価値（スミスの交換価値、この価値を貨幣で表現したものを価格といいます）はその商品を生産するのに必要な労働時間によって決まるといっても、——本当は長い論証が必要なのですが——「究極的には」そうであるというのであって、需要と供給が均衡している時の価格は、スミスの自然価格、リカードなどのいう生産価格（資本に対する平均利潤も入った価格）であり、商品はその生産に必要な労働量どおりで売買されるわけではありません。ですが、たとえば、綿花を紡績機を使って加工し綿糸を生産するという場合に、綿花も紡績機も労働の生産物なので、商品綿糸生産のための人間にとっての究極的コストは人間の労働です。この視点から人間の経済関係の大枠をつかむために——実際の需給関係で変動する市場価格はもちろん、需給の均衡状態で成立する均衡価格も、投下労働量に比例した価格ではないのですが——、以下、商品はあたかも投下労働量どおりに売買されているかのように仮定して述べます。

企業に雇用されて働く労働者が生活していくために必要な生活手段を、必要生活手段といいます。そして、1日当たりの必要生活手段を生産するのに必要な労働時間を、**必要労働時間**といいます。今、1日の労働時間は8時間で、必要労働時間は6時間だと想定します。とすると、労働者は、8時間−6時間、すなわち、2時間だけ必要労働時間以上に労働することになります。この「より以上の」労働時間を**剰余労働時間**といい、その剰余労働時間に生産された価値を**剰余価値**といいます。また、（剰余価値／賃金）＝（**剰余労働／必要労働**）を、**剰余価値率**といい、そして、この剰余価値が利潤とか利子とかの源泉になるわけです。商品は投下労働量どおりで売られるわけではなく、また、国民所得統計の付加価値額は実際の売買価格（市場価格）を表現しているので、数値が一致するわけではないのですが、対応関係を見てみましょう。その社会に自営業者はいないと仮定すると、付加価値額＝賃金総額（必要生活手段の価値）＋剰余価値、となり、労働分配率＝賃金／付加価値額、は、必要労働／（必要労働＋剰余労働）［分子・分母を必要労働で割ると、1／（1＋剰余価値率）］と表現されることになります。

生産性上昇が労働者の生活に及ぼす3つの効果

賃金によって購入されていた生活手段の生産において生産性の上昇があり、今までと同じ生活手段を6時間ではなく5時間で生産できるようになったと仮定します。この生産性の上昇は、たとえばパンを例とした場合、小麦からパンを作る際に生ずる場合もありますが、パンの原料である小麦を生産する際に生ずる場合もあります。

このような生産性の上昇があった場合の効果は、他を一定とした時、3つのケースが考えられます。①1つは、実質賃金も1日の労働時間も変わらないケースです。その場合には、剰余価値が、2時間分から3時間分に増え、剰余価値率が、2／6、から、3／5に上昇します。②2つ目は、1日の労働時間も剰余労働時間も変えないで、生産性が上昇した分だけ実質賃金を上昇させるケースです。労働者は今までよりも多くの生活手段を買うことができ、生活は豊かになります。③3つ目は、実質賃金は変えないで、生産性が上昇した分だけ（以前と同じ生活手段を生産するのに必要な労働時間が少なくなった分だけ）、1日の労働時間を短くするケースです。

第2次世界大戦後の日本の高度成長期には、この3つの効果が同時に生じたということができるでしょう。②′高度成長を通じて実質賃金は上昇し、生活は豊かになりました。多くの人が、三種の神器と呼ばれた白黒テレビ（テレビ登場の前には「電気釜」が入っていた時もあります）・洗濯機・冷蔵庫を買えるようになり、さらには、3Cと言われたカラーテレビ・クーラー・カーも買えるようになりました。③′また、外国の人からは「働き過ぎ」と批判されながらも、平均労働時間は短縮しました。①′そして、実質賃金の上昇、1日の労働時間の短縮にもかかわらず、剰余価値率は低下することなく利潤は確保され、活発な投資がなされました。水俣病など「公害先進国」と批判された負の面もありましたが、高度成長期には、投資と雇用、大量生産と大量消費の好循環が実現されたわけです。

地球温暖化問題、資源・エネルギー問題等、自然による制約の問題はありますが、現在も技術革新は続いています。パソコンは安くなり、液晶テレビもどんどん値下がりしています。その価格低下の要因の1つは、技術革新の進展、生産性の上昇です。私たちは、もし生産性が上昇したとした場合、①②③のどれを優先すべきなのでしょうか。新興工業国との競争にさらされている日本企業の現実を考える時、①の剰余価値（利潤）の増大が追求されるべきなのでしょうか。まだまだワーキング・プアと呼ばれるような貧しい人がいるのだから、②の実質賃金の増大が追求されるべきなのでしょうか。失業者とのワークシェアリングのためにも、夫による育児・介護などの家事の分担等、ワーク・ライフ・バランスのためにも、③の1日の労働時間の短縮が追求されるべきなのでしょうか。同様のことは、環境・資源制約、新興工業国との競争等の故に、1人当たり実質国民所得が減少する可能性がある場合には、利潤(剰余価値)の確保のための実質賃金の引下げや労働時間の延長は仕方ないのか等、逆の形でも問題になります。

この問題は、同じ職場で他の人が9時から5時まで働いているのに、自分だけ勝手に3時に仕事をやめることを「選択」するのは困難であるということからもわかるように、社会的な「選択」の問題なので、経済・経営・法律などを学び、1人ひとりがいかなる制度・政策・法律等が望ましいか考える必要がある問題です。

(青才高志)

3 働く人のモチベーション—アルバイト仲間の勤労意欲は何に左右されるのか?—

学習のポイント

① 欲求階層説に基づくと、人間は5つの欲求をもつ。
② 人々がどんな欲求をもっているかによって、勤労意欲に影響する要因も変わる。
③ 人々に仕事満足を与える要因と、仕事不満足を与える要因は異なる。

はじめに

アルバイトをしている経太は、一緒に働いている仲間の中に、熱心に働く人とそうでない人がいることに気づきました。同じアルバイト代をもらっているにもかかわらず、なぜ一生懸命働く人と、そうでない人がいるのでしょうか？　仲間の勤労意欲に影響を与える要因は、どうやらアルバイト代以外にもありそうです。それらは一体何なのか、経太は調べてみたいと思い立ちました。そのヒントは経営学にあると先生に聞いた経太は、経営学の本を読んで調べてみることにしました。

モチベーションとインセンティブ

経営学では、人々の勤労意欲の程度を**モチベーション**と呼び、モチベーションをアップさせる要因を**インセンティブ**と呼びます。代表的なインセンティブとして、一般的には給与・ボーナスなどの経済的報酬が考えられますが、実はそれ以外にもさまざまなインセンティブがあります。

たとえば、今まで上司から管理されてきた部下に権限を与え、自分自身で目標を設定し、その目標を達成できるよう自らをコントロールさせることを考えてみます。その人は仕事のやりがいを感じるようになり、仕事で自分の才能を発揮させたいと思うようになるでしょう。しかし、このような方法は、スキルアップを目指す従業員にはインセンティブとなりますが、与えられた仕事だけを淡々とこなす方が好きな従業員には余計なプレッシャーとなり、逆効果になります。

一方、職場の人間関係を良好に保つことでモチベーションがアップする人もいます。この場合、仕事を通じて人間関係を築き、社内で自分の居場所を見つけることが仕事努力へつながっていると考えられます。しかし、自分だけで仕事を黙々とこなしたい職人気質の人には、逆にモチベーションの妨げとなるでしょう。

ここからわかるように、人々のモチベーションを上げるにはさまざまな方法があり、すべての個人のモチベーションを同じようにアップさせるのはとても難しいことです。ここでは、経営学における代表的なモチベーション理論を見ていきます。

マズローの欲求階層説

働く人のモチベーションをどのように上げるかを考える際、その人がどんな欲求をもっているかを考えることが有効です。個人が働くうえで何を求めているかがわかれば、それを経営に取り入れることで従業員のモチベーションアップにつなげることができるからです。個人のもつ欲求構造をわかりやすく表したものが、心理学者のアブラハム・マズローが提唱した**欲求階層説**です。彼は、人間の欲求は5段階に分かれ、下段の欲求が満たされるとその上の欲求が順次現れると説明しています。

欲求階層説によると、欲求階層の最下層に位置し、人間が最初にもつことになる欲求は**生理的欲求**です。これは、空腹を満たしたい、眠りたいなど、人間が生物としてもつ基本的な欲求を表しています。生理的欲求が満たされると、次に現れるのは**安全欲求**です。これは、身体的・精神的に危険から逃れたいという欲求を表しています。安全な家に住みたいと思うのは安全欲求の1つです。安全欲求が満たされた後に現れるのは**社会的欲求**です。これは、人間として孤独でいるのではなく、社会の中に居場所をみつけたい、どこかの集団に所属していたいと思う欲求を表しています。社会的欲求の後に現れるのは、他人から認められたい、評価されたいと願う**承認欲求**です。誰かと関わるだけでなく、その人から認められることで、自分が尊い人間であると確認したいのです。承認欲求が満たされた後に現れる、人間がもちうる最高次の欲求は、**自己実現欲求**と呼ばれています。自己実現とは、自身のもつ才能や潜在能力を開花させ、成長したいという欲求のことです。マズローによると、人間は誰かから認められることで自身の価値を確認するのではなく、自分自身でその価値を決定し、高めたいと思うようになるのです。

マズローの欲求階層説に基づくと、給与などの経済的報酬は主に生理的欲求や安全欲求に注目したものであることがわかります。仕事で得た金銭によって空腹を満たし、安全な住居に住むことができるからです。一方、従業員が主に社会的欲求をもっていると考えれば、職場の人間関係を良好に保つよう気を配ることが勤労意欲につながることがわかります。仕事を通じて人とつながり、職場の同僚や上司との関係を築くことができるためです。その上位の欲求である承認欲求に注目すると、昇進や表彰などの制度を設けることで勤労意欲を増加させることができます。また、制度とは別に、高い業績をあげることで同僚や上司から評価されるという承認の形もあります。最後に、自己実現欲求に注目すると、部下に権限を与えて目標を自ら設定させるという方法のほか、自己の才能が開花できるようキャリアアップのプログラムを実施するなどの方法が考えられます。

このように、人々の仕事に対するモチベーションを上げるためには、その人がどのような欲求をもっているかに注意する必要があります。マズローの欲求階層説は、従業員のモチベーションを考える上でさまざまな経営学者に大きな影響を与えました。以下では、欲求階層説に基づいた代表的なモチベーション理論である、マグレガーのX理論・Y理論について説明します。

マグレガーのX理論・Y理論

ダグラス・マグレガーは、組織で働く個人を捉える際に2つの人間観があり、それぞれの人間観に基づいた管理法が存在すると考えています。

第一の人間観は、「人間は元来働くのが嫌いで、命令や処罰がなければ努力もせず、挑戦よりも身の安全を重視し、責任を負うよりも命令される方が好きである」という捉え方です。つまり、人々は承認欲求や自己実現欲求などはもたず、より低次の生理的欲求や安全欲求をもつとする考え方です。このような人間観に基づいた考え方を**X理論**と呼びます。初期の経営学における古典的な管理法は、X理論を前提にしているといえます。その代表的なものがフレデリック・W・テイラーの**科学的管理法**です。

科学的管理法は、**課業管理**、**差別的出来高給**、**職能化原理**という3つの柱で成り立っています。第一の柱である課業管理とは、最も仕事を効率的にこなせる人がどう動いているのか、それぞれの動作にどのくらいの時間をかけているかを細かく分析し、それをマニュアル化してすべての人々にあてはめさせることです。それにより、従業員の1日の作業量(**課業**)が決定されます。第二の柱である差別的出来高給とは、課業を達成できた従業員に高い報酬を、達成できなかった従業員に低い報酬を与えるというものです。これにより、従業員の勤務意欲を最大限に引き出そうとしています。第三の柱である職能化原理とは、一連の作業を細かく分け(**分業**)、それぞれの従業員が自分に与えられた作業に特化することで組織全体として最大限に効率を上げようとするものです。また、分業は、「作業をどのように行うのかを決めるのは管理者であり、作業者はそれに従うだけである」という意味も含んでいます。

このように、テイラーの科学的管理法は、人間は管理されることを好むとするマグレガーのX理論に基づいた管理法であるといえます。しかし、この管理法では、人々は経済的報酬のために機械の歯車のように働くものであると考えられ、自ら考えたり工夫したりする創造的な側面はまったく無視されています。

一方、マグレガーの主張した第二の人間観は、「人間は条件を整えれば命令や処罰がなくても積極的に努力し、創意工夫する能力があり、時には自ら責任を負うこともいとわない」という捉え方です。つまり、人々は生理的欲求や安全欲求など低次の欲求はすでに満たされており、高次の欲求である承認欲求や自己実現欲求をもっと考えています。このような人間観に基づいた考え方を**Y理論**と呼びます。Y理論の下では、X理論を基礎にして行われる管理法は不適切であり、異なったアプローチが必要になります。では、どのような方法が考えられるでしょうか。

まず、部下に権限を与え、自分自身で目標を設定し、その目標を達成できるよう自らをコントロールさせる方法があります（**目標管理**）。一般的に、部下は上司からノルマを与えられ、それを達成するよう努力します。しかし、自らの能力と将来の成長を考えた目標を部下自身に立てさせることで、より一層目標達成のために努力をするでしょう。この時、上司の役割は、部下が能力を最大限に発揮できるような環境を整え、彼（女）らの目標達成を支援することになります。

この他、仕事において自身の能力を発揮する機会を増やすために個々人の職務を拡大する（**職務拡大**）、意思決定に従業員自身が参加できる制度を用意する（**参加制度**）などの方法があります。自己実現欲求を満たすようなこれらのインセンティブを用意することで、従業員の勤労意欲を引き出すことができます。重要なことは、個人の努力目標と組織全体としての目標を統合することです。職務拡大や参加制度は、その有効な手段の1つです。

ハーズバーグの動機付け・衛生理論

マグレガーの理論はマズローの欲求階層説を基礎にしていましたが、それとは別の視点から人々のモチベーション要因を明らかにしようとした理論があります。その代表がフレデリック・ハーズバーグの**動機付け・衛生理論**です。この理論は、実際に職場を調査した結果から得られた理論であるため、マグレガーのX理論・Y理論より実践的であるといえます。

ハーズバーグは、職務満足をもたらす要因と不満足をもたらす要因が何であるかを調べました。その結果、職務満足をもたらす要因は主に仕事に直接関係する要因であり、不満足をもたらす要因は主に仕事に間接的に関係する要因、つまり仕事の環境に関する要因であることを明らかにしました。具体的には、仕事そのもののやりがいや周りからの承認、責任ある仕事を任されること、目標を達成したことなどは職務満足をもたらす要因です。その一方、組織の管理法や上司・同僚との関係、給与や労働条件などは不満足をもたらす要因として挙げられます。

さらに重要なことに、職務満足をもたらす要因はそれを満足させることでモチベーションへとつながりますが、職務不満足をもたらす要因はいくら満足させてもモチベーションにつながらないことが明らかになったのです。ハーズバーグは前者を**動機付け要因**と呼び、後者を**衛生要因**と呼んでいます。衛生要因は、健康が損なわれると不満足を感じますが、健康であるからといって特にそれをありがたいと思わないことと似ています。このように、職務満足をもたらす要因と不満足をもたらす要因は同じではないため、従業員のモチベーション維持と増加は必ずしも同じ方法でなされるとは限りません。

おわりに

本章では、人々の勤労意欲を増加させるためにはどうすれば良いのかを考えてきました。経営学における代表的なモチベーション理論として、人間の欲求構造を5段階で表したマズローの欲求階層説とそれに基づいたマグレガーのX理論・Y理論、そしてより実践的なハーズバーグの動機付け・衛生理論を学びました。こうしてみると、欲求階層説で言う生理的欲求や安全欲求にとどまっている従業員より、承認欲求や自己実現欲求をもつ従業員のほうが人間として高次であると思われるかもしれません。しかし、実際には人々は自己実現も人間関係も給与も共に重視することが多く、マズローの言うように欲求が段階的に現れるのではなく、複数の欲求を同時にもっているといえます。高次の欲求をもつ人々ほど高次の人間であると結論づけることはできないでしょう。スキルアップを目指して責任ある仕事を好む人のほうが、決められた仕事を淡々とこなす人よりも高次であるという思いこみをもって部下を管理すると、従業員の職務不満足につながる可能性もあります。経営学の理論では、機械的な管理を否定し人間の創意工夫を推奨する傾向がありますが、創造的な役割や重い責任を与えられてストレスを感じる人もいます。重要なことは、「その人に合った」動機付けを行うことです。

また、仕事と生活の調和を表す**ワーク・ライフ・バランス**が最近特に注目を浴びているように、人々の生き方が多様化している現代では、仕事によって自己実現すべきであるという考え方がすべての人に受け入れられるとは限りません。人々の勤労意欲をアップさせるためには、従業員がどのような欲求をもっているかだけではなく、人々の仕事に対する考え方も考慮しなければなりません。

（中村絵理）

第3章　協力と競争

1　もっと幸せになれるのに
―みんながもっと幸せになれる状態があるのに、なぜそこにたどりつけないのか？―

学習のポイント
① 経済の状況を数値化する発想を身につける。
② ゲーム理論の最も基本的な考え方を知る。
③ ゲーム理論の現実社会への応用の仕方の一面を知る。

スーパーの24時間営業

大学生の経太は初めて一人暮らしをすることになって、親と一緒に生活していた高校生までとは違ってコンビニやスーパーに買い物に行く機会が格段に増えました。そこで経太はあることに気づいたのです。24時間営業はコンビニだけではなく、スーパーにもあること、しかし、すべてのスーパーが24時間営業ではなく、せいぜい深夜0時までのスーパーや、さらには午後8時閉店のスーパーもあることに気づきました。

知的探究心旺盛な経太は、どうしてこのようなことが起こるのだろうと考えました。経太は、入って間もない大学のある授業で、何事も事実の注意深い観察が大切だと教わったので、もう少しスーパーの営業時間を観察してみることにしました。

すると、24時間営業のスーパーは全国チェーンのスーパーであり、そうでないスーパーは主に地元に展開するスーパーであることに気づいたのです。お兄さんから、経太は「地元に展開する」ことを「地場《じば》」ということも教わりました。さらに、24時間営業のスーパーも5・6年前まではそうではなく、午後11時かせいぜい深夜0時には閉店していたこと、ある有力な全国チェーンのスーパーが24時間営業を始めたら、もう一方の有力な全国チェーンのスーパーが対抗上すぐに同じように24時間営業を始めたことも、お兄さんから教えてもらいました。

このような、2つのスーパーがあって、互いに自分の行動が相手の行動に影響を与え合う状況を研究するには、まず次のように考えることが手がかりになります。

2つのスーパーが24時間営業をするか、24時間営業をしないか、決めなければなりません。24時間営業は深夜勤務用の従業員もしくはアルバイトを雇用しなければならず、余分に人件費がかかります。店の管理を任された人(店長)が従業員やアルバイトの勤務時間を管理する負担も大きくなります。しかし、もう1つのスーパーが24時間営業をしないのに自社だけ24時間営業をすれば、コンビニのようにいつでも開いている店、しかもコンビニより安い店という印象を消費者に与え、深夜の来店も増え、結局は利益が出てくることになります。他方、24時間営業をしていない方のスーパーは、24時間営業をしているスーパーに大きく客を取られ利益が大きく減少するでしょう。しかし、両方とも24時間営業をする

図表３－１　営業時間—全国チェーンのスーパー同士の場合

		スーパーB 24時間営業をする	スーパーB 24時間営業をしない
スーパーA	24時間営業をする	3, 3	10, 2
スーパーA	24時間営業をしない	2, 10	6, 6

ことになれば、増えた深夜の来店客を2店で分けることになり利益が両方ともそれほど増えず、両方とも24時間営業をしていない場合に比べ、人件費や店長の負担増などが増えた分かえって利益が減少する事態となります。

この問題をさらに考えるには、次のような表（図表3－1）にすることが便利です。表の1番左には「スーパーA」と書いてあります。このすぐ右の上には「24時間営業をする」が、その下には「24時間営業をしない」が書いてあります。この「24時間営業をする」と「24時間営業をしない」は、スーパーAの選択肢を表しています。表の1番上にはスーパーBと書いてあります。そのすぐ下には、左に「24時間営業をする」が、右に「24時間営業をしない」が書いてあります。表の中を見ると、左上の四角（これからは、表の中の四角をセルと呼ぶことにします）の中には3、3と書かれています。これはスーパーAが「24時間営業をする」を選び、スーパーBが「24時間営業をする」を選んだ場合の、それぞれのスーパーの利益を数字で表しています。今の場合、どちらも同じ3ですが、同じ3でもカンマの左がスーパーAの利益を表しており、カンマの右がスーパーBの利益を表しています。

右上のセルの中には10、2という数字が書かれています。これはスーパーAが「24時間営業をする」を選び、スーパーBが「24時間営業をしない」を選んだ場合の、それぞれの利益を表しています。カンマの左の数字は10となっています。これはスーパーAの利益を表しています。スーパーBが「24時間営業をしない」を選んでいるので、「24時間営業をする」を選んだスーパーAには多くの客が来店して大きく利益が出ています。他方、「24時間営業をしない」を選んだスーパーBには客があまり来ず、利益が2しか出ていません。

左下のセルには2、10という数字が書かれています。これはスーパーAが「24時間営業をしない」を選び、スーパーBが「24時間営業をする」を選んだ場合の、それぞれの利益を表しています。右上のセルの場合と、それぞれの選択肢が逆になっているので、利益の数字もちょうど逆になっています。最後に、右下のセルには6、6という数字が書かれています。これはスーパーAもスーパーBも「24時間営業をしない」を選んだ場合で、2つのスーパーで条件が同じで客を半分ずつ分け合うことになります。しかも、24時間営業をしていないので、24時間営業をする場合に比べて費用も少なく済むので、両方が「24時間営業をしている」場合の利益3より大きく6となっています。

図表3―1を見て、2つのスーパーはどうしたらよいかを考えてみましょう。スーパーAは考えます。もしスーパーBが「24時間営業をする」を選択した場合、自分が「24時間営業をする」を選択すると利益は3ですが、「24時間営業をしない」を選択すると利益は2です。したがって、スーパーBが「24時間営業をする」を選択した場合は、スーパーAは「24時間営業をする」を選択すべきです。一方、スーパーBが「24時間営業をしない」を選択した場合は、自分が「24時間営業をする」を選択すると利益は10ですが、「24時間営業をしない」を選択すると利益は6です。したがって、スーパーBが「24時間営業をする」を選択した場合も、スーパーAは「24時間営業をする」を選択すべきです。つまり、スーパーAはスーパーBがどちらの選択肢を選んでも、「24時間営業をする」を選ぶべきであり、「24時間営業をしない」という選択肢は消えることになります。

スーパーBは、スーパーAがそのように考えて、「24時間営業をする」を選ぶとわかるので、その場合に自分が「24時間営業をする」を選ぶと利益は3、「24時間営業をしない」を選ぶと利益は2ですので、「24時間営業をする」を選ぶことになります。

こうして、どちらも「24時間営業をする」を選ぶことになり、利益はどちらも3となります。実際に有力なスーパー2店は、24時間営業をしています。

このような結果になりますが、図表3―1をもう一度よく見てみましょう。右下のセルには6、6という、左上のセル（これが結果）の3、3という数字よりも、**どちらのスーパーにとってもより良い状態があるのに、それは実現できない。そういう結果になっています。**

全国チェーンのスーパーと地場のスーパー

ところで、全国チェーンのスーパーは24時間の営業をしているのに、地場のスーパーは24時間営業をしません。これはどう考えればよいのでしょうか。上でも述べたように、24時間営業は負担が大きいのです。全国チェーンのスーパーにはその負担に耐えるだけの力はあっても、地場のスーパーにはありません。そのことを表すために、図表3―1で「24時間営業をする」場合の、カンマの右の数字（地場のスーパーの利益を表します）から3を引いた数字（これが負担に相当します）を地場のスーパーの利益とし、それ以外は何も変えていないのが、図表3―2です。

この図表3―2を見て、どのように考えたらよいでしょうか。地場のスーパーが「24時間営業をする」を選択した場合は、全国チェーンのスーパーは、「24時間営業をする」と利益は3、「24時間営業をしない」と利益は2ですから、「24時間営業をする」べきです。地場のスーパーが「24時間営業をしない」

図表３－２　営業時間―全国チェーンのスーパーと地場のスーパー

		地場のスーパー	
		24時間営業をする	24時間営業をしない
全国チェーンのスーパー	24時間営業をする	3, 0	10, 2
	24時間営業をしない	2, 7	6, 6

を選択した場合は、全国チェーンのスーパーは、「24時間営業をする」と利益は10、「24時間営業をしない」と利益は6ですから、「24時間営業をする」べきです。つまり、全国チェーンのスーパーは、地場のスーパーが「24時間営業をする」を選んでも「24時間営業をしない」を選んでも、どちらの場合であっても、「24時間営業をする」べきなのです。

となると、それがわかっている地場のスーパーは「24時間営業をする」を選択した場合の利得0と「24時間営業をしない」を選択した場合の利得2とを比べて、「24時間営業をしない」を選ぶことになります。

結局、全国チェーンのスーパーは「24時間営業をする」し、地場のスーパーは「24時間営業をしない」という結果になり、このような理論的な結果と現実とが合っていることがわかります。理論が現実を説明できたことになります。

囚人のジレンマ

上の1、2節で検討したことを抽象化して言うと、2人の当事者がいて、その選択した行動が互いに相手に影響を与える場合に、どのような選択をその当事者は行えばよいかを検討したことになります。このような検討を行う理論を、**ゲーム理論**といいます。ただし、ゲーム理論では当事者の数は2人とは限らず、より多い人数で考えることも普通です。当事者間で互いに影響を与え合う状況を**ゲーム**と呼んでいます。

図表３－３　囚人のジレンマ

		囚人２ 自白	囚人２ 黙秘
囚人１	自白	−5, −5	−1, −10
囚人１	黙秘	−10, −1	−3, −3

次に、あらゆるゲームの中で最も有名でかつ理論的にも重要なゲームである囚人のジレンマゲームを説明しましょう。

次のような状況を考えます。２人の人間（囚人１と囚人２）が一緒にある重大な犯罪を犯します。２人とも捕まり、別々に検察官から取調べを受けています。検察は重大な犯罪を立証するのに十分な証拠をもっていません。それにはどうしてもどちらかの自白が必要です。ただ、重大な犯罪の証拠はないにしても、それより軽い犯罪については証拠をもっています。たとえて言えば、住居侵入の証拠はあるが、さらに窃盗を犯した証拠はないとか、死体遺棄の証拠はあるが、殺人の証拠はないとかです。

そこで検察官は、それぞれの犯人に言います。「どうだ、自白しないか？　おまえが自白したら捜査に協力したということで罪を軽くしてやる。しかし、おまえが自白しないのに相棒が自白したらお前は重罪だぞ」

この状況をゲームに表現したのが図表３－３です。どちらの犯人にも「自白」と「黙秘」の選択があります。２人とも黙秘をすれば、証拠不十分で軽い罪で済みます。しかし、相手が自白したのに自分だけ黙秘すると、自分は重罪、相手は非常に軽い罪で済むことになります。２人とも自白すると捜査協力とはみなされずそこそこ重い罪になります。そこで表のような数字になります。たとえば-5の数字は懲役5年と考えればよいでしょう。ゲーム理論では、各人の利益の大きさは必ずしも金銭的な利益に限らないので、**利得**と呼ぶことが普通です。つまり、表のセルにある数字は利得を表しています。カンマの左が囚人1の利得、右が囚人2の利得です。

囚人1はどう考えるか考えてみましょう。囚人2が「自白」を取る場合、囚人1は「自白」を取ると利得は-5、「黙秘」を取ると-10ですから、「自白」を選んだ方がよいことになります。囚人2が「黙秘」を取ると、囚人1は「自白」をすると利得は-1、「黙秘」を取ると-3ですから、「自白」を取る方がよいということになります。囚人2は、囚人1がこのように考えるだろうと推測できます。そうすると、自分は「自白」を取れば-5、「黙秘」を取れば-10の利得ですから、「自白」を取ることになります。

こうして、どちらの囚人も「自白」することになります。ここで注意すべきなのは、利得は左上の-5、-5の結果になるしかありませんが、右下のセルには-3、-3という囚人2人の両方に取ってより利得の高い、望ましい結果があるのにそれは実現できないのです。

それでこのゲームを囚人のジレンマと呼んでいるのです。一般的に、**当事者全員にとりより望ましい結果があるのに、それが実現できない状況を囚人のジレンマ的状況**といいます。

賄賂《わいろ》はなぜいけないか—囚人のジレンマの例

賄賂はなぜいけないのでしょうか。これに対して普通は、行政がお金で仕事の内容を決めるなら適正な行政が行われなくなると説明されます。ここではこの問題をまったく異なる観点から考察してみましょう。

2つの業者が賄賂を贈るか贈らないかを選択するゲームを考えます。2つの業者の能力には差はないので、行政の側から言うとどちらの業者に発注してもよいとしましょう。目的となっている事業は、24

図表３－４　賄　賂

	賄賂を贈る	賄賂を贈らない
賄賂を贈る	8, 8	20, 0
賄賂を贈らない	0, 20	12, 12

億円の価値があります。賄賂の額は4億円です。一方の業者だけが賄賂を贈ると、この事業を受注します。24億円の価値から賄賂額4億円を引いた20億円が実質の利得です。賄賂を贈らなかった方の業者は利得0円となります。両方の業者が賄賂を贈ると、事業を2分しどちらの業者も12億円ずつ受注します。利得はどちらの業者も12億円から賄賂4億円を差し引いて8億円です。どちらの業者も賄賂を贈らないと、事業を2分しどちらの業者も12億円ずつ受注します。賄賂を贈っていないので、この12億円がそのまま利得となります。したがって、図表3－4のようなゲームになります。

このゲームはよく見るとわかるように、囚人のジレンマゲームと同一の構造をしています。結果はどちらの業者も「賄賂を贈る」を選択し、利得はどちらも8となります。どちらの業者も「賄賂を贈らない」を選べば、共により利得の高い12をもたらすことがわかっているのですが、それが実現できないのです。

賄賂を自由に許すと、実はこのように業者自身に不利な状況を出現させてしまうのです。賄賂は業者自身のためにもなりません。しかし、囚人のジレンマ的状況にある業者自身では賄賂はやめられないのです。そこで、業者に代わり国家が刑事罰をもって賄賂を禁止するという解決策が考えられます。

このように、国家の役割を囚人のジレンマ的状況からの解決策として考える方法がありえます。こうしてゲーム理論は、国家の役割を考える法哲学にも大きな影響を与えているのです。

参考文献

岡田　章『ゲーム理論・入門―人間社会の理解のために』有斐閣、２００８年。
ジョン・ロールズ、川本隆史ほか訳『正義論』紀伊國屋書店、２０１０年。

（村上範明）

2　役割分担の話―嫌な仕事は誰が引き受けるのか？―

学習のポイント

① 誰もやりたくないが誰かがやらなければならない仕事の分担を経済学で考える。
② 「ただ乗り動機」について理解する。
③ ただ乗り動機をもつ複数の個人が、どのように仕事を分担していくのか理解する。

はじめに

経太には、公太という大親友がいます。２人は、小学校から大学までずっと同じ学校に通っていて、今では、同じ大学の同じゼミに所属しています。公太は、昔から人の嫌がる仕事を率先して行い、小学校時代には、クラスで飼っていた動物の世話をする生き物係も担当したし、中学・高校時代には、誰もやりたがらないトイレ掃除なども進んで引き受けていました。大学生になった今でも、公太が人の嫌がる仕事を率先して引き受けるのは変わりません。つい先日も、こんな話がありました。２人のゼミでは年度始めのゼミにおいて、ゼミ長を決めるのが慣例になっているのですが、ゼミ長の仕事[1]は、大変で、誰もやりたがるような雰囲気ではありませんでした。がしかし、ゼミが始まるやいなや、公太はゼミ長に立候補したのです。他に立候補者がいなかったこともあり、公太はゼミ長に選出されました。経太は驚きつつも、「公太は、相変わらずだよな。誰もやりたがらないと察するや、率先して仕事を引き受けちゃうんだから…」と公太に声をかけました。

みなさんの周りにも公太のような人はいないでしょうか？　学級委員長、部活動の部長、サークル長、ゼミ長など「長」の付く役職に進んでなったり、グループワークの際に進んで進行役に回ったり仕切り役になったりする人、いませんか？　ところで、公太は、なぜ人の嫌がる仕事を引き受けてしまうのでしょうか？　ただ単に、人の嫌がる仕事をすることが好きなだけなのでしょうか。人の嫌がる仕事を行うのは、犠牲も大きいでしょう。ゼミ長として、ゼミ生と先生との間で板挟みとなって予定の調整と連絡のやりとりをするにしても、時間と手間はかかります。その時間と手間をアルバイトやサークルに費やせば、公太は、より楽しい大学生活を送ることができることでしょう。そう考えれば、公太が人の嫌がる仕事をすること自体が好きなので仕事を引き受けていると考えるのは、少し現実的ではないと思います。本章では、Bilodeau-Slivinski（1996）と Biloudeau-Childs-Mestelman（2004）を取り上げ、公太のような人の嫌がる仕事を進んで引き受けてしまう人がいる理由について考えます。一見すると、本章で考察する問題は、「経済学と関係あるの？」と思うかもしれませんが、確かに経済学で扱われる問題の1つです。まずは、人の嫌がる仕事を経済学的に定義することから始めましょう。

公太の仕事の性質

公太がこれまで進んで引き受けてきた仕事の性質について考えてみましょう。公太が引き受けた仕事は、生き物係、トイレ掃除、ゼミ長でした。ここでは、経太と公太の小学校時代にさかのぼり、生き物係という仕事を例に話を進めましょう。みなさんの小学校時代を思い出してみてください。教室の後ろで、魚やモルモットを飼っていましたよね？　生き物係の仕事は、これらの動物の世話をする仕事です。魚を世話する場合には、魚に餌を与え、水槽の水の入れ替えを行い、水槽に藻が張れば清掃するという仕事です。生き物係を担当したことのある人ならわかると思いますが、なかなか面倒な仕事です。筆者も何度か担当したことがありますが、毎日の動物の世話は大変でした。(2)

生き物の世話をするのは大変な仕事ですが、教室に生き物がいることによって、「得られるもの」はあるでしょうか？　モルモットなどの小動物はいるだけで雰囲気が良くなったり、休み時間に動物と遊んだり動物を見て疲れを取ることができたり、理科の授業で動物の生態を学ぶ際に観察することができたりと、教室で生き物を飼うことのメリットをいくつか挙げることができます。公太の働きによってもたらされたこれらのメリットには、共通の特徴があります。それは、公太が生き物の世話をいったん引き受けてしまえば、その便益は、生き物の世話に時間や手間を費やさなかった他のクラスメイト全員にも等しくもたらされることです。公太の世話した生き物が教室全体の雰囲気を良くしたり、観察で得られた発見が理科の授業で用いられたりして、クラス全体に便益をもたらします。生き物の世話をしたか否かに依存することなく、これらのメリットの恩恵に与ることができるので、時間や手間をかけない人でも「良い思い」ができます。もちろん、公太が生き物係をしているから、そのメリットがクラス全体に行き渡るわけではありません。クラスの誰かが生き物係を行えば、公太が行ったときと同様のメリットをクラスにもたらすことができます。クラスの誰かがいったん生き物係になってしまえば、あとは、誰でも等しく生き物と遊んだり観察できたりして、便益を享受できることになります。

生き物係になりたがる人が出にくいことも、この特徴を見れば明らかでしょう。誰か他の人が生き物の世話をしてくれれば、便益を受けることができます。このとき「他人の働きを期待して、美味しいところだけをもって行こう」とする動機をクラスメイト全員はもつはずです。このような動機を「**ただ乗り動機**」と呼びます。他の誰かが生き物の世話に費やした時間や手間にただ乗りし、便益を得ようとするので、このように呼ばれます。

クラスで生き物を飼っている以上、誰かが生き物の世話をしなければなりません。しかし、他の誰かが生き物の世話をすれば、生き物から便益を得ることができます。その意味で、生き物係は、誰かがやらなければならない仕事ですが、他の誰かにやって欲しい（＝自分ではやりたくない）仕事として捉えることが可能でしょう。

生き物係は誰がやるのか？…モデル分析

すべての個人がただ乗り動機をもつ状況では、なかなか仕事の引き受け手が決まらないのは想像に難くありませんが、少なくとも1人の個人が仕事を引き受けてくれないと、嫌な仕事は片付きません。嫌な仕事が片付かないと、さらに嫌な思いをすることは往々にしてあります。たとえば、生き物係を担当する者がいない場合には、鳥カゴや水槽は荒れ放題に荒れ悪臭を漂わし、クラス全体を不快な思いにするかもしれません。ゼミ長や学級委員長など「長」が付くグループを統括する仕事に関しては、その担当者がいなければ、グループの運営が効率的に行われないため、グループ全体に大きな損害を与えるかもしれません。ですので、個人は、ただ乗りしたいと思う一方で、誰も仕事を引き受けなかった際には最悪の事態が待っているという「脅威」にもさらされていることになります。ただ乗りできれば非常に嬉しいのですが、誰も仕事を引き受けないという最悪の事態を考えたら、ある程度は我慢して、いずれかのタイミングで率先して仕事をこなしてしまうことが良いように思えます。ただし、すぐに率先して仕事をこなしてしまうのも得策ではないように思います。相手が仕事をしてくれれば、ただ乗りできるからです。このような問題に直面した個人は、相手の様子を見つつ、仕事を引き受けるか否かの決定を行うことになりそうですが、では、どのタイミングで仕事を引き受けるのでしょうか？　この点を次のモデルで確認したいと思います。

（1）設　定

先ほどの生き物係の例を用いて分析します。単純化のために、クラスには経太と公太の2名しかいないものとしましょう。これ以降の話は、クラスメイトが何人いても応用できますので、「クラスに2名しかいない小学校なんて存在しない」などと言わずにお付き合いください。いま、1月から12月までの1年間の期間を考えましょう。生き物係に立候補する者が現れるまで、経太と公太は、毎月1日に生き物係に立候補するのか否かを決定する機会が与えられるものとします。生き物係の任期は12月31日までとし、立候補した時点で生き物係の仕事を始めることにします。いったん生き物係に立候補したら途中でやめることはできず、立候補した月から12月31日までの間、ずっと生き物の世話をすることにします。もし、同じ月に2名が同時に立候補した場合には、この2人で12月31日まで生き物係を担当することにします。

生き物を飼うことにより一個人が得る便益を次のように考えましょう。便益は、月ごとに得ることができるものとします。ある月に個人が得る便益は、その月の1日終了時点で生き物係を担当する者が決定しているときにはuであり、生き物係を担当する者が決定していないときには0であるものとします。

生き物の世話をするためには時間や手間を費やさなければなりません。この時間や手間を数値で換算します。「**コスト**」と呼ぶことにします。経太が生き物係を担当することのコストを$C_{\text{経}}$、公太のそれを$C_{\text{公}}$と記します。このコストは、毎月のコストではなく、生き物係を担当した月数にかかわらず一定にかかるコストであるものとします。もちろん、生き物係を担当しない場合には、このコストを支払う必要はありません。最後に、便益とコストは、同一の単位（たとえば貨幣単位）で計測できるものとし、便益の値とコストの値は加減乗除できるものとします。

このような設定のもと、経太と公太は、月ごとに得られる便益の総和からコストを引くことによって損得勘定を行うものとします。損得勘定の結果を「利得」と呼ぶことにしましょう。たとえば、経太が立候補せず、公太が4月1日に生き物係に立候補した場合には、公太の利得は $3\text{（カ月）}\times 0 + 9\text{（カ月）}\times u - C_{\text{公}} = 9u - C_{\text{公}}$ となり、経太の利得は $3\text{（カ月）}\times 0 + 9\text{（カ月）}\times u = 9u$ となります。一般的に、m月1日（$m \in \{1, 2, \ldots, 12\}$）に$i$太（$i \in \{\text{経}, \text{公}\}$）が立候補した場合、$i$太の利得は $(13-m)u - C_i$ となり、他者の利得は $(13-m)u$ となります。もちろん、経太も公太も自分の利得をできるだけ大きくするように行動することにします。

最後に、u、$C_{\text{公}}$、$C_{\text{経}}$のパラメータに関して、次の仮定を置くことにします。

（仮定1） $u > 0$

（仮定2）　$12u > C_{経} > C_{公} > u$

仮定1は、生き物の世話をすることによって個人の便益が増加することを意味します。仮定2の $C_{経} > C_{公}$ は、公太は、経太よりも器用な人間で、公太のほうが経太よりもより少ないコストで生き物係の任務を遂行できることを意味しています。また、$12u > C_{経} > C_{公}$ は、経太も公太も12カ月間、生き物の世話をしっかり行えば、コストを上回る便益を獲得できることを意味しています。ただし、11カ月間生き物の世話をサボって、残り1カ月間だけ生き物の世話をしても、コストを上回るだけの便益を獲得できません。これは、$C_{経} > C_{公} > u$ からわかります。

（2）分　析

経太と公太の決定問題を見ていきましょう。いま、仮に5月終了時点で生き物係になる者がおらず、6月1日を迎えたとしましょう。ここで、経太と公太は、立候補するか否かの決定に迫られます。彼らの意思決定は、何に基づいて行われるのでしょうか。それは、先ほど定義した利得です。経太にしろ公太にしろ、立候補して利得が増えるなら立候補するでしょうし、そうでなければ立候補しないでしょう。立候補して利得が増えるのは、立候補することにより「失うもの（損失）」よりも「得るもの（利益）」が大きいときです。立候補による損失は、紛れもなく、生き物の世話をするために費やすコストです。その一方で、立候補による利益は、6月から12月まで生き物の世話をすることで得る便益の合計値となります。生き物の世話をしなければ、毎月の便益が0である一方で、世話をすれば、毎月の便益は u となりますから、6月から12月までの7カ月間で $7u$ を得ることになります。公太の場合、$7u$ と $C_{公}$ を比較して意思決

図表3－5

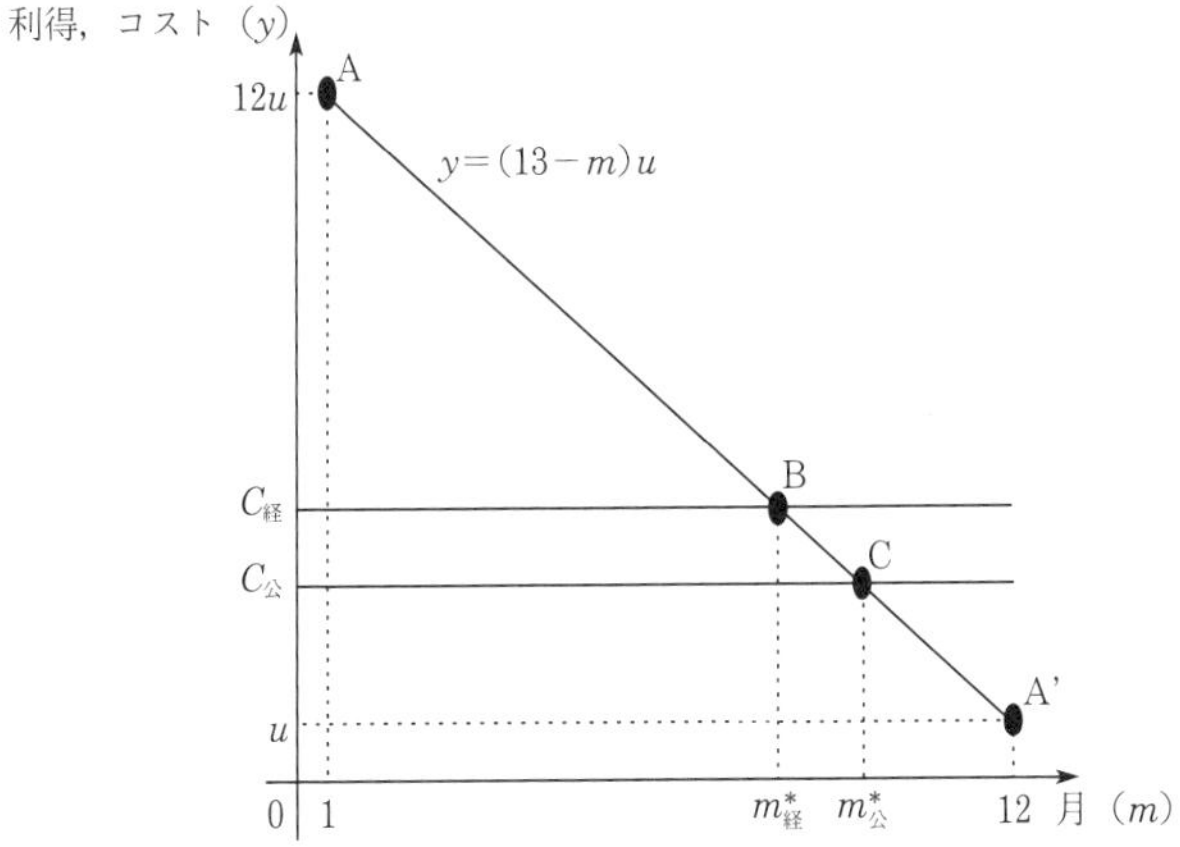

定を行います。同様のことが経太に対して言うことができます。一般的に、m月（$m \in \{1, . . . , 12\}$）の立候補決定を考えた場合、i太（$i \in \{経, 公\}$）の決定は、［利益］$=(13-m)u$と［損失］$=Ci$の大小関係に依存します。

この大小比較でわかることがあります。第一に、もしm月に$(13-m)u < Ci$**が成立するならば、i太は、その月に立候補しない**ということです。この条件式が成立しているときに立候補すると損失が利益を上回ります。第二に、立候補の損益が相殺される月は、$(13-m)u = Ci$をmを解くことによって求めることができます。つまり、i太の立候補による損益は、$m_i{}^* = 13 - \frac{Ci}{u}$月で釣合います。これを図表3－5に表しました。図表3－5では、縦軸に利得とコストを、横軸に月数をとっています。線分AA'（$y = (13-m)u$）は、m月に立候補することの利益を表しています。コストは、それぞれ$y = C_{経}$と$y = C_{公}$の水平線で表されています。立候補による損益が0となる点は、経太の場合には点B、公太の場合には点Cで表されています。仮定2から、$m^*_{経} < m^*_{公}$が成立することにも注意しましょう。以上の分析から、公太は$m^*_{公}$月以降は立

候補しないこと、経太は$m^*_{経}$月以降は立候補しないことがわかります。[3]

経太と公太は小学校時代からの大親友なので、お互いのことをよく知っていることにしましょう。ここでは、特に、（1）経太と公太は、お互いに相手が生き物係で費やすコストがいくらであるか、（2）生き物係を担当することによって生じる便益が同一であること、（3）お互いに利得をより大きくする行動を取ることについてよく理解しているとします。このような状況で、経太と公太は、相手の行動に対してどのような予想をし、どのような意思決定を行うのか予想してみましょう。公太は、経太の便益とコストに関する情報をもっています。したがって、公太は、「経太が、$m^*_{経}$月以降は立候補しない」ことを予想できます。図表3―5から、$m^*_{経}$月から$m^*_{公}$月までは、公太の立候補により獲得する利益が、損失であるコストを上回りますので、もし、この間に立候補するか否かの決定に迫られれば、公太は立候補することになるでしょう。

一方で、$m^*_{経}$月に公太が立候補することを前提にすると、経太の立候補による利益が変わることになります。今、$m^*_{経}$月以前のm月に、経太が立候補するか否かの決定に迫られたとします。このとき、経太は立候補しなくても、$m^*_{経}$月以降は公太が生き物係を行うので、$(13-m^*_{経})u$だけの便益を得ることになります。他方、経太がm月に立候補すれば、m月から12月まで生き物係を行うことになりますので、$(13-m)u$だけの便益を得ることになります。m月に経太が立候補することによって得られる便益の増加分は$(13-m)u-(13-m^*_{経})u=(m^*_{経}-m)u$となります。これが、経太が$m$月に立候補することの利益となります。コストは、これまでと変わらず$C_{経}$です。$m^*_{経}$月に公太が立候補することを前提にすると、経太が立候補することの損益が相殺されるのは、$(m^*_{経}-m)u=C_{経}$を満たすm、つまり$m^{**}_{経}=m^*_{経}-(C_{経}/u)$となります。もちろん、経太は、$m^{**}_{経}$月以降は立候補しません。立候補しても得にならないからです。図

図表3－6

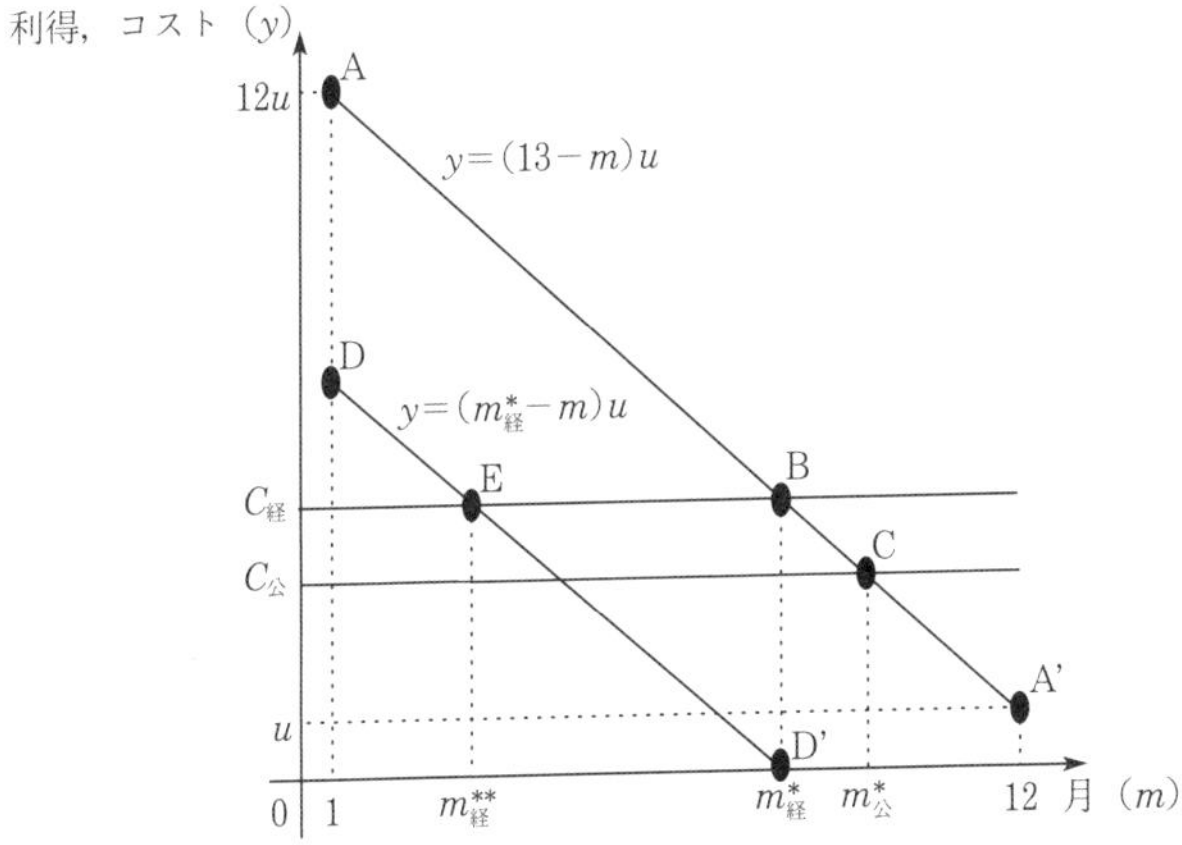

表3－6を見てください。線分DD'は、直線$y=(m^{*}_{経}-m)u$を表します。この直線と$y=C_{経}$の交点である点Eで決まる$m^{**}_{経}$が立候補による損得の境目となります。$m^{**}_{経}<m^{*}_{経}$が成立していることに注意してください。$m^{*}_{経}$月に公太が立候補することを前提にすると、経太の損益が釣り合う点が、より原点に近くなります。

もし、経太が$m^{**}_{経}$月以降は立候補しないことを公太が予想していたら、公太は、どのような行動を取るでしょうか。線分AA'と$y=C_{公}$の関係から、公太は、$m^{**}_{経}$月から$m^{*}_{公}$月までは、立候補による利益が損失を上回ります。したがって、経太のこのような行動を前提とした場合、公太は$m^{**}_{経}$月に立候補することになるでしょう。しかし、公太が$m^{**}_{経}$月に立候補することを前提とすると、経太の立候補による損益が釣り合う月が、やはり変更され$m^{**}_{経}$月よりも原点に近づきます。このように、公太が、経太の行動を予想しながら自分の行動決定を行い、自分の行動決定が経太の損益分岐月を変更することを予想して、さらに自分の行動を改訂するというプロセスを繰り返していくと、経太の損益分岐月が1月に収束し経太は立候補せず、公太が1月1日に生き物係に立候補することが結果として起こりえそうです。

まとめ

以上の結果をまとめてみましょう。設定では、公太の方が経太よりもより少ないコストで生き物の世話をできました。分析の結果、コストが相対的に低い公太が、経太の出方を見ずに、1月1日にいきなり立候補表明をすることで生き物係の担当者が決まるという結末を迎えることがわかりました。公太も経太の働きにただ乗りできれば、良いところ取りができます。ですので、相手の出方を見てただ乗りできるかどうか探りを入れることもなく、公太が、いきなり立候補してしまうことは、少し意外に思えるかもしれません。ただし、公太が、経太の行動を十分に予想した上で、「経太が立候補しない」と確信できたのであるならば、公太が、いきなり1月1日に立候補することも納得できます。相手が立候補せず自分も立候補しないのなら、毎月uの便益を失うことになるからです。

今回の分析のポイントは、経太も公太も親友であり、お互いに相手のコストや便益に関する情報を知り尽くしているということにあります。これらの情報があれば、相手が仕事に対して積極的な人間かどうか判断することは可能です。公太は、経太の損益分岐月$m^*_{経}$を計算できれば、自分よりもただ乗りしたい動機が強いことを予想できますし、経太の公太に対する予想に関しても同様です。冒頭で、経太が「公太は、相変わらずだよな。誰もやりたがらないと察するや、率先して仕事を引き受けてしまうんだから…」と言っていましたが、ゼミなどのお互いがお互いのことをよく知っているようなグループでは、「誰もやりたがらない」と察するだけの情報が提供されており、その情報を用いて相手の行動を予想すれば、相対的にコストが低い人間が率先して仕事を引き受けてしまうことは、合理的な行動と考えることができます。公太がこれまで率先して仕事を引き受けてきたのは、ただ乗りして美味しい所だけを持っていければ嬉しいが、相手に関する十分な情報が提供されており、相手がその仕事をやりそうにもないことを予想できてしまったが故に仕事の引受役に回ったと言うことができるでしょう。

【注】

（1）ゼミ長の仕事は、ゼミによって異なりますが、筆者のゼミでは、筆者とゼミ生との連絡調整係の仕事、食事会の設定、教科書の共同購入の手続きなどが、ゼミ長の仕事となっています。

（2）筆者の場合は、公太のように進んで仕事を引き受けたわけではなく、ジャンケンで負けたので担当することになりました。「ジャンケンで負けたものを生き物係とした」という事実からもわかるように、生き物係は嫌がられる仕事なのかもしれません。

（3）経太は$m^*_{経}$月に立候補しても、得もしなければ損もしません。このような場合には、立候補しないと仮定することにしましょう。公太についても同様に扱うこととします。

参考文献

Bilodeau, M., Slivinski, A., Toilet cleaning and department charing: volunteering a public service, Journal of Public Economics 59, 1996, 299-308.

Biloudeau, M., Childs, J., Mestelman, S., Volunteering a public service: an experimental investigation, Journal of Public Economics 88, 2004, 2839-2855.

（篠原隆介）

第4章　社会保障と福祉

1　生活を支える制度の話―社会保障の体系と課題について考える―

学習のポイント

① 生活を支える制度として社会保障というしくみが作り出された背景を探る。
② 社会保障の体系を社会保険、社会扶助、社会福祉の3つの制度で整理する。
③「社会保障と税の一体改革」にみられる社会保障の課題を考える。

はじめに

70歳を超える経太の祖父母は、実家の隣町で仲良くふたり暮らしをしています。祖父母は年金をもらいながら、ボランティアに参加したり、町内の俳句会やマレットゴルフを楽しみに暮らしています。経太がたまに顔を見せるとお小遣いをくれたりします。定年退職後に祖父母がこうした生活を送ることができるのは、公的年金制度があるためです。

一方、左下の〝親不知〟が痛むので歯医者で見てもらうことにした経太。大学に入学して一人暮らしを始めるときに両親が渡してくれた健康保険証をもって、大学近くの歯科医院に通うことになりました。もしも健康保険制度がなければ、経太は歯科医院に高額な医療費を支払わねばなりませんでした。

ゼミの先輩は、学生であっても20歳になったら国民年金に加入しなければならないことや申請によって在学中の保険料納付が猶予される学生納付特例制度について話をしていました。経太が毎日読んでいる新聞では、少子高齢化に伴う公的年金制度や健康保険制度の見直し、「社会保障と税の一体改革」といったテーマが取り上げられない日はありません。

経太はあらためて年金や健康保険をはじめとする「生活を支える制度」がどうなっているのか、興味が湧いてきました。

生活を支える制度の背景

私たちの日々の暮らしには、障がい、失業、退職、死亡などによって一定の所得が途絶えてしまったり、病気やけがによって医療サービスが必要となったり、子育てや介護などケアサービスが必要になったりと、それまでの生活環境が大きく変化し、場合によっては生活困窮に陥る可能性の高いリスクがたくさんあります。こうしたリスクに対して、国や社会が協力して所得を保障し、必要なサービスを給付することによって、生活環境の変化を未然に防ぎ、生活困窮者の暮らしを社会的に支える制度が**社会保障**と言われるものです。

生活環境の変化を引き起こす原因やそれが生活困窮者を生み出すメカニズムは、地域や時代によってさまざまですが、こうした人々を社会的に支援するしくみは世界中で古くから存在していました。支援の考え方や方法はそれぞれ異なりますが、イギリスで1601年に作られた**エリザベス救貧法**、1834年に改正された**新救貧法**はその代表的な制度です。19世紀の後半には、ドイツで**社会保険**の制度が作られています。また1929年の世界恐慌を背景に、アメリカでは大量の失業者を救済する**公共事業**が始まり、イギリスでは失業法が作られました。この間、日本でも1874年には貧困者や働けない者に扶助米を支給する**恤救《じゅっきゅう》規則**、1929年には**救護法**が作られています。

1942年には、**ウィリアム・ベバリッジ**が、第2次世界大戦後のイギリス社会の立て直しを考える委員会の中でそれまでの貧困政策や社会保険、労災補償制度や医療サービスなど社会保障に関係する諸政策を体系的に整理した『社会保険および関連サービス』をまとめました。その後〝**ベバリッジ報告**〟と呼ばれることになるこの報告書は、合理的かつ普遍的な考え方をもとに社会保障の政策理論をまとめた上で、当時のイギリス社会を綿密に調査したデータをもとに、あるべき保障の水準が具体的に示されていたことから、第2次世界大戦後に**福祉国家**の推進を図ることになった多くの国で研究され、各国の社会保障に大きな影響を与えたのでした。

日本もまたベバリッジ報告から学んだ福祉国家の1つです。第2次世界大戦に敗戦し、連合国軍総司令部のもとで制定された日本国憲法第25条において「**社会保障**」という言葉がはじめて使われ、その向上と推進における国の責任が記されることになりました。その後、社会保障を具体化するために社会保障制度審議会が設置され、1950年には『社会保障制度に関する勧告』がまとめられ、ベバリッジ報告に記された社会保険を中心とする社会保障の体系化の道が示されることになり、1961年には皆保険・皆年金が達成されたのでした。

生活を支える制度の体系

こうして私たちの生活を支える制度として社会保障が体系化されるのですが、その歴史はまだ60年足らずのものです。この間、社会保障の定義は時代によって少しずつ見直されてきましたが、いまの日本では「国民の生活の安定が損なわれた場合に、国民にすこやかで安心できる生活を保障することを目的として、公的責任で生活を支える給付を行うものである」（社会保障制度審議会、社会保障将来像委員会第1次報告、1993年）とされています。

それでは、ベバリッジ報告に学びながら制度を拡充してきた日本の社会保障は、具体的にどのような制度から成り立っているのでしょうか。その体系を確認しましょう。

現在の日本の社会保障の体系は、①誰もが不意に遭遇するような生活環境が大きく変わるリスクに対して人々が予防的に保険料を支払うことで備え、リスクが発生したときに必要な給付を受けることができるようにする**社会保険**制度、②社会保険制度のように予防的に備えることが困難な個別性の高い困窮や障がいに対して、国や地方自治体が租税を財源として現金や社会サービスを提供する**社会扶助**制度、③社会保険制度と社会扶助制度の中間に位置する**社会福祉**制度、の3つに大別されます。

（1）社会保険制度

現在日本には、i．少ない自己負担で高い水準の医療サービスが受けられ、出産一時金やそれにかかる休業手当金が支払われる健康保険、ii．老齢による退職、病気やけがによる障がい、生計維持者が死亡した遺族など、安定した所得が見込めなくなったときに一定の現金が支給される年金保険、iii．失業によって所得が中断してしまったときに生活を保障するために一定の現金が支給されたり、失業予防、雇用機会の拡大、教育訓練などにかかる費用に支給される雇用保険、iv．労働者の業務上のけがや病気、障がいや死亡などに対して一定の現金が給付される労働者災害補償保険（労災保険）、v．要介護状態になった高齢者が、少ない自己負担で在宅介護サービスや施設サービスなどを利用することができる介護保険、の5つの**社会保険制度**が用意されています。

日本の社会保険制度の特徴は、第一に**強制加入**となっているため、制度上は国民皆保険・国民皆年金が実現していることが挙げられます。第二に職種ごとに加入する制度が異なっており、健康保険や年金保険などは保険料や支給額に格差があることです。第三に保険料を低く抑えるとともに、制度間の格差を調整するために租税による補塡を行っていることです。

福祉国家における社会保障の体系では、社会保険制度が中心的な方法と考えられています。それは、第一に社会保険制度が、保険料を支払うことを要件に決められたリスクに対して一定の給付が行われるため、生活環境の変化を未然に防ぐことができるためです。これを**防貧機能**といいます。第二に保険料を支払うことの見返りに給付が受けられるため、受給の際に**屈辱感（スティグマ）**を伴わないことが挙げられます。第三に保険料という独自財源があることから、比較的財政の安定を確保できることが挙げられます。

一方、社会保険制度にも弱点はあります。第一にあらかじめ予想されるリスクに対して一定の給付を行うことから、それ以外のリスクに対して対応できないことが挙げられます。第二に何らかの理由で社会保険制度に加入していない、保険料を納めていない場合は、給付が受けられないことがあることです。第三に同じ目的でありながら健康保険や年金保険のように、複数の制度が分立していることから制度間の格差や利害対立が生じることになり、国全体での社会連帯の機能を弱めてしまうことがあることです。

（2）社会扶助制度

社会扶助制度は、予防的に備えることができない個別性の高い困窮や障がい、故意のリスクに対して租税を財源として現金や社会サービスを提供するため、i．世帯の収入や財産、扶養家族の有無などの生活状態を細かく報告する義務やそれを調査するミーンズテスト（資力調査）を行う公的扶助、ii．ミーンズテストほどではないが、段階的な所得制限を伴うことが多い社会手当・社会サービス、の2つに分けられます。

このうち公的扶助は、なんらかの理由で所得が少ないため生活困窮に陥っている人（世帯）に対して、その困窮度合いを調べたうえで、時代や地域に合わせてあらかじめ国が定めておいた「健康で文化的な最低限度の生活」水準（これを**貧困線**といいます）を下回る場合に、その不足する分だけ租税から生活費を補助するしくみであり、日本では**生活保護制度**といわれています。

防貧機能を備えた社会保険制度が救いきれない生活困窮者を、保険料や税金の支払いを事前の要件としないで、生活困窮に陥った原因を問わず、無差別に救済するのが公的扶助（生活保護制度）です。その意味で公的扶助は生活困窮者の生活を保障する〝最後の砦〟であり、こうした役目を**救貧機能**といいます。しかし公的扶助を受けるためにはミーンズテストが不可欠であり、受給者に対する精神的な負担や屈辱感（スティグマ）が残るため、受給のためのハードルが極めて高いといえます。また、公的扶助を受けないで生活を維持している人（世帯）との水準を考慮しなければならないため、ミーンズテストを厳しく適用したり、給付水準の見直しが行われることがあります。そのたびに受給の切り下げが行われたり、受給を見合わすケースが少なくありません。こうなると生活困窮者の生存が脅かされることになります。これが公的扶助の最大の弱点といえます。

社会手当・社会サービスは、あらかじめ給付対象となるリスクを決めておき、そうしたリスクに対して、租税を財源として定められた一定の給付を行うしくみのことです。このうち、現金を給付するものを社会手当といい、サービスという現物で給付するものを社会サービスといいます。日本では、15歳以下の子どもを育てている父母等に対して支給される児童手当、ひとり親世帯の父や母等に対して支給される児童扶養手当、20歳未満の障がいをもつ子どもを育てている父や母に支給される特別児童扶養手当などが社会手当の一例ですが、いずれも給付には所得制限があります。

（3）社会福祉制度

日本の社会保障は社会保険制度と社会扶助制度の2つに大別されるのですが、障がいや老齢、幼少など社会生活が自分1人や家族だけでは維持できなかったり、そのための援助《ケア》がなかなか得られない場合に、公的扶助の一部として租税を使って援助《ケア》を給付するしくみが整備されてきました。しかしこうした援助《ケア》は、貧困や身寄りがない人のための制度として限定的に供給されていたに過ぎず、障がいや老齢といった条件だけでは援助を受けることができませんでした。

その後、こうした援助《ケア》は公的扶助にみられるように所得等によって選別して給付を行うのではなく、障がい（身体障がい、知的障がい、精神障がい）や母子家庭、子ども（保育）や高齢者といった対象条件を満たしさえすれば、必要に応じて誰もが援助《ケア》を受けることができるような制度に再編されてきました。こうした中で供給される援助《ケア》を**福祉サービス**、そのしくみを**社会福祉制度**といいます。

社会福祉制度は、あらかじめ保険料を支払っておくことがサービス利用のための要件ではないし、税金を財源としながら国や地方自治体が給付を行うなど、社会扶助制度と重なるところが多くあります。

しかし、給付の条件があらかじめ決まっていて、ミーンズテストのような厳しい調査が行われることがなく、必要に応じて福祉サービスの利用が可能となるという点で、社会保険制度と類似した特徴をもっています。こうしたことから社会福祉制度は、社会保険制度と社会扶助制度の間に位置するものと考えられています。

本来、こうした援助《ケア》を社会サービスとして一本化できればよかったのですが、日本では対象者ごとに制度を作ってきた歴史をもつため、少しわかりにくい体系となっているのです。1990年代には「社会福祉基礎構造改革」といわれる社会福祉制度の見直しが進められました。また、高齢者を対象とする援助《ケア》については、要介護状態が、誰もが遭遇する可能性のあるリスクといえることから、租税ではなく保険料をもとにサービスを供給する介護保険として社会保険制度に移行されることになりました。

生活を支える制度の課題

社会保障の体系は、第2次世界大戦後、およそ60年の時間をかけて少しずつ整備されてきました。また、私たちの生活を支える制度は、社会保障の体系に留まるものではありません。働く人々に対する支援（雇用政策）や人々の住まい（住宅政策）、次世代育成支援などの少子化対策や学校教育なども、生活を支える制度として考えなければなりません。

この節を終えるにあたって、生活を支える制度が抱える課題をお話ししておきましょう。

2010年度の日本の国家予算の一般歳出（国の一般会計歳出予算から国債費や地方交付税交付金などを除いたものです）は53兆4千億円、このうち社会保障関係費は27兆2千億円と、その割合は51％となっています。つまり、税金の半分は社会保障に使われているのです。しかしこれで驚いてはいけません。社会保障の体系を勉強してわかったように、社会保障は税金だけではなく保険料で賄われているものが少なくないためです。そこで1年間に社会保障のために使われているお金がいくらなのかを調べてみると、２００８年度には94兆８４８億円、国民1人当たり73万6、８００円が支出されていることがわかりました。これは、国民全体が手にする所得総額（国民所得）の約26％に相当します。つまり、私たちの経済活動の４分の１は社会保障が占めているのです。

とてつもないお金が社会保障のために使われていることがわかりましたが、それでは、私たちの生活のどのような局面で社会保障のお金が動いているのでしょうか。「ライフサイクルでみた社会保険および保育・教育等サービスの給付と負担の水準」は、世代別にどれくらいの租税や社会保険料の負担をし、どれくらいのサービス給付を受けたかを示したものです。この図は、給付には保育や学校教育にかかるサービスが含まれており、すべての福祉サービスが含まれているわけではありませんが、それぞれの世代が社会保障にどのように関わっているかを一覧することができます。

これをみてわかるように、ライフサイクルで負担と給付のバランスをみると、0歳から20歳代までの教育負担は子どもに代わって親が面倒をみていますから、就職してから定年までのいわゆる〝現役世代〟の負担が極めて大きく、高齢世代に手厚い給付が行われていることがわかります。実際、社会保障給付費のうち、高齢者関係給付費（年金、高齢者医療、老人福祉サービス等）をみると、65兆3、６００億円と全体の約70％を占めています。世界に類を見ない高齢化の進展する日本の人口は、２００７年から自然減が続いており、高齢化と少子化が同時進行しています。今の社会保障のまま現役世代の減少と高齢世代の増加が続くと、近い将来、負担と給付のバランスが崩れることが容易に予想できます。長期にわたる景気低迷や９５０兆円を超えるといわれる日本の財政赤字がこれに拍車をかけることになっています。

図表4－1　ライフサイクルでみた社会保険および保育・教育等サービスの給付と負担の水準

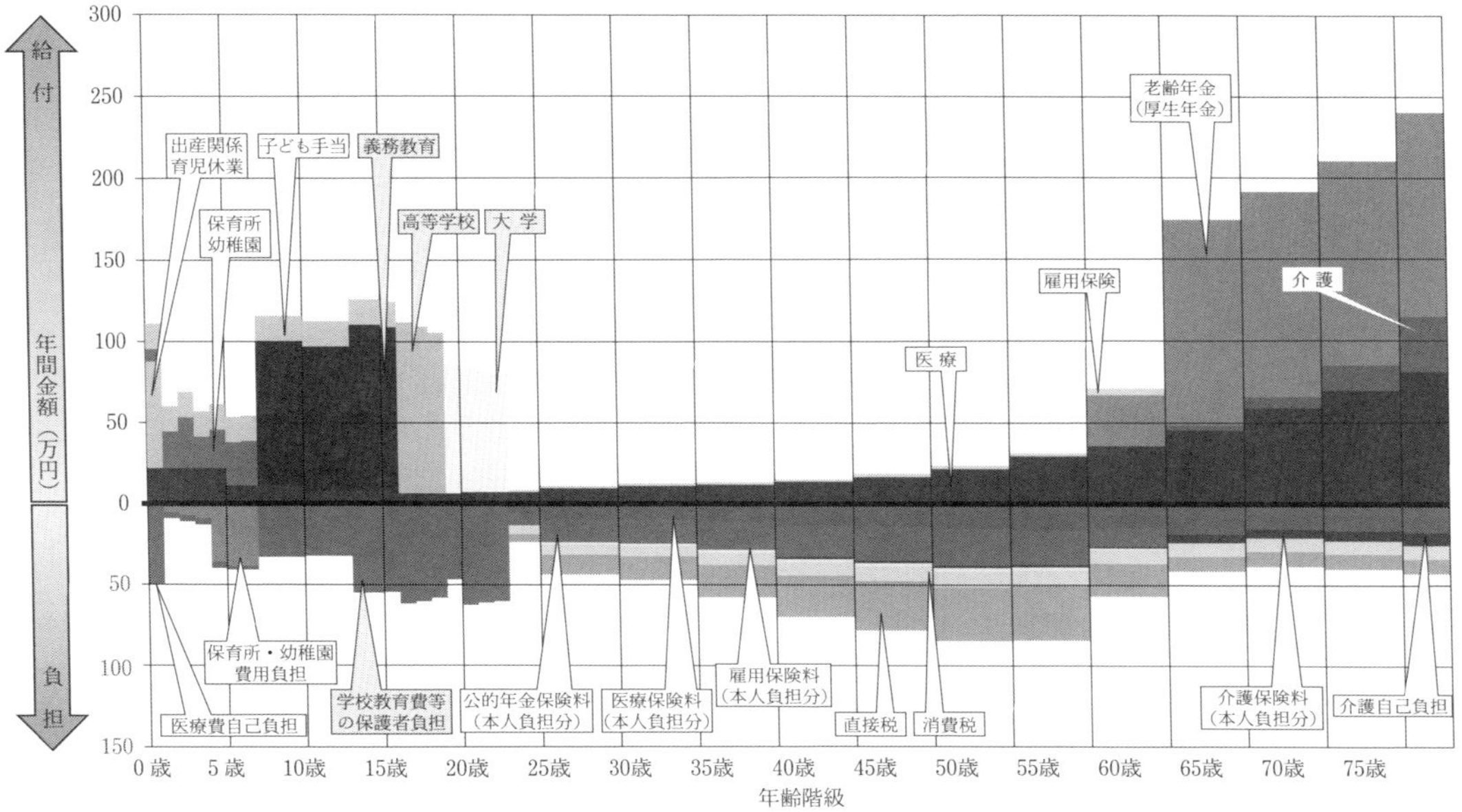

（注）2009年度（データが無い場合は可能な限り直近）の実績をベースに1人当たりの額を計算している。
出所：社会保障改革に関する集中検討会議（内閣官房，第1回（2011年2月5日）配布資料より。
http://www.cas.go.jp/jp/seisaku/syakaihosyou/syutyukento/dai1/gijisidai.html

経太が新聞で目にしていた「社会保障と税の一体改革」は、こうした問題を踏まえて将来の制度設計をどうするかを視野に入れて進められているのです。ここでは、租税や社会保険料といった制度維持のための負担の公平性、高齢世代に手厚く作られた制度の見直しなど、経太や皆さんを含む、私たちの生活を支える制度のグランドデザインが考えられているのです。皆さんの世代の将来の生活が、今、政治の場で議論され、作られようとしているといっても過言ではありません。

参考文献

阿部　彩『弱者の居場所がない社会——貧困・格差と社会的包摂』（講談社現代新書２１３５）講談社、２０１１年。

一圓光彌編著『社会保障論概説（第２版）』誠信書房、２０１１年。

大沢真理『いまこそ考えたい　生活保障のしくみ』（岩波ブックレットNo.７９０）岩波書店、２０１０年。

社会保障入門編集委員会『社会保障入門２０１２』中央法規出版、２０１２年。

椋野美智子・田中耕太郎『はじめての社会保障——福祉を学ぶ人へ（第９版）』有斐閣、２０１２年。

（井上信宏）

2　福祉国家入門―福祉国家は単に社会保障制度のことではないのだ―

学習のポイント

① 夜警国家と福祉国家を対比し違いを理解する。
② 福祉国家の政策体系は、完全雇用政策、労働政策、社会保障制度の3つからなる。
③ 福祉国家の危機は、右の政策体系の破綻によって生じている。

はじめに

経太は、父親が会社の倒産により失業し、それが長期化したため、親の仕送りに頼れなくなり、生活が困難になりました。経太は、高校時代に政治経済という科目で、生存権について学んだことがありました。日本国憲法は第25条で「すべて国民は、健康で文化的な最低限度の生活を営む権利を有する」と謳っています。これが生存権の規定であり、これを保障しようとするのが福祉国家だ、と。そうだとすれば――これがプログラム規定（政策方針提示）だとしても――国家は一体どのようにしてこの権利、すなわち「健康で文化的な最低限度の生活を営む権利」を保障してくれるのでしょうか。経太の疑問です。

福祉国家の形成

福祉国家とは、20世紀に登場し発展した国家のあり方です。それ以前の19世紀の国家は**夜警国家**と呼ばれました（自由主義国家ともいわれます）。夜警国家が、国民の自由権の保障を主たる任務とするものであったのに対し、福祉国家は、自由権の保障に加えて、生存権の保障を謳うところに、その特徴があるといってよいでしょう。

自由権とは、経済面でいえば、私有財産権や営業の自由や職業の自由などであり、資本主義経済の存立の基礎をなす権利です。これらの権利が保障されていれば、自己利益の追求による競争をとおして、いいかえれば市場の働き（神の「見えざる手」）によって、資本主義による自律的な社会編成が実現し、国民の自立自助が可能となる、というのがおおよその自由主義思想でした。

アダム・スミスは、理想社会として「自然的自由のシステム」を主張しました（『国富論』１７７６年）。「だれでも、正義の法を犯さないかぎり、自分自身のやりかたで自分の利益を追求し、自分の勤労と資本を他のどの人またはどの階層の人びとの勤労および資本と競争させようと、完全な自由にゆだねられる」という社会システムです。このシステムにおいて国家の果たすべき任務はわずかに3つであるといいます。第一が国防、第二が司法（警察）、第三が公共事業です。いいかえれば、国民の生命・財産の安全を守ることと民間にできないインフラ整備ということになります。まさに夜警国家です。そこには「最低限度の生活を営む権利」（**生存権**）の保障といった任務は存在しません。しかし、現実には19世紀においても、それ以前においても、貧民の救済は行われました。救貧法です。しかしそれは主として治安対策として行われたのであって、生存権があったわけではありません。

20世紀に入ると、世界大恐慌（１９２９年）や二度の世界戦争によって、また産業構造の変化によって、資本主義の自律的な社会編成が困難になり（「見えざる手」の減衰）、大量失業が発生し長期化します。その結果、自立自助、いいかえれば「自然的自由のシステム」と夜警国家の思想は、非現実的になりました。しかも、ロシア革命（1917年）のインパクトが加わったのです。革命によって資本主義を壊して新しい理想社会を建設しようとする社会主義運動は、大量失業に苦しむ資本主義各国内において拡大しました。それは「資本主義の全般的危機」を意味しました。ここに国家は、資本主義の危機に対処し資本主義の維持・安定をはかるため、市場経済に介入し、それを維持しつつ、国民の生存権の保障を行わざるをえなくなったのです。

生存権規定は、第1次大戦後ドイツのワイマール憲法を嚆矢としますが、憲法規定の有無にかかわらず事実上、大恐慌後アメリカのニューディール政策などにみられるように、国家がすくなくとも最低限度の生活を保障せざるをえなくなり、この政策が、第2次大戦後には多くの資本主義国に普及し、福祉国家化が進展したのです。日本でも戦後、アメリカの占領下において制定された新憲法に前述の生存権規定が盛り込まれたのでした。

福祉国家の政策体系

それでは、国家はどのようにして生存権を保障しようとするのでしょうか。貧困に陥った人びとにお金や現物を渡すかたちの救済もありますが、これは大規模には行えません。財源の問題をべつにしても、労働規律、ひいては社会秩序が失われるからです。そのようなやり方は、労働能力がない、かつ資産がない限定された人びとへの最後の手段なのです。労働能力のある人びとには、まず働いて生活の糧を稼げるようにする政策をとらなければなりません。したがって、生存権を保障する国家の政策は、市場経済を前提とすれば、基本的に次の3つとなります。

第一に、完全雇用政策です。働く能力のある人びとに雇用を与えて失業をなくさなければなりません。そうして賃金をえて生活できるようにするのです。そのためには一国全体の雇用を増やさなければなりません。国家が市場経済を前提として雇用を増やすには、まず景気をよくしなければならないのです。景気がよければ民間企業が雇用を増やすからです。むろん公共部門が直接雇用を増やして補完する場合もあります。

景気政策としては、財政政策や金融政策をつうじ一国全体の需要を拡大するマクロ経済政策があります。とくに不況期には、財政面では、公共事業を増やしたり減税をしたり、金融面では金利引下げなどを行い、総需要を刺激し雇用を拡大します。こうした政策は、フィスカル・ポリシーとかケインズ的政策とかと呼ばれますが、それは自動車や電器など耐久消費財量産型産業を主導部門とする20世紀型（アメリカ型）産業構造にマッチした政策でした。景気政策は短期的な政策ですが、中長期的には成長政策となります。それはミクロ経済政策と呼ばれる産業政策や貿易政策、あるいは教育政策など、さまざまな政策の総称ですが、多面的に産業発展と経済成長を促進し雇用の安定的拡大をはかるのです。

第二は、労働政策です。右の政策によって雇用が増えて賃金がえられても、その額がすくなかったり、労働時間などその他の労働条件が劣悪だったりすると、生存権は保障されません。そこで国家は労働政策を行います。団体交渉制度、最低賃金制度、労働基準法などです。団体交渉制度は、労使（労働組合と使用者）の交渉によって、賃金その他の労働条件を決める仕組みです。まず国家が労働者に団結権、争議権、団体交渉権を保障します。そして労働組合が使用者との交渉をつうじ、賃金引上げやその他労働条件の改善をはかるのです。賃上げは使用者にとってはコスト上昇ですが、一定の持続的な賃上げは、耐久消費財量産型産業の発展にとっても必要であり、その意味で、団体交渉制度は、20世紀型産業構造にマッチした制度でもありました。

しかし、団体交渉制度が有効なのは、大企業を中心とした労働組合のある組織労働者です。労働組合のない中小零細企業などの広範な未組織労働者はどうなるのでしょうか。この未組織労働者の問題に対処するのが、最低賃金制度や労働基準法にほかなりません。国家が使用者の最低限守るべき賃金水準と労働条件を決めるのです。このほか、労働政策には、失業保険（雇用保険）制度、職業紹介、職業訓練、労働力市場諸規制などがあり、雇用促進、雇用維持、労働者保護がはかられます。

第三に、社会保障制度です。以上の完全雇用政策と労働政策は、労働能力のある雇用可能な人びとに対する政策です。これに対して、社会保障制度は、労働能力のない雇用困難な人びとに対するものであり、老人や病人や子どもの生存権を保障しようとするものといってよいでしょう。社会保障制度は、おおまかにいえば社会保険と公的扶助からなっています。社会保険には、年金保険、医療保険、介護保険などがあり、被保険者の拠出する社会保険料と公的補助金（租税）が財源となります。受給には保険料の持続的な拠出が必要になります（受給権の発生）。一方、公的扶助は、日本では生活保護制度と呼ばれるものであり、現金や現物による生活困窮者の救済です。租税が財源となります。受給には資力調査（ミーンズテスト）を受けなければなりません。最後のセーフティーネットと呼ばれています。

福祉国家の危機

おおよそ、以上の3つの政策をとおして、国民の生存権を保障しようとするのが、福祉国家ですが、むろん国により時期によりその姿に種差はあります。そこでビスマルク型とベヴァリッジ型とか、自由主義型（米英）、保守主義型（独仏）、普遍主義型（北欧）、ハイブリッド型（日本）とか、いくつかの類型論（モデル論）があって、とても面白い研究分野なのですが、ここでは立ち入る紙幅のゆとりがありません。

第2次大戦以降における福祉国家の発展は、世界的高成長とその国際的枠組みであったパクス・アメリカーナのもとで可能になっていました。高成長が、雇用を増大させ、また税収および社会保険料収入を増大させました。後者で社会保障制度が拡充されたのです。そして、この高成長の国際的枠組みがパクス・アメリカーナだったのです。

このパクス・アメリカーナと高成長という好条件が失われたとき、福祉国家は危機に陥ります。1970年代後半以降のことです。OECDが『福祉国家の危機』（The Welfare State in Crisis）という本を出したのは1981年でした。そして福祉国家にはグローバリゼーションと人口高齢化という重圧が加わります。簡単に福祉国家の危機の諸要因についてみておきましょう。

第一に、経済の低成長が、成長と福祉の好循環を崩壊させました。すなわち、一方で低成長が税収と社会保険料を停滞ないし減少させ、他方で失業の増加や高齢化の急速な進行が社会保障関係の経費を膨張させて、両者あいまって財政危機をひき起こしました。

第二に、産業構造の中心が20世紀型の重厚長大型（自動車や電器）から軽薄短小型（サービスや情報）へシフトし、労働力市場の変容をもたらしました。すなわち、あとでのべる労働力市場の規制緩和とあいまって、雇用の短期化や流動化が生じ、長期雇用の男子稼ぎ手が拠出する社会保険料に立脚した社会保険制度の基盤が弱体化したのです。

第三に、高齢化が挙げられます。これは医療の充実など福祉国家化の1つの帰結であるといえます。

これが社会保障の各種給付の増大を引き起こしました。高齢者は、若者に比べて病気になりがちであり、また労働能力も失われてくるので、高齢者人口の増大は医療・年金・介護の給付をいちじるしく増大させます。

第四に、パクス・アメリカーナの後退とグローバリゼーションがあります。アメリカは、経済力の相対的低下によって、世界体制維持コストの負担が重荷となり、その分担肩代わりを西ヨーロッパや日本に求めました。さらに注目すべき点は、アメリカが産業的劣勢の挽回のために、市場開放や規制緩和を他国に強力に求めて、グローバリゼーションを推進したことです。それは西ヨーロッパや日本には、新たな国際的負担であり、福祉国家の危機と再編の加重要因となりました。アメリカの推進するグローバリゼーションは、国際競争を激化させ、企業コスト削減、ひいては福祉国家コスト削減を強います。企業福利も国家福祉も、ともに強い圧縮圧力を受けることになりました。

第五に、新自由主義の台頭です。新自由主義は、福祉国家を攻撃します。福祉国家――ケインズ的福祉国家などとも呼ばれます――は、市場経済に過度に介入する「大きな政府」であり、税負担や社会保険料が重くなり、また労働者保護や農業保護など各種の規制によって、市場経済の活力を削ぐ。経済活性化のためには、「小さな政府」を実現し、減税、規制緩和、民営化をつうじ、市場の競争原理を回復しなければならない、というのです。市場化を推進する政策思想といえます。

こうした諸要因による福祉国家の危機の中で、上記の福祉国家の政策体系の3つが困難に直面し、その再編が模索されることになりました。

まず、福祉国家の第一の政策としての完全雇用政策ですが、完全雇用を実現するためのケインズ的政策が、その効果の減衰や財政危機や政策思想の変化によって、展開困難となりました。2008年のリーマン・ショック後の世界不況に対処するために、G20をつうじ大規模なケインズ的政策の国際協調が展開されましたが、これは例外的であり、その結果としての世界的な財政危機により、再びその展開は困難になっています。

第二の政策としての労働政策も、規制緩和によっていちじるしく後退しています。その背景はグローバリゼーションが強いる企業の労働コスト削減圧力です。産業構造の変化や社会主義の崩壊を背景とした労働組合運動の衰退によって、団体交渉制度の効果が減衰しましたし、労働力市場の規制緩和によって、いわゆる非正規雇用（契約社員、派遣労働、パート、アルバイトなど）が増大しました。その結果がワーキング・プアや無保険者の増大であり、所得格差の拡大なのです。

第三の政策としての社会保障制度も、ゆき詰まり状況に陥っています。さきにふれたように、産業構造の変化によって、長期雇用が減少し非正規の短期雇用が増加した結果、また無保険者が増加した結果、社会保険料収入が停滞ないし減少し、社会保障制度の中心をなす社会保険制度の空洞化が生じています。受給権のない無保険者が増えた結果、公的扶助（日本では生活保護）への依存が高まっているのです。

こうして福祉国家の再編が模索されざるをえません。社会保障制度の効率化や圧縮をはかる一方、租税や社会保険料を引き上げる、などは対症療法にすぎないのです。最近のギリシャに始まるヨーロッパの財政危機は対岸の火事ではありません。アメリカも日本も巨額の財政赤字をかかえています。G7諸国の一般政府債務残高をみると図表4―2のとおりです。グローバリゼーション下においては、福祉国家の再編や国際協調とともに、成長戦略ないし競争戦略が模索されざるをえません。それは**競争国家**による福祉国家の再編ないし包摂を意味しています。世界史的にみて、国家は夜警国家（19世紀）から福祉国家（20世紀）へ転型しましたが、20世紀末以降、その福祉国家が競争国家へ転型してきているわけ

図表4－2　G7諸国一般政府債務残高の対GDP比の推移

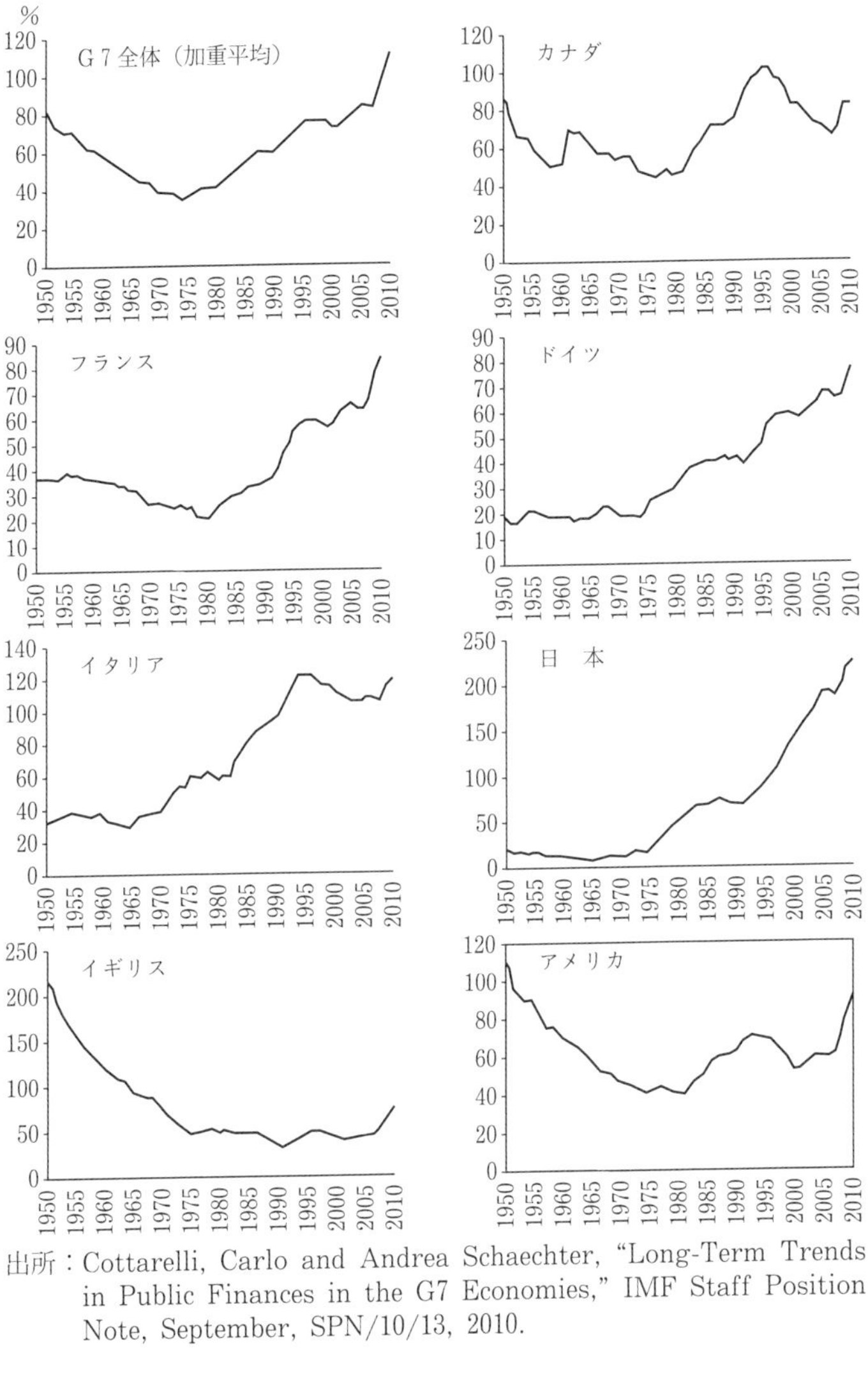

出所：Cottarelli, Carlo and Andrea Schaechter, "Long-Term Trends in Public Finances in the G7 Economies," IMF Staff Position Note, September, SPN/10/13, 2010.

です。話は佳境に入ってきました。しかし残念、今回はここまで。

以上が経太の疑問へのさしあたりの回答です。あとは自分で調べて研究してみてください。当方も研究途上。

参考文献

岡本英男『福祉国家の可能性』東京大学出版会、2007年。

加藤栄一『現代資本主義と福祉国家』ミネルヴァ書房、2006年。

渋谷博史・樋口　均・櫻井　潤編『グローバル化と福祉国家と地域』学文社、2010年。

林　健久『福祉国家の財政学』有斐閣、1992年。

メリアン『福祉国家』白水社、2001年。


（樋口　均）

第5章　貨幣・税金・財政

1　とても不思議なお金の話―お金をたくさん印刷して貧しい人々に配らないのはなぜ？―

学習のポイント

① 貨幣には3つの機能がある。
② 貨幣が現在の形になるまでには、長い歴史がある。
③ 貨幣の発行量とインフレーションには密接な関係がある。

はじめに

経太は居酒屋でアルバイトをしている大学2年生です。アルバイトをはじめて1年半になりますが、このところお客の入りがあまり良くありません。どうやら世の中が不景気で、お給料が下がってしまったり、仕事を失ってしまったりした人が多いようです。ある日の夜、常連客の福沢さんが帰り支度をしながら経太に言いました。

「最近は不景気で、すっかりお給料が下がってしまったよ。毎週のようにここに来ていたけれども、これからは月に2回くらいしか来られないよ」

福沢さんは財布から3,000円を支払うと、「宝くじでも当たればなあ」と寂しそうに呟きました。どうやらみんな、お金がなくて困っているようです。経太も、欲しい物はたくさんあるのに、アルバイトで稼げるお金は微々たるものです。経太は福沢さんから受け取った3,000円をしみじみ眺めて思いました。

「みんながお金を欲しがっているのに、日本銀行がお金をたくさん印刷して、みんなに配ってくれないのはどうしてなんだろう?」


経太は日本銀行がたくさんお金を印刷してみんなに配れば、世の中が良くなると考えたようです。読者の皆さんも、日本銀行がお金を印刷して渡してくれれば嬉しいでしょう。しかし、そのようなことをすれば世の中の人の暮らし向きが却って悪くなる可能性が高いと、多くの経済学者は考えています。この節では、どうして日本銀行がお金を印刷してみんなに配らないのかについて、「貨幣の機能」「貨幣の歴史」「貨幣とインフレーション」という3つの論点を順に追って考えます。

さあ、それではとても身近な、しかしとても不思議なお金について考えてみましょう。

経済学者が考えるお金の「役割」

読者の皆さんは、お金の「役割」について考えてみたことがあるでしょうか? 私の講義に出ている大学生に「お金の『役割』とは何ですか?」と聞くと、すぐに「何かを買う時に使われるのが、お金の役割です」との答えが返ってきました。そこで、「他には?」と聞くと、みんな揃って口をつぐんでし

図表5－1　貨幣の3つの機能

交換機能	モノやサービスを購入するための機能。買い物という行為は，貨幣の交換機能の上に成り立っている。
価値貯蔵機能	購買力を保存する機能。貯金という行為は，貨幣の価値貯蔵機能の上に成り立っている。
価値尺度機能	モノやサービスの価値を測る機能。あらゆるモノやサービスの価格を「円」で示す行為は，貨幣の価値尺度機能の上に成り立っている。

まいます。確かに私たちが普段生活する限りでは、お金の最も重要な役割は「何かを購入するための手段」です。しかし、経済学者はもう少し詳しく、お金の「役割」を定義しています。「お金とは何か？」という問いに答えるために、まずはお金の役割について考えてみましょう。経済学者が考えるお金の「役割」は**交換機能・価値貯蔵機能・価値尺度機能**の3つです。

貨幣の交換機能：お金は何かを購入するために使われます。皆さんも、欲しい本があったのならば、お金を出してそれを手に入れるでしょう。あるいは、美容院で髪を切ってもらいたいと思ったのならば、やはりお金を出してそのサービスを購入するでしょう。このように、「お金がもつ、モノやサービスを購入するための機能」のことを**貨幣の交換機能**といいます。当然のことながら、貨幣の交換機能を確保するためには、貨幣が誰にとっても使いやすいものでなくてはいけません。たとえば、1万円札が新聞紙ほどの大きさだったら、買い物に行くのがとても大変になるでしょう。だから、世界中の貨幣は小さく、軽くできているのです。

貨幣の価値貯蔵機能：皆さんは1年を通じて何かを食べます。しかし、毎年元旦に1年分の食材を買ってきて、それを少しずつ食べることはしないでしょう。そんなことをしたら家の中は食材で埋め尽くされてしまうし、何より食材の多くは腐って食べられなくなってしまいます。多くの場合、皆さんはお金を手元にもっておくことで、必要な時に必要なだけ、食材を買って食べていると思います。このように、「お金がもつ、購買力を保存する機能」のことを**貨幣の価値貯蔵機能**といいます。貨幣の価値貯蔵機能を確保するためには、貨幣が小さく、丈夫でなければなりません。たとえば先ほどの例でも出たように、貨幣が新聞紙ほどの大きさだったのならば、それをしまっておくのに広い場所が必要になってしまいます。また、貨幣がすぐに破れたり、壊れたりしてしまうものだったのならば、やはり貨幣の価値貯蔵機能を果たさなくなります。

貨幣の価値尺度機能：私たちがスーパーに買い物に行くと、あらゆる物に値段が付いています。ここで、お金がない物々交換の世界を考えてみましょう。物々交換の世界では、読者の皆さんが子どもの頃にあるおもちゃと別のおもちゃを友達同士で交換していたように、物と物とを交換することで、皆が欲しい物を手に入れようとします。たとえば、キャベツ1個はニンジン3本と交換でき、ニンジン1本はジャガイモ4個と交換できるとしましょう。

それでは、キャベツを1個手に入れるためには、ジャガイモが何個必要でしょう？　この場合にはジャガイモ12個とすぐに計算できますが、毎日毎日、あらゆる物を買う時にこのような計算をするのはとても大変です。ところが、お金があればすべてのものが単一の尺度（日本の場合には「円」）で表されるために、先ほどのような煩雑さはなくなります。このように、「お金がもつ、モノやサービスの価値を測る機能」のことを**貨幣の価値尺度機能**といいます。

さて、ここまでで経済学者が考えるお金の3つの「役割」、交換機能・価値貯蔵機能・価値尺度機能について説明しました。現在私たちが使っているお金は、これらの3つの機能を見事に備えたものであるということができます。私たちが使っているお札や硬貨は小さく、軽く、丈夫なので交換機能、価値貯蔵機能をきちんともっています。また、日本中のお店が値段の表示を「円」で統一しているために、貨幣の価値尺度機能もきちんともっています。私たちが毎日便利に買い物をできるのは、これらの機能を満たした貨幣が日本に広く流通しているおかげなのです。

しかし、現在私たちが使っているようなお金ができたのは、長い歴史上ではごく最近のことです。人類は長い時間を使って、現在のような便利な貨幣を手に入れました。そこで、次はお金の歴史について考えてみましょう。お金の歴史を概観することによって、現在私たちが使っているお金の不思議さがより一層わかるようになります。

お金の歴史

お金には長い歴史があります。はるか昔には、人類は貨幣をもっていませんでした。お金をもっていなければ、人々は物々交換によって欲しい物を手に入れるしかありません。たとえば、漁に出て魚を獲ってきたとします。しかし、今日は魚を食べる気分ではなく、豚肉が欲しかったとしましょう。その場合、魚と豚肉を交換してくれる人を探さなくてはなりません。すなわち、「魚と豚肉を交換したい」という自分の欲求を満足させるためには、「豚肉と魚を交換したい」と思っている他人を探さなくてはなりません。このことを、**欲求の二重の一致**といいます。

物品貨幣：簡単に想像がつきますが、欲求の二重の一致を探し続ける毎日はとても大変です。そこで、

図表５－２　お金の歴史

貨幣の名前	特　　徴
物品貨幣	ある特定の物を貨幣の代わりにしたもの。交換機能は比較的よく果たすが，価値貯蔵機能をあまり良く果たさない。（例）米，貝，布，タバコ
金属貨幣	金属で造られた貨幣。物品貨幣と比べると価値貯蔵機能を良く果たすが，政府が貨幣発行収入を追求すると交換機能が低下する。（例）金貨，銀貨
兌換紙幣	一定量の金などと交換することを政府が約束している貨幣。貨幣そのものにはほとんど価値がない。政府や中央銀行が常に一定量の金を保有しておかなければならないという問題点がある。（例）昔の円やドル
不換紙幣	現在私たちが用いている貨幣。貨幣の価値を保証するものは何もない。（例）現在の円やドル

人類は次第にある特定の物を介在させることによって、物の交換に伴う不便さを回避するようになりました。それが、**物品貨幣**と呼ばれるものです。たとえば、昔の日本では米が貨幣の代わりに用いられていたことがあります。日本人ならば誰でも米を食べるので、米であればたいていの物と交換することができたからです。先ほどの例だと、まずはどこかで魚を売って、その代金として米を受け取ります。次に、米を支払うことで豚肉を手に入れます。豚肉と魚を交換したいと思っていた人は、受け取った米を支払うことで、今度は魚を手に入れることができます。ここで大事なのは、「米」という一種の貨幣を介在させることで、魚をもっている人と豚肉をもっている人が直接出会わなくても、両者が望む交換が達成されることです。物品貨幣には他にも貝や布、ヤギなどがありました。変わったところでは、刑務所の中ではタバコが物品貨幣として用いられることもあります。

金属貨幣：物品貨幣を用いることで、人々の生活は随分と楽になりました。そして、ある特定の物をいつでも交換に用いることができるようになることで、物と物との交換が次第に活発になりました。しかし、物と物との交換が活発になると、物品貨幣でも次第に不便さが目立つようになりました。たとえば、米は細かく分けることができ、かつそれほど重くないので、貨幣の交換機能を比較的よく果たします。しかし、米は精米だと数カ月で品質が落ちてくるため、あまり長い期間保存しておくことができません。そのため、米は貨幣の価値貯蔵機能をあまりよく果たしません。そこで、今度は金貨や銀貨などの**金属貨幣**が登場しました。金や銀などの価値がある金属は古くから宝飾品に用いられていたため、誰でも欲しがるものでした。そこで、当時の政府が金や銀などの金属を使った貨幣を作って、広く流通させたのです。金属貨幣は米などと違って腐ったり品質が悪くなったりすることがありません。そのため、物品貨幣と比べると貨幣の価値貯蔵機能をよく果たすものであったと言うことができます。

兌換紙幣：ところが、金属貨幣にも次第に欠点が見つかるようになりました。その1つが、政府による**貨幣発行収入**の追求でした。たとえば、今までは金の含有量が80%の金貨を作っていたとします。ここで、政府が密かに金の含有量を60%まで落としたとしましょう。高価な金をあまり使わないので、政府は今までよりもたくさんの貨幣を作ることができるようになり、余分に作った貨幣の分だけ、収入を得ることができます。このような収入のことを貨幣発行収入といいます。たとえば、ヨーロッパでは戦費の確保のために、政府が貨幣発行収入を追求するということがたびたび起こりました。しかし、そもそも人々が物を金貨と交換していたのは、金貨には「金」という価値のある金属が含まれていたからです。金貨に含まれる金の量が減ったのならば、人々は今までよりも金貨が欲しくなくなります。すなわち、金貨1枚と交換しても良いと思う物の量が減るのです。

そして何よりも重要なのが、人々が金貨を受け取る時に、その金貨にはどれくらいの金が含まれているのかを気にするようになったことです。金の含有量が80％ならばジャガイモ80個と交換しても良いが、金の含有量が60％ならジャガイモ80個と交換することはできません。そのため、あらゆる店で物を売る時に金貨や銀貨の重さを量って金・銀の含有量を調べるということが起こるようになり、貨幣の交換機能が低下するという事態が発生しました。

そこで、次に出てきたのが**兌換紙幣**と呼ばれるものです。兌換紙幣は現在私たちが使っている紙幣と同じく、そのものにはほとんど価値はありません。しかし、兌換紙幣は政府によって、一定量の金や銀と交換できることが保証されています。たとえば、明治時代初期の日本においては、1円札は金1、500㎎と交換できることが保証されていました。すなわち、1円札は金1、500㎎と同じ価値であることが保証されていたのです。このように、金と交換できることを保証された兌換紙幣を使う制度のことを、**金本位制**といいます。宝飾品などに使われる価値がある金は誰でも欲しがったので、兌換紙幣は広く使われることになりました。兌換紙幣は薄く、軽く、そして丈夫だったので、貨幣の交換機能・価値貯蔵機能・価値尺度機能の3つを見事に備えた優れた貨幣であったということができます。

不換紙幣：ところが、兌換紙幣もだんだんと不便さが目立つようになります。それは、いつでも金と交換することを保証するためには、政府や中央銀行が常に一定量の金をもっていなくてはならないことです。経済の規模が大きくなり、より多くの貨幣が流通するようになると、それに見合うだけの金を集めておくのがだんだんと困難になりました。そして、いよいよ私たちが現在使っている貨幣、**不換紙幣**が登場したのです。(1) 不換紙幣はもはや、金と交換することは保証されていません。すなわち、貨幣の価値を保証するものは何もなくなったのです。

お金とインフレーション

不換紙幣とそれ以前の貨幣との決定的な違いは、不換紙幣にはそのものにほとんど価値がないということです。物品貨幣にしろ、金属貨幣にしろ、兌換紙幣にしろ、貨幣そのものに何かしらの価値がありました。そして貨幣そのものに価値があったために、人々はそれらの貨幣を喜んで受け取っていたのです。それでは、そのものにはほとんど価値がない不換紙幣を皆が欲しがるのはなぜでしょうか？

現在私たちが使っているような「そのものにはほとんど価値がない貨幣」を皆が欲しがるのは、「受け取った貨幣は次の取引で必ず使うことができる」と誰もが信じているからです。読者の皆さんは、たとえばアルバイトをした時に給料を米でくれとは言わないはずです。誰もがお金で給料が欲しいと言うでしょう。それは、お金で給料をもらえば、そのお金を使って好きなものを買うことができるからです。言いかえれば、皆が貨幣を使って便利に暮らすことができるのは、**「誰もが貨幣を使って取引をしてくれる」という信用**があるからなのです。そしてこの信用は、人類が長い歴史の中で貨幣を使い続け、近代になってようやく手にした1つの宝物であると言うことができます。

しかし、「誰もが貨幣を使って取引をしてくれる」という信用だけで成立しているために、現代のような貨幣社会はある意味で危うい存在であるとも言うことができます。次に、私たちが暮らす貨幣社会の危うさについて考えてみましょう。

信用と貨幣の価値：先ほど、皆が喜んで貨幣を受け取るのは、「受け取った貨幣は次の取引で必ず使うことができる」と誰もが信じているからだと述べました。それでは、この信用が崩れてしまった時には一体どうなるのでしょうか？

信用が崩れる1つの要因として挙げられるのが、経済状況の著しい悪化です。たとえば、天変地異や戦争によって、日本の国内で作られる物の量が半分になったとしましょう。スーパーに買い物に行くと、棚に並んでいる物の数が半分になっています。そうすると、日本中のスーパーで売り切れが続出して、お金をもっていても買い物ができない状況が発生するでしょう。すなわち、「貨幣は次の取引で必ず使うことができる」という信用が崩れてしまいます。そうすると、当然のことながら、人々は今までよりも貨幣に価値を見出さなくなるでしょう。その結果、たとえば今までは魚を1匹100円で売っていた人は、120円でなければ売りたくないと言うようになります。また、今まで1時間900円で働いていた大学生は、1時間950円でなければ働きたくないと言うようになるかもしれません。すなわち、貨幣の価値が下がることによって、世の中の物の値段がすべて上がってしまうのです。そして、物の値段や給料の上昇は、皆が納得する水準に達するまで続きます。このように、物の値段や給料が継続的に上昇することを、**インフレーション**といいます。

貨幣の発行量と貨幣の価値：日本の場合、お札を印刷しているのは日本銀行です。皆さんは、「お金がなくて困っている人がいるのならば、どうしてお札をたくさん印刷して、皆に配らないのだろう？」と思ったことはありませんか？　日本銀行がお札をたくさん印刷して配らないのには理由があります。

たとえば、日本銀行がお札をたくさん印刷して、日本の中にあるお金の量が今までの10倍になったとします。そうすると、皆は手元にたくさんお金をもつようになるので、たくさん物を買うようになります。では、物を売る人からするとどうでしょう？　たとえば、皆さんが今までパソコンを1台10万円で売っていたとしましょう。「買いたい」という人がたくさん出てくると、今までと同じ値段で売るのは馬鹿らしくなってくるでしょう。では、パソコンを1台何円ならば売る気になるでしょうか。世の中のお金の量が10倍になっているのだから、100万円の買い物が、今までの10万円の買い物をするような感覚でできるようになります。その結果、皆さんはパソコンを1台100万円でなければ売る気が起きないでしょう。同じようなことが日本中で起こるために、世の中の物の値段がみんな10倍になります。すなわち、物の量が増えていないのにお金の量だけを10倍にしても、長い目で見ると単にインフレーションが発生するだけで、みんなの暮らし向きは良くならないことになります(2)。

お金の量が10倍になって、物の値段が10倍になるだけならば、大した問題ではないように感じるかもしれません。しかし、注意しなければ大変な事態を引き起こしてしまう可能性もあります。たとえば、第1次世界大戦後のドイツは、戦争の賠償金の支払いに苦慮し、中央銀行が大量に紙幣を発行するという手段を採りました。その結果、1919年から1925年までの間に、ドイツの物価は実に1,000万倍になったのです（北村［2002］）。このように急速にインフレーションが進むと、今日は100円でジャガイモを8個買えるが明日には6個しか買えない、というように、財布に入っているお金の価値がみるみる低下していくことになります。その結果、人々は給料を受け取るとスーパーに急いで買い物に行って、買えるだけ物を買うようになります。つまり、貨幣の交換機能・価値貯蔵機能が著しく低下してしまいます。また、物の値段がめまぐるしく上昇するため、貨幣の価値尺度機能もほとんど失われてしまいます。そのため、行き過ぎたインフレーションは多大なる社会的コストをもたらすことになります。

だからこそ、日本銀行をはじめとする各国の中央銀行は、お札を刷る量をとても慎重に考えています。

お札を刷る量が少なすぎると、人々がお金を使って便利に生活することができなくなります。しかし、お札を刷る量が多すぎると、今度はインフレーションが発生して、かつてのドイツで発生したような問題が起きてしまいます。現在私たちが使っているお金には、そのものにほとんど価値がありません。だからこそ、「受け取った貨幣は次の取引で必ず使うことができる」という信用を崩さないように、注意深くお金の量を調整しなければならないのです。

【注】

(1) 実際には、必ずしもここで紹介した順番で貨幣が使われてきたわけではありません。たとえば、江戸時代の日本では「一分金」と呼ばれる金属貨幣と同時に、米や布などの物品貨幣も使われていました。日本の貨幣の歴史についてもっと詳しく知りたい人は、大久保・鹿野［1996］を参照してください。

(2) 貨幣の発行量を増やすことで、少なくとも短期的には人々の暮らし向きが良くなる場合があります。経済学者ジョン・メイナード・ケインズは、不況時に中央銀行が貨幣の流通量を増やすことで、景気が良くなると主張しました。詳しくは、マンキュー［2003］を参照してください。

参考文献

大久保隆・鹿野嘉昭「貨幣学（Numismatics）の歴史と今後の発展可能性について」、日本銀行金融研究所『金融研究』第15巻第1号、1996年、157～184ページ。

北村行伸「物価と景気変動に関する歴史的考察」、日本銀行金融研究所『金融研究』第21巻第1号、2002年、1～34ページ。

グレゴリー・マンキュー『マンキューマクロ経済学 入門篇（第2版）』、足立英之、中谷 武、地主敏樹訳、東洋経済新報社、２００３年。

（荒渡　良）

2　税金の話―アルバイトでも税金を払うの？―

学習のポイント

① 税金にはいろいろな種類がある。
② 税金には、経済の効率性に与える効果と所得再分配を行う効果の2つがある。
③ アルバイトで得た給与の場合、確定申告すれば還付される可能性がある。

はじめに

今年、大学生になった経太は、今日、アルバイトの給料をもらいました。いくらになったのかを確かめるため、給与明細書を見たところ、所得税と書かれていました。どうも所得税が差し引かれているようです。なぜ税金を支払う必要があるのかなと疑問に思いながら、アルバイトを続けました。年が明けて1月の給料日に給与袋を開けたところ、給与明細書と一緒に源泉徴収票が入っていました。源泉徴収票によると、昨年1年間で、アルバイト代から所得税が数万円も差し引かれていました。経太は、一所懸命にアルバイトして1年間合計で１００万円弱を稼ぎましたが、そこから数万円も税金が支払われていました。そこで、経太はなぜ税金を支払わなければならないのかと先生に相談してみました。

税金の種類：税金にはどのような種類があるのでしょうか？

アルバイト代にも所得税や住民税という税金がかかります。それでは、税金にはどのような種類があるのでしょうか？

税金にはいろいろな種類があり、その性格によって次の通り分かれています。

① まず国が徴収する国税と、市町村などの地方自治体が徴収する地方税があります。たとえば、所得税は国税であり、住民税は地方税です。

② 税金を負担する人とそれを納める人が同じ直接税とそれらが異なる間接税があります。たとえば、個人の所得に課税される所得税・住民税や企業の利益に課税される法人税は直接税で、買い物した時に支払う消費税は間接税です。消費税の場合、品物を買った消費者が税金を負担しているものの、品物を売った企業が税金を納めているので間接税と呼ばれます。

③ 税額を算出する際の基礎となる課税対象による分類もあります。たとえば、所得税は所得額が課税対象であり、消費税は消費額（支出額）が課税対象となっています。また、保有資産が課税対象となる相続税などがあります。

④ このほか、使用目的により普通税・特別税、課税単位により従価税・重量税、課税場所により内国税・関税の区別があります。

また、税金の徴収の仕方により、税金を負担する個人が納税する普通徴収と給与等を支払う事業者が税金を代わって納税する源泉徴収（特別徴収）があります。

図表５－３　主な税目の収入の推移（1980～2010年度決算額）

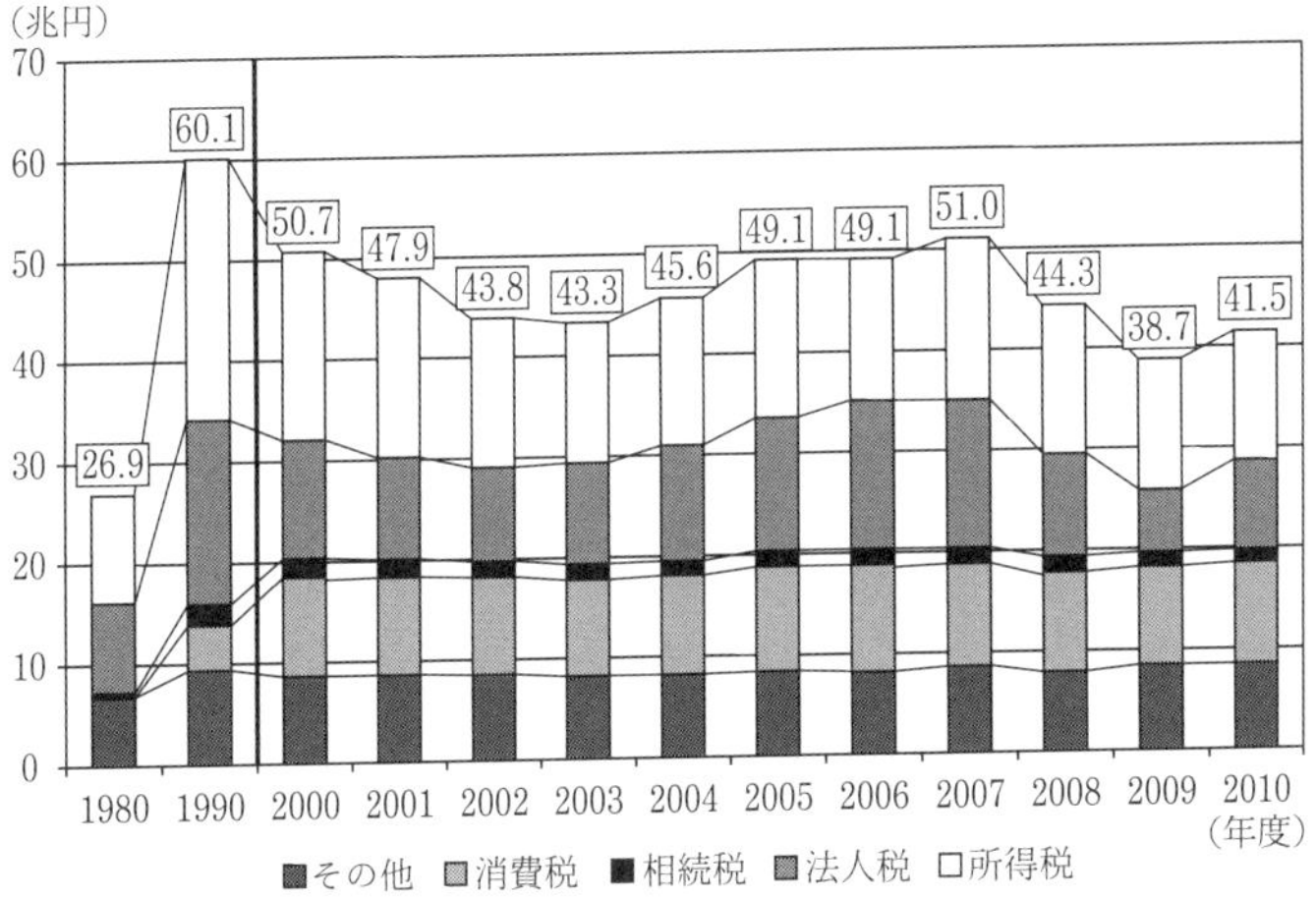

出所：国税庁統計年報

わが国の税収の現状：日本における主な税金は所得税・法人税・消費税の３つです

それでは、わが国の税収の現状はどうなっているでしょうか？

図表５―３に示す通り、１９８９年に消費税が導入されて以降、わが国における主な税目は所得税・法人税・消費税で、税収の75～80％を占めています。このうち、法人税は景気の影響を大きく受け、２００８年９月のリーマン・ショック以降、大きく落ち込んでいます。一方、消費税は景気の影響をあまり受けず、この10年間でほとんど増減していません。消費税は、法人税などよりも景気の影響を受けにくい税金といえます。

また、消費税導入前（たとえば１９８０年）には、所得税・法人税・相続税などの直接税は税収の70％以上を占めており、アメリカと同様、直接税中心と言われていましたが、最近は50～60％となっています。図表５―４に示す通り、アメリカでは相変わらず直接税の割合が90％以上ある一方、日

図表5－4　国税の直間比率の国際比較（2010年度）

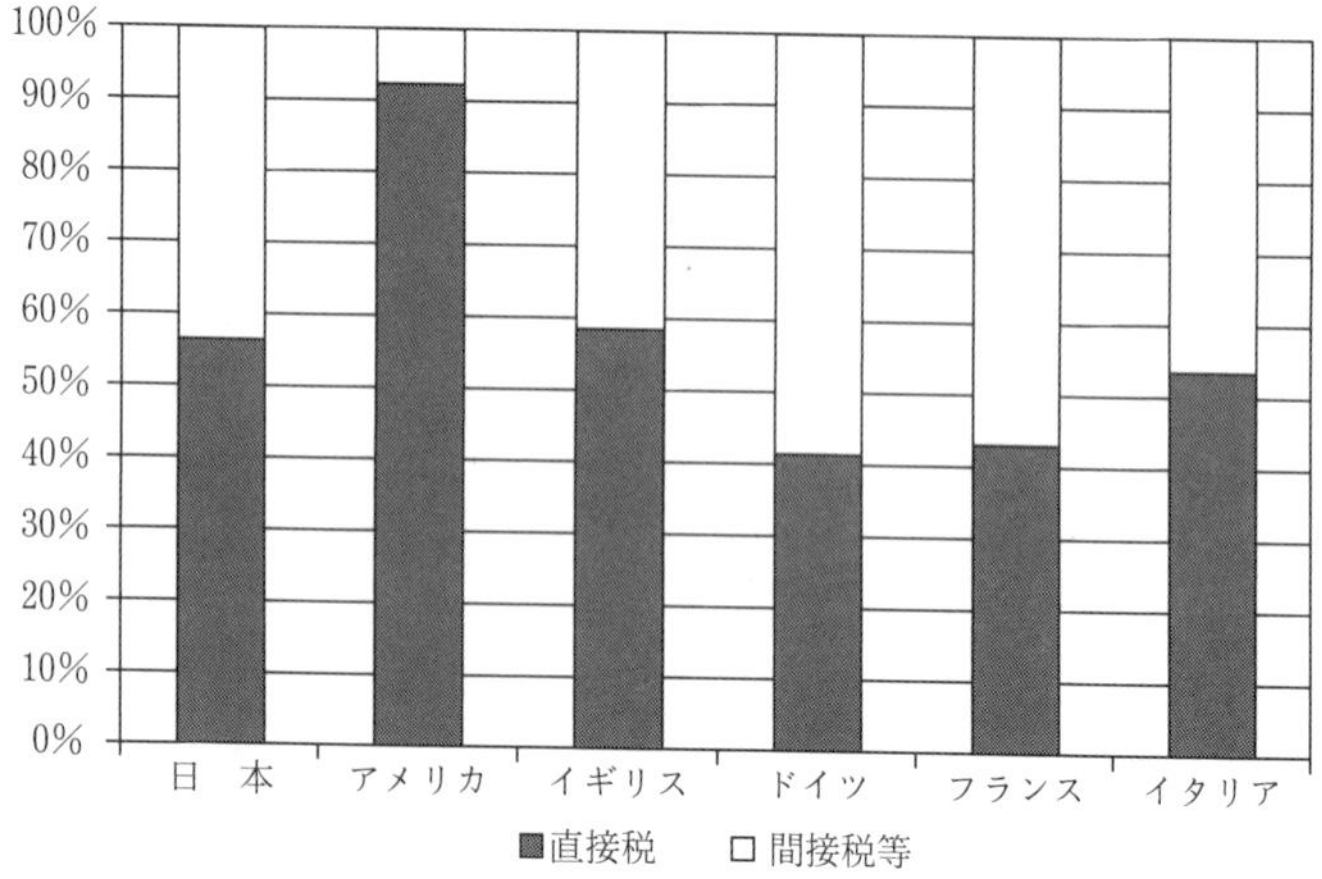

出所：国税庁統計年報，財務省主税局資料。

本を含む他の先進国では40～60%となっています。

次に、図表5－5は国税と地方税の推移を示しています。この図が示す通り、バブル期の1990年頃までは地方税収入は国税の50～60%でしたが、平成金融危機以降、徐々に比率を高め、65～75%程度となっており、特にリーマン・ショック後の2008年度以降は、国税収入が大きく落ち込み、80%前後となっています。このことから、国税は景気の影響を大きく受けやすい一方、地方税は景気の影響を受けにくいことがわかります。

図表5－6では先進国における租税負担率（国民所得に占める税金の負担割合）と1人当たりの租税負担額を国税・地方税別に描いています。地方自治が進んでいる日本・アメリカ・ドイツでは地方税が国税とほぼ同じくらいの規模となっている一方、その他の先進国では地方税が国税の30%以下となっています。また、1人当たりの租税負担額（国税・地方税合計）については、日本では60万円程度ですが、アメリカでは日本の約1・5倍、その他の国では2

図表５－５　国税と地方税の推移（1980～2010 年度決算額）

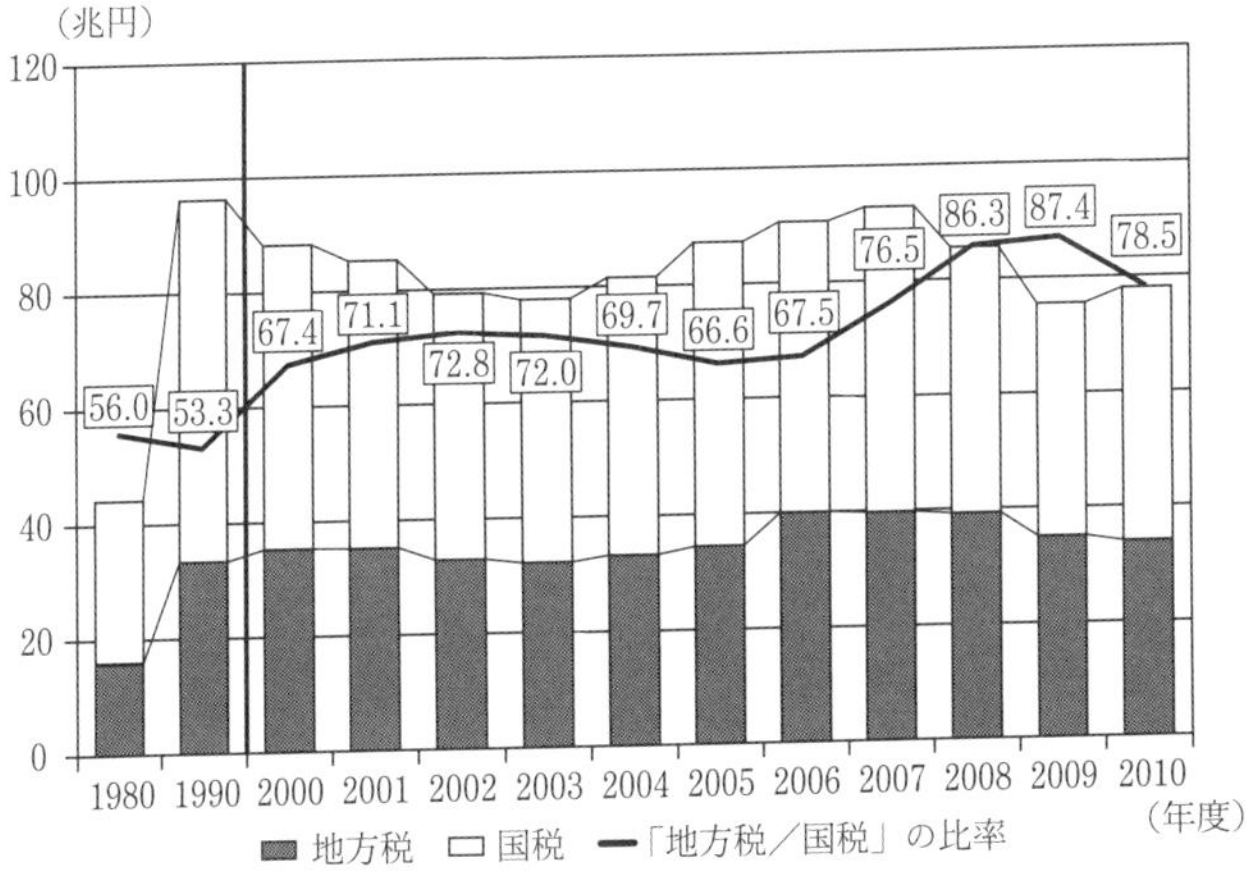

出所：国税庁統計年報，財務省主税局資料。

図表５－６　租税負担率・１人当たり租税負担額の国際比較（2009 年度）

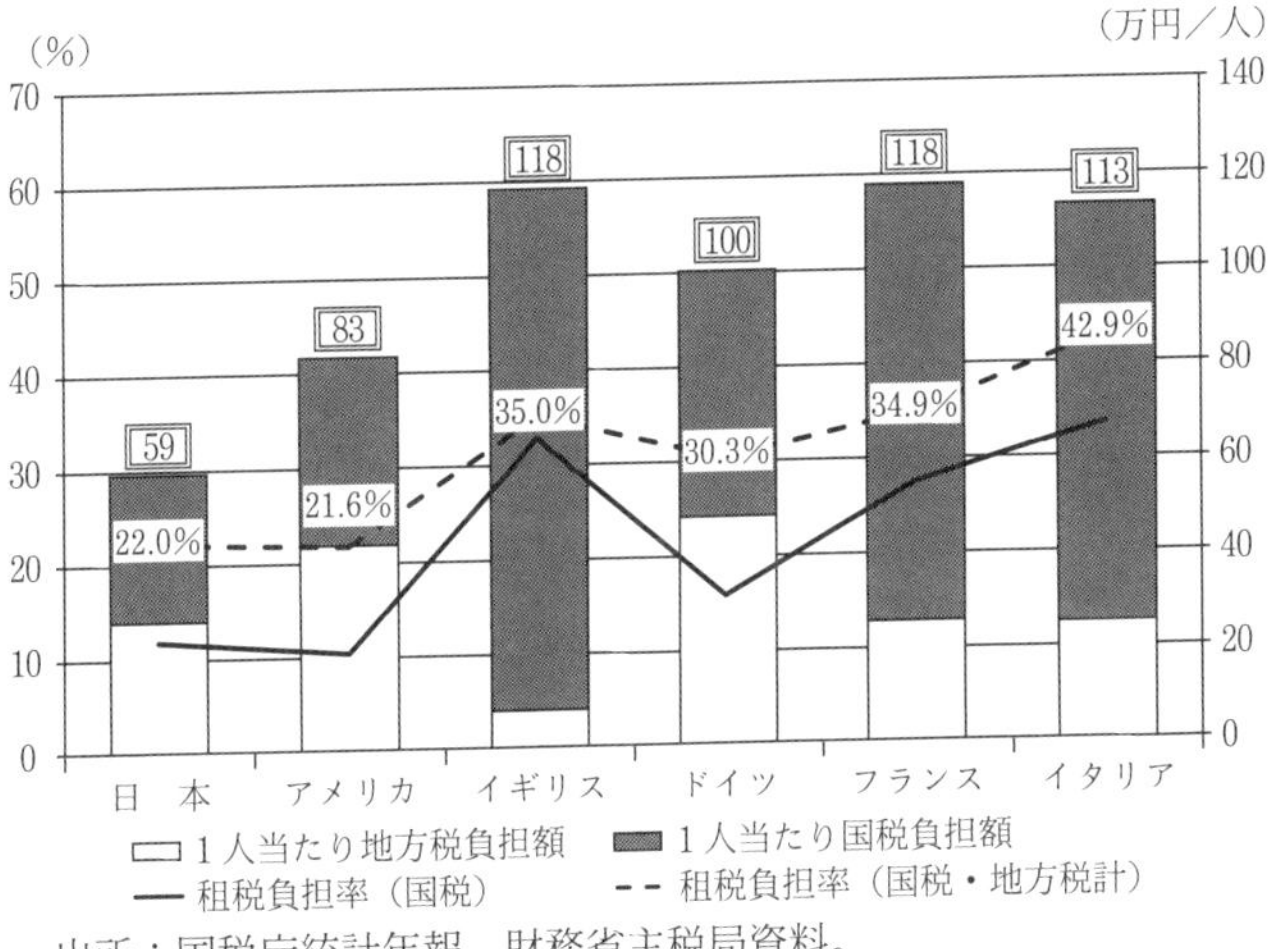

出所：国税庁統計年報，財務省主税局資料。

倍になっています。
日本では、近年、直接税中心から間接税の比重を高めるとともに、2007年には税源移譲（地方分権を進めるため、国税の負担を減らし、地方税の負担を増やす措置）が行われ、国税から地方税へ比重を高めてきています。

税金の役割と経済効果：なぜ税金が必要なのでしょうか？　経済にどのような影響を与えるのでしょうか？

（1）税金の役割と課税原則

国や地方公共団体は、橋・道路を建設するほか、学校教育、警察などの行政サービスを提供しています。税金はこれらの行政サービスを提供するために必要となる予算の財源を調達するための手段です。それでは、税金はどのようにして確保すべきでしょうか？

まず税金を政府が提供するサービスへの対価であるとする見方があります。すなわち、自らが受けた政府サービスの度合いに応じて税金を負担すべきであるという考え方である**応益の原則**があります。一方、政府サービスの財源は国民が共同して負担するものであり、負担できる者が負担するという考え方である**応能の原則**もあります。

また、予算としての財源として税金を負担する以上、何らかの形で納税者に負担を強いることとなります。たとえば、給与に課税される場合、税負担が増えれば勤労意欲が減退します。利子所得に課税された場合、貯蓄が抑制されるかもしれません。消費税率が引き上げられると消費が落ち込むかもしれません。このように課税は経済に負の影響を与え、経済の効率性を阻害する効果をもっています。

したがって、課税にあたっては、経済の効率性に十分に配慮する必要がありますが、それと同時に公平性にも配慮する必要があります。特に公平性については、同じ所得の人は同額の税金を納めるという**水平的な公平性**と、応能原則に基づき所得の多い人は多くの税金を納めるという**垂直的な公平**があります。

課税は、垂直的な公平を達成し、所得格差を是正する所得再分配機能も併せもっています。たとえば、所得の高い人には高い税率を課し、所得の低い人には低い税率を課すことによって所得の格差を是正する累進課税制度などがあります。

課税にあたっては、この効率性と公平性の観点から検討する必要があります。

（2）最適な課税制度

効率性の観点から望ましい税とは何でしょうか？

労働所得に対する課税については、税負担が増えれば勤労意欲が減退します。たとえば、累進課税制度において所得の高い人に対する税率を高くすればするほど、高所得者は働く意欲が減退し、経済の効率性は落ちると考えられます。

効率性の観点から望ましい税制は、納税者の負担をできる限り少なくして、必要な税収を確保することです。この観点から最も望ましい税制とは超過負担が少ない税金、たとえば税額を算出する際の基礎となる課税ベースが経済活動と独立である定額税・一括固定税が挙げられます。地方税である住民税には、応益原則の考え方もあり、所得割だけでなく、定額割も採られています。

しかし、国税の場合、その主な割合を占める所得税・消費税については必ず超過負担が生じ、資源配分上の経済の効率性を阻害することとなります。したがって、効率性の観点からは超過負担をできる限り少なくした所得税・消費税が望ましいといえます。

（3）ラムゼイ・ルール

現在、社会保障と税の一体改革の一環として、消費税率の引上げを柱とする税制の抜本的改革が行われています。資源配分上の効率性の観点から望ましい消費税に関しては**ラムゼイ・ルール**があります。このルールでは、価格に対して非弾力的な財に対してより高い税率を掛けても超過負担はそれほど大きくならず、資源配分上の非効率が抑えられるという**逆弾力性の命題**が示されています。すなわち、この命題に従うと、可能な限り価格弾力性が低い財に高い税率を課すべきであることになります。一般的に、食料品などの生活必需品は需要の価格弾力性が低くなっています。生活に必要であるため、価格が高くなってもそれほど需要は減らず、また、価格が低くなってもそれほど需要は増えないので、高い税率を課しても資源配分上の非効率は低く抑えられます。逆に、贅沢品の場合は、価格弾力性が高いため、効率性の観点からは税率を低く抑える必要があります。しかし、このような税率は効率性の観点からは望ましいことですが、所得水準が低い人が相対的に多く消費する財である生活必需品に高い税率を課すことは公平性の観点からは決して望ましいとはいえません。

欧州では、公平性を確保する観点から、付加価値税の税率について生活必需品の場合は低く、贅沢品の場合は高くしていますが、ラムゼイ・ルールに従えば必ずしも効率的とはいえません。

このように、効率性の観点から望ましい制度であっても、それは必ずしも公平性の観点から望ましいわけではなく、効率性と公平性の間にはトレード・オフの関係があります。

確定申告の仕方：アルバイト代に課せられる税金を還付してもらおう

（1）所得税等の計算方法

経太の事例が示す通り、大学生が出会う税金としては消費税のほかにも、アルバイト代に課せられる所得税があります。また、アルバイトをすると、住民税もかかり、さらには親の税額計算にも影響を与えることがあります。

それでは、所得税の計算はどのようにするのでしょうか？

所得税・法人税のいずれの場合でも、基本的に収入から経費や所得控除を差し引いて課税所得金額を求め、それに税率を掛け、必要に応じて税額控除を差し引くことによって納税額が算出されます。

課税所得金額＝収入－経費・所得控除

納　税　額＝課税所得×税率－税額控除

（2）アルバイト代にかかる所得税：所得税を納める必要のないアルバイト代はいくらでしょうか？

一定額以上の所得がある場合、国税である所得税が課せられます。通常、アルバイト代は給与所得になります。

給与所得の場合、給与の金額に応じて**給与所得控除**と呼ばれる経費が決められており、たとえばアルバイト代が161・9万円未満の場合、給与所得控除額は65万円となります。このほか、所得控除として38万円の**基礎控除**、さらには一定の要件を備えた学生の場合、27万円の**勤労学生控除**があります。

例えば、収入がアルバイト代だけしかなく、その金額が130万円以下である場合は勤労学生控除を受けることができます。

課税所得＝アルバイト代－(給与所得控除額＋基礎控除額（＋勤労学生控除額))
＝アルバイト代－(65万円＋38万円（＋27万円))

したがって、勤労学生の要件を満たす大学生の場合、アルバイト代が130万円（＝65万円＋38万円＋27万円）以下であれば所得税はかかりません。

（3）アルバイト代にかかる住民税：住民税を納める必要のないアルバイト代はいくらでしょうか？

一定額以上の所得がある場合、地方税である住民税も課せられます。住民税には道府県民税・都民税と市町村民税・特別区民税があります。また、住民税には、所得額に応じて税額が決まる所得割と、所得額に関係なく税額が一律に決まる均等割の2つがあります。

住民税の所得割の計算の際には、控除する各種控除額が所得税とは異なります。給与所得控除額は所得税と同額（アルバイト代が161・9万円未満の場合は65万円）ですが、基礎控除額は33万円、勤労学生控除額は26万円となっています。

課税所得＝アルバイト代－(給与所得控除額＋基礎控除額（＋勤労学生控除額))
＝アルバイト代－(65万円＋33万円（＋26万円))

したがって、勤労学生の要件を満たす大学生の場合、アルバイト代が124万円（＝65万円＋33万円＋26万円）以下であれば住民税の所得割はかかりません。

しかし、住民税の均等割については、住居地により、課税されない上限額が異なります。たとえば、東京都の場合はアルバイト代が100万円（＝65万円＋35万円）以下であれば住民税の均等割がかかりません。信州大学がある長野県の場合、松本市では96・5万円（＝65万円＋31・5万円）以下ならば均等割はかかりませんが、隣の塩尻市や安曇野市の場合は93万円（＝65万円＋28万円）以下になります。

（4）親の扶養控除に与える影響：なぜ親の税金にも影響を与えるのでしょうか？

一般に大学生は親の扶養を受けていることから、税法上も扶養控除の対象となっています。そのため、大学生のアルバイト収入は、主婦のパート収入と同様、親の税金を計算する際に**扶養控除**を受けられるかどうかにも影響を与えます。

所得税・住民税ともにアルバイト代が一定水準以下の場合、親の税金から扶養控除額を差し引くことができます。具体的には、アルバイト代が103万円（＝65万円＋38万円）以下であれば、所得税の場合は38万円（ただし19歳以上23歳未満の大学生の場合は63万円）、住民税の場合は33万円（ただし19歳以上23歳未満の大学生の場合は45万円）の扶養控除を差し引くことができます。

（5）いろいろな税金を考えて：所得税・住民税がかからず、親の扶養控除にも影響しない収入はいくらなの？

上述する通り、アルバイト代を考えても、所得税や住民税（所得割・均等割）、さらには親の扶養控除の適用の可否まで考慮する必要があり、このことが税金を難しくしている理由の1つかもしれません。

図表5―7に示す通り、結局、所得税・住民税（所得割・均等割）がかからず、親の扶養控除にも影響を与えないアルバイト代は、課税最低限が最も低い住民税の均等割の金額になります。すなわち、住居

図表5－7　アルバイト代が所得税等に与える影響

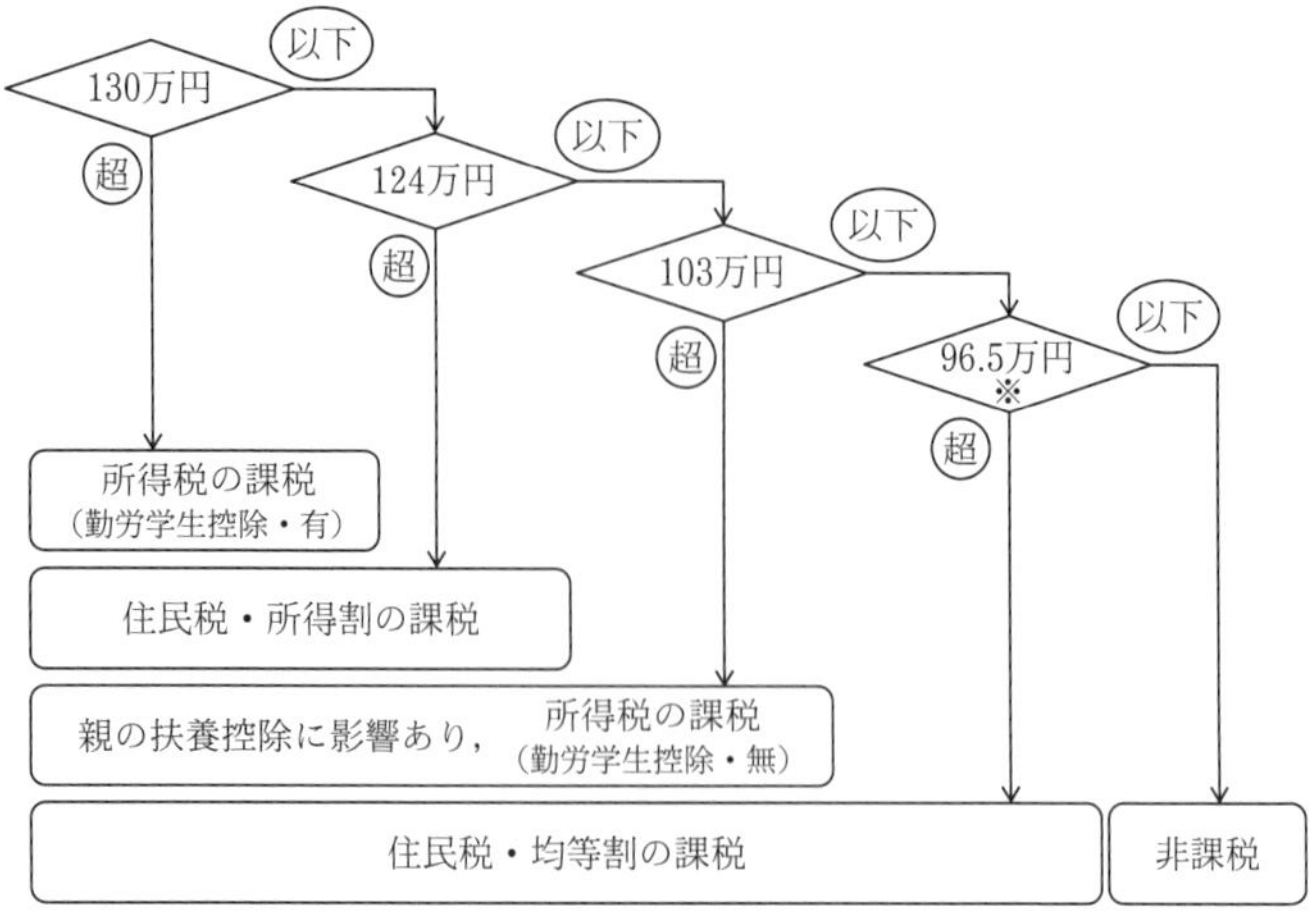

（注）※印は住居地によって異なる。96.5万円は松本市の場合。

地にもよりますが、松本市の場合、アルバイト代が96・5万円（東京都の場合は１００万円）以下であれば税金もかからず、親にも迷惑を掛けません。

また、勤労学生の要件を満たす大学生であっても、アルバイト代が１３０万円を超えていれば所得税・住民税がかかり、親の扶養控除にも影響を与えます。１３０万円以下であれば所得税がかからず、１２４万円以下であれば住民税の所得割がかからず、１０３万円以下であれば親の扶養控除に影響を与えず、松本市の場合は96・5万円（東京都の場合は１００万円）以下であれば住民税の均等割もかからないということになります。

（6）確定申告の仕方：アルバイト代から差し引かれた所得税の還付のため、毎年2～3月には税務署に出向いて確定申告を行おう。

所得税の場合、源泉徴収制度がとられているため、たとえアルバイト代であっても所得税が徴収されている場合もあります。その場合、確定申告を行うと税金が還付される可能性があります。

アルバイト代を受け取る際、もし源泉徴収税が差し引かれていれば、2月16日から3月15日までの間に最寄りの税務署で確定申告を行ってみてください。源泉徴収された税金を還付してもらえるかもしれません。なお、アルバイト先から源泉徴収票を受け取ったら紛失しないようにしましょう。

（山沖義和）

3 日本にも財政危機が来るのか？

学習のポイント

① 政府が負っている巨額な債務は、すべて返済しないといけないのか。
② 財政破綻を起こさないための条件とは何か。
③ 日本政府の財政赤字はどのくらい削減しなければならないのか。

はじめに

そろそろ就活のことが気になりだした経太が新聞を読んでいると、世界経済の先行きが怪しくなってきていること、その発端の1つにギリシャの財政危機が関係しているという記事があった。そう言えば、日本の財政もなかなか大変だと聞いたことを思い出した経太は、前の学期にマクロ経済学の講義を受けた先生の研究室を訪ねていろいろ質問してみようと思い立った。

個人の借金と政府の借金

経太：先生、ギリシャの財政危機に端を発していろいろ心配なニュースがありますね。

先生：そうだね。万一ギリシャ政府が国債の返済に必要なお金を調達できないようなことになると、ギリシャ国債が暴落して、それをたくさん保有しているヨーロッパの銀行が破綻するかもしれない。それに、財政事情が悪い他の国の国債にも波及しかねない。そうなると、2008年秋のリーマン・ショックの再来かと懸念されているんだ。

経太：わー。リーマン・ショックで急激に景気が悪くなって、それまで楽勝だった就活も途端に厳しくなったって言うじゃないですか。

先生：そうだね。

経太：ところで、先生、日本もずいぶん国債を発行していると聞きますけど、日本の国債は大丈夫なんですか。

先生：日本政府の**国債発行残高**は、2011年度末で667兆円と見積もられている。それに地方政府の債務もたし合わせると1,000兆円を越える額になる。

経太：あんまり金額が大きくて、実感がわきません。

先生：財務省の資料によると、日本政府の財政事情を家計にたとえると、月収40万円の世帯が6,000万円を越えるローンを抱えていることになるそうだ。地方政府の債務まで合わせると、1世帯当たり1億円の借金があるようなものだね。

経太：えー。そんなに借金があるならもう返済は無理ですよ。
先生：個人ならきっとそうだね。
経太：個人と政府とでは何か違いがあるんですか。
先生：個人の場合、たとえば40歳の人が住宅ローンを借りようとする場合、自分が元気で働けるうちに借金を返さないといけないって考えるよね。そうすると、仮に65歳まで働くつもりだとしても、25年間で元利合計を返済してしまわなければならない。
経太：政府の場合は、もっと長い期間で考えてもいいってことですね。
先生：そうだね。実際、国債の中には償還期間が30年のものも発行されている。19世紀のイギリスやフランスを舞台にした小説を読むと、政府が発行した永久債が個人の資産として購入されていた様子がでてくるね。
経太：え、永久債って、永久に返済しなくていいんですか。
先生：その代わり、それをもっている人は毎年一定額の利息がもらえるというしくみだ。
経太：それなら、政府は国債の償還のことなんか気にせずに、どんどん財政赤字を続けても心配ないってことでしょうか。
先生：それが、そうでもないんだ。極端な話、もしも政府が利息すら払えないほどの大量の国債を発行してしまったら、誰も国債を信用して買いたいとは思わなくなるだろう。そうなると国債は暴落して、文字通り紙くずになってしまうね。そうなるともちろん、政府は新たな国債を発行して財政赤字を賄うことはできなくなる。
経太：ということは、政府は一定限度内なら債務残高をもち続けることができるけど、その限度枠を越えてしまうと財政破綻して、国債は暴落ということですか。

先生：正解。

政府の借金の限度

経太：それじゃあ、その限度ってどのくらいなんですか。

先生：それは簡単にはいえない。現に、日本の国と地方を合わせた債務残高は対GDP比率で200パーセントを越えてしまったけど、この比率がもっと低くても、財政破綻に陥ってしまった国や、財政破綻が懸念されている国がある。

経太：それじゃあ、何もわからないってことじゃないですか。それに、その対GDP比率って何ですか。

先生：GDPは国民総生産のことだって授業で習っただろ。国の経済規模の違いを考慮するために、GDPに対する相対的な大きさで議論するんだ。それに、政府の税収の基盤は、国民のさまざまな所得やそれを使った消費だろう。GDPの三面等価から、大雑把に言うとGDPは国民所得の指標でもあるんだ。

経太：なるほど。政府の債務残高の大きさを対GDP比率で議論するのが適切だってことはわかりましたけど、その比率がどのくらいの数字を越えたら危ないのかわからないんじゃ、意味がないじゃないですか。

先生：まず、**債務残高の対GDP比率**でみて、どの国にも当てはまるような一律の危険水準ラインを言うのが難しいってことは、国によって政府の信用力に違いがあるからだね。過去に巨額の財政赤字に陥るような時期があっても、その状態をコントロールして破綻を回避した実績のある国と、政府にそんな能力がなさそうな国とでは、政府の信用力が違うよね。
経太：ということは、日本政府は1980年代には財政再建を続けて財政赤字をコントロールできた実績がある。それに、先進国の中で日本はまだまだ消費税率が低いので、これを引き上げて財政赤字をコントロールすることは可能だろうと、今のところは見られているんだ。
先生：そうだね、日本政府は1980年代には財政再建を続けて財政赤字をコントロールできた実績が
経太：いま、「今のところは」って、気になる言い方をしましたね。
先生：おや、鋭いね。危険水準のラインの高さは、信用力という極めて主観的な評価に基づいている。だから、いったん政府の能力が思っていたほど高くない、あるいは信用できないと思われはじめると、危険水準ラインが下りてくるんだ。たとえば、ギリシャ政府は財政赤字の大きさについてこれまで嘘の発表をしていたことがわかって今回の危機につながったんだが、単に債務残高の対GDP比率の大きさがより高い水準に訂正されたというだけではなくて、政府自身の信用力が著しく低下してしまったんだね。もう1つ、危険水準のラインの高さは、世の中の人々の不安心理にも影響される。ギリシャ危機の影響を受けて、イタリア国債が格下げされたのもその一例だね。
経太：なるほど、それじゃあ財政危機に陥らないようにするにはどうしたらいいんですか。
先生：債務残高の対GDP比率が、1990年代以降の日本のように、どんどん上昇し続けているようだと、危険水準のラインがどんなに高くても、いつかはその水準を越えてしまって財政危機に陥る。だから、財政危機を回避するために必要なことは、債務残高の対GDP比率が上昇しないようにすることだ。少なくとも債務残高の対GDP比率が一定の水準で安定するようにすることだ。このように財政赤字の水準をコントロールする能力を政府が示すことは、同時に政府の信用力を高めることにも

なる。

経太：つまり、国と地方を合わせて1、000兆円を越える借金を全部返済してしまう必要はないんですね。

先生：そうです。国は個人とは違って、過去に発行した債務の返済の一部を**借り換え国債**を発行して賄うという形で、債務残高を持ち続けることはできる。でも、そうした債務残高が、GDPというその国の経済規模の指標との比較で一定の範囲に収まって安定しているようにしなければいけない。

経太：1、000兆円って聞いたときには不安になりましたが、今までのお話を伺って少しはほっとしました。でもそうすると、今度は債務残高の対GDP比率が一定の水準で安定するための条件というのを知りたくなりますね。先生、今度もまた「それは簡単にはいえない」なんて言わないでくださいよ。

先生：もちろん、これについては明確な条件式を導くことができます。それじゃあ、ここは数式の導出があるからホワイトボードに書きながら説明しましょう。

債務残高の対GDP比率を安定化させるための条件

（と、先生が説明を始めた。以下は、その説明を要約したものである）

まず、政府の予算で収入のことを歳入、支出のことを歳出というのは知っているよね。平成23年度の当初予算では、歳入総額92兆円のうち、**公債金収入**が44兆円で、残り48兆円が税その他収入だ。ここでは、税その他収入の部分をTと呼んでおくことにしよう。一方、歳出総額92兆円には、**国債費**21兆円が含まれている。この国債費というのは、過去に発行した国債の償還費や利払い費のことだ。歳出総額から国債費を差し引いた残りの部分71兆円が、この年の国の事業を行うための費用となるが、この部分のことをGと呼ぶことにしよう。そうすると、歳入総額＝歳出総額だから、次の式が成り立つ。

T＋公債金収入＝G＋国債費

ところで、この式の左辺の公債金収入の部分は国債の発行ということだが、こうして新たに国債が発行される一方で、右辺の国債費のなかには**国債の償還**が含まれているから、この年の公債金収入の全額が国債残高の増加につながるわけではない。上の式の両辺からこの年の国債の償還額を差し引くと、次のようになる。

T＋国債残高の増加額＝G＋国債の利払い費

ここで、国債残高の総額をBと呼び、その増加額をΔB、**国債の利回り**（**長期利子率**）をｒと書くとすると、上の式はすべて記号を使って次のように書き表すことができる。

$$T+\Delta B=G+rB$$

この式は次のように書き直すことができる。

（1）$$\frac{\Delta B}{B}=\frac{G-T}{B}+r$$

さて、私たちが安定化の目標としている指標は、（ここでは国だけに話を限ると）国債残高の対ＧＤＰ比率だから、ＧＤＰをＹと書くことにすると、それはＢ／Ｙだ。ところで、こうした分数（割り算）で表される指標を変化率に直すと、分子の変化率から分母の変化率の引き算になってしまう。これは便利な計算ルールだから覚えておこう（正確には、自然対数をとって時間微分するという計算で導出されます）。すると、次の式が得られる。

（2）　$\frac{B}{Y}$の変化率 $= \frac{\Delta B}{B} - \frac{\Delta Y}{Y}$

この式の右辺の第2項目は、GDPの変化率だから経済成長率で、これをgと表すことにしよう。もっと正確に言うと、国債残高の対GDP比率を求めるときには、分子の国債残高が名目の金額であることに合わせて、分母のGDPも名目の金額で測るべきだから、ここでのYは名目GDPです。経済成長率というと、名目GDPから物価水準の変化分を取り除いた実質GDPの変化率のことをいいます。だから、ここでのgは名目GDPの成長率、あるいは経済成長率＋物価上昇率になります。

（2）式に（1）式を代入して、**名目GDPの成長率**をgと書くと、財政危機を避けるための条件として次の式が導出されます。

（3）　$\frac{B}{Y}$の変化率 $= \frac{G-T}{B} + (r-g) \leqq 0$

ところで、上の式の右辺のG−Tの部分は、**財政のプライマリー・バランス**（**基礎的財政収支**という訳語が使われることもあります）の赤字と呼ばれています。そこで、この用語を使って（3）式の条件を書き直すと、次のようになります。

プライマリー・バランスの赤字＋（r−g）B≦0

日本は財政赤字をどのくらい削減する必要があるのか

経太：ありがとうございます。とても明確な条件式が導出できましたね。これを、日本の財政に当てはめるとどうなりますか。

先生：先ほど紹介した平成23年度当初予算の数字を使うと、プライマリー・バランスのGの部分の金額は71兆円、Tの部分が44兆円だから、27兆円の赤字だ。もしも長期金利が名目GDPの成長率と等しい（すなわちr＝g）と想定してよいなら、このプライマリー・バランスの赤字額27兆円分を削減すればよい。

経太：へえー。通常使われる財政赤字額は歳入予算の公債金収入分だから、平成23年度当初予算では44兆円。44兆円の赤字を削減しなければいけないと思っていたら、27兆円でいいなんて、なんだか得した気分だなあ。

先生：結論を急ぎ過ぎない方がいいよ。いまのは長期金利の水準と同じ名目経済成長率を想定した場合の話だ。もしも名目経済成長率が低くて、長期金利よりも1％低い水準しか達成できなかったとしたらどうなるだろうか。国債残高を約700兆円とすると、その1％分の7兆円を上乗せしなければいけないから、必要な財政赤字削減額は34兆円に増えてしまう。

経太：なるほど、名目経済成長率の想定次第で、財政赤字の削減目標金額が変わってくるんですね。でも、そうすると、名目経済成長率が高くなって、たとえば長期金利よりも1％高くなると、財政赤字の削減目標金額は20兆円でいいんですね。

先生：よくできました。ちなみに財政赤字削減額を、経太君にも身近な**消費税**増税で賄うとすると、日本の消費はGDPの半分より少し大きくて280兆円、でもその中にはもち家の帰属家賃なども含まれているから約250兆円をベースに計算すると、20兆円の赤字削減なら8%の消費税アップ、34兆円の赤字削減なら14%の消費税アップに相当します。

経太：いやー、なかなか厳しいですね。でも、3つの想定でどう違うか伺いましたが、先生はその中のどれが一番現実的だと思いますか。

先生：それはなかなか難しい予測だね。3つの想定のうちのどれか1つを選べと言われれば、最初に言ったr＝gの想定かな。rは金融資産の収益率だけど、金融資産と実物資産の収益率の間には長期的にはある程度の裁定関係が働くから、両者は長期的には近づいてくると予想できます。経済成長率は、実物資産の収益率の重要な決定要因だからね。少し難しいけど、現代の標準的な経済成長モデルでは、経済成長率＝実質利子率×時間選好による割引率という関係が導出されるから、時間選好による割引率が少しだけ1より小さな値になると考えると、実質利子率の方が経済成長率より少し高めになると想定すべきですが、まあ大雑把に言って、27兆円ほどの財政赤字削減を目指すというのがわかりやすい目標ではないでしょうか。

経太：最後の部分はちょっと難しかったけど、とても勉強になりました。

（徳井丞次）

第6章　為替と貿易

1　為替市場の動き—賢く海外旅行したいな—

学習のポイント

① 円やドル、ユーロなどの為替レートは常に動いている。
② 為替はいろいろな要因によって影響されている。
③ 為替の変動は、私たちの生活にも大きな影響を与えている。

はじめに

今年、大学生になった経太は、アルバイトをはじめて30万円貯金しました。せっかくなので、春休みに海外旅行に行くことに決めましたが、行き先をどうするか迷っています。

ある日、「1ドル＝～円、1ユーロ＝～円」と聞いているうちに、ふと「一体自分のお金はドルやユーロにするといくらなのだろう？」と考えました。そして、アメリカとヨーロッパ、おトクな方に行ってみようと思い立ちました。

そんな動機で為替の勉強をはじめた経太ですが、「為替レートは毎日変わるし、そもそも為替レートって何で決まるの？　これからの予想は？」と次から次へと疑問が湧いてきます。次第に興味をもってきた経太は、経済学部の先生に相談してみることにしました。

為替レートと外国為替市場

為替レートとは、２つの通貨の交換比率です。たとえば、テレビのニュースなどで「1ドル＝84円」といった表現を聞いたことがあるでしょう。これは1ドルと84円が交換できることを表しています。円で計った1ドルの価値と言った方がわかりやすいかもしれません。しかし、為替レートは日々変化しています。２０１０年12月30現在、１ドルは81円台前半ですが、5年前には１００円台前半でした。

1ドル＝１００円から1ドル＝80円になるとは、今までは1ドルを手に入れるために１００円を出さなければならなかったところが、80円で済むということです。言いかえれば、それだけ円の価値が上がったのです。このような状況を、「円高になる」といいます。逆にドルの値段は１００円から80円へと低くなり、「ドル安になる」といいます。ここで覚えておいて欲しいのは、為替レートとはシーソーのようなものだということです。どちらか一方が高くなれば、もう一方は必ず安くなります。

ところで、為替レートが変化するのは、**外国為替市場**の需要と供給の関係が変化するからです。経済学では、基本的に、モノの値段は市場の需要と供給で決まると考えます。需要のほうが供給よりも多ければモノの値段は上がり、供給のほうが需要よりも多ければ、一般的に価格は下がります。この考え方は、外国為替市場にも適用できるはずです。

ただ、市場＝マーケットと言っても、実際に物理的な場所があるわけではなく、電話やインターネッ

図表6－1　過去10年間のドル／円為替レートの推移

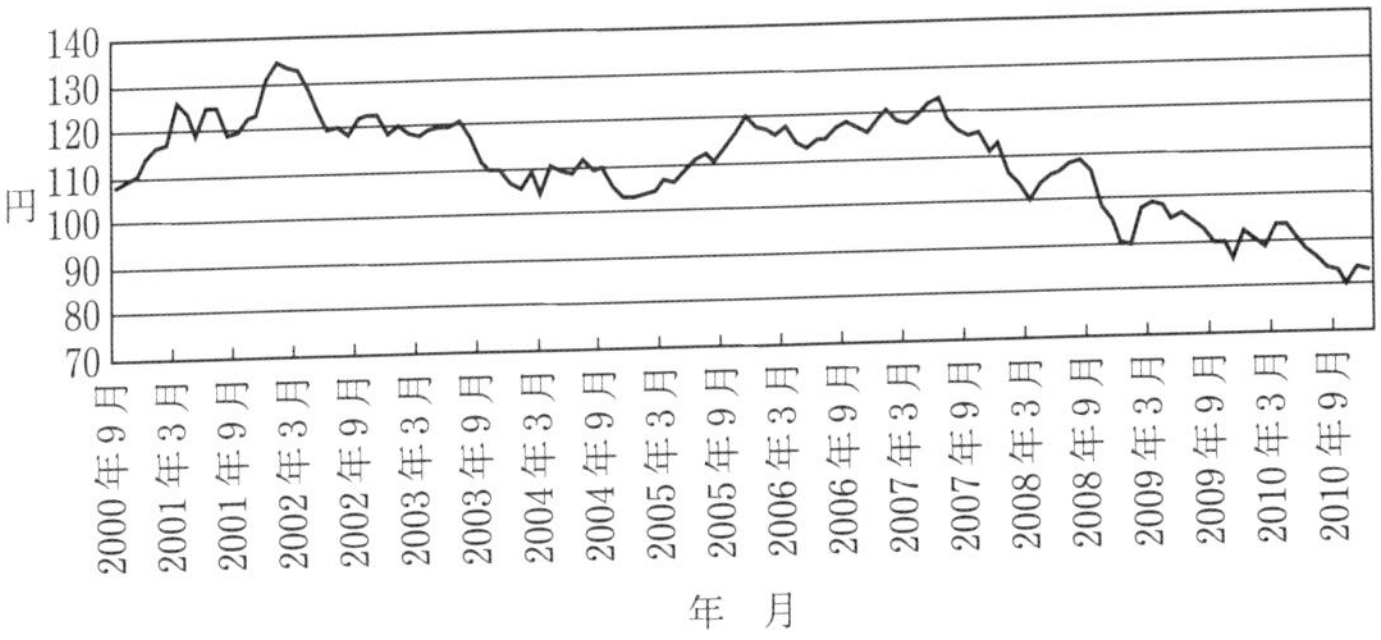

トを通じて通貨のやり取りが行われています。その取引が成立しているところを市場と呼びます。

　そして、各国の通貨はドルに対するレートで表示されます。これは、ドルが圧倒的な政治・経済力をもつアメリカの通貨であり、国際的な取引で中心的に利用されることが多いためです。このような通貨を**基軸通貨**といいます。

　為替市場のメカニズムを簡単に説明するため、引き続き円とドルを例に見ていきましょう。市場には、円の代わりにドルが欲しい人々（円売り・ドル買い）と、ドルの代わりに円が欲しい人々（ドル売り・円買い）がいます。もし、円を欲しがる人の方がドルを欲しがる人よりも多ければ、円の需要が多く、円の価値が上がることになります。そうした状況を、円高（＝ドル安）と呼びます。逆であれば円安（＝ドル高）です。要するに、市場に参加する人々にとって、どちらの通貨の方に、より多くの需要があるかによって為替レートが決まるのです。

変動相場制と固定相場制

　このように市場メカニズムを通じて為替レートが決まるしくみを、**変動相場制**といいます。円、ドルだけでなく、ユーロやポンドなど主要な通貨の多くは、変動相場制で取引されています。

これに対して、政府が為替レートを何らかの形で管理しているような国々もあります。代表的なものが中国の人民元で、ドルに対するレートの変動を一定の範囲内にコントロールしています。

かつて、第2次大戦後の約30年は、どこの国の通貨もドルに対するレートが固定されていました。**固定相場制**と呼ばれるしくみです。日本史などで1ドル＝360円というレートを聞いたことがあるでしょう。固定相場制では、それぞれの通貨交換のレートが決まっていますから、それぞれの通貨を保有する人にとって為替変動を考える必要はありません。

しかし、固定した為替レートを維持するためには、各国の実情に合わせて個別の金融政策をとることができないといった制約もありました。そのため、為替レートを柔軟に調整する役割は市場のメカニズムに任されるようになったのです。それが変動相場制です。

為替レートの決まり方

それでは、通貨の需要と供給を決めている要因について考えてみましょう。実際には、さまざまな動機が複雑に関わりあっています。難しいところがあるかもしれませんが、ざっくりと言って「どの通貨が欲しがられるか、または手放したいか」という問題だということを念頭に置くとわかりやすいと思います。ここでは、何が、為替の需給を決めるか、つまり、どのような要因によって、それぞれの通貨の需給が決まるかを考えます。

（1）買力＝どれだけのモノを買えるか

一番わかりやすいのは、それぞれの通貨によって買うことのできるモノを比較することです。まったく同じボールペンがアメリカで1本＝1ドル、日本では1本＝120円で売られているとします。同じボールペンの価値は同等であるはずですから、1ドル＝ボールペン1本＝120円、つまり1ドル＝120円になります。つまり、同じモノに対して支払うお金の価値が同じになるように、為替レートが決まるということです。

（2）金利の違い＝どれだけ投資に有利か

手元に余ったお金がある時には、より有利な条件で投資をしたいものです。1年間で100万円が105万円になる投資と、110万円になる投資を比較してみましょう。ここでは、話が複雑になるのでリスクは考えないものとします。前者の収益率＝リターンは5％、後者は10％ですので、後者を選ぶことになるでしょう。

たとえば、A国の金利水準は10％。B国の金利水準は15％だとします。その場合の投資を考えると、多くの人は、金利水準の高い国＝B国に投資することを選ぶことになると思います。ところが、今もっている通貨はA国のお金だとすると、そのお金をB国のお金に変える必要があります。結果として、為替市場では、A国の通貨が買われやすく、B国の通貨が売られやすくなります。そのため、A国通貨は下落しやすく、逆に、B国通貨は上昇しやすくなります。

経済のグローバル化が進んだ現在では、資本の国際的な移動が比較的自由になりました。インターネットを使った電子取引により、パソコンのクリック1つで世界中にお金を動かすことができます。そのため、各国の金利に影響を与えるようなニュースが入れば、お金が文字通り一瞬で国境を越えて移動してゆくことになります。これは莫大な為替取引を伴い、為替レートもめまぐるしく変化します。

（3）その他の要因

上に挙げた経済的な要因以外にも、さまざまな要因が考えられます。たとえば、戦争や大規模な自然災害などによって、ある国の経済や社会の機能がマヒした場合、その国の通貨をもっていると、将来、その通貨が下落して、保有している資産の価値が減ってしまうことが考えられます。その場合には、早めに、当該通貨を売ってしまった方が有利になるはずです。

結果として、為替市場で多くの人が他の通貨に替えようとするので、その通貨は下落する可能性が高まります。そのため、一見、為替に関係ないようなニュースであっても、影響を与えている場合があるのです。

また、ヘッジファンドのように為替レートの短期的な変動を利用して利益を上げようとする投機家もおり、時として市場を不安定にすることもあります。

それでは今まで見てきた要因をもとに、2010年に進行した円高について考えてみましょう。アメリカでは、2008年の金融危機以来、経済が低迷しました。そのため、金融当局は金利の引下げを行って景気を刺激してきました。今後も、そうした状況が続くと思うのであれば、ドルを保有することは有利なことではないはずです。そのため、ドルが売られやすくなり、一方で円が買われやすくなります。

また、ギリシャをはじめ一部のユーロ加盟国で、国が借金を返せなくなるリスク＝ソブリン・リスクが高まりました。これが、欧州全体の財政不安や金融システムへの不信として拡大しました。その結果、ユーロを保有していても、先行き、ユーロが下落する懸念が高まりました。そうしたこともあり、ドルやユーロからの退避先として、円が選ばれたと考えられます。「円が欲しい」という積極的な理由ではなく、「ドルもユーロもダメだから、円しかない」という消去法的な理由だったことがわかるでしょう。

為替レートの変化が与える影響

ここまでは、どのようにして為替レートが決まるのかを見てきました。次に、為替レートが、経済に与える影響について見てみたいと思います。

直観的にもわかると思いますが、海外からモノを買う場合には、円高になるほど有利です。これは、通貨の購買力が上がって同じモノを安く買うことができるからです。

一方、輸出に与える影響はやや複雑です。日本の企業がアメリカに自動車を輸出しており、アメリカで1台＝1万ドルで売られているとします。代金はドルで受けとることになりますが、日本で使う場合には円に替えなければなりません。そこで、為替レートが1ドル＝100円の時には、1台＝100万円です。

もし1ドル＝120円の円安・ドル高になったら1台＝120万円になり、何もしなくても売上が20万円増えることになります。視点を変えて見てみましょう。この自動車は1台＝100万円以上でないと採算が合わないとします。要するに、最低でも100万円で売らなければ損をするということです。アメリカでは、同様の性能・デザインの車が同じく1万ドルで売られ、競合しているとします。1ドル＝120円の円安・ドル高になった時、1台＝100万円という受け取り金額を維持すると、100万円＝

図表６－２　過去の為替介入の規模

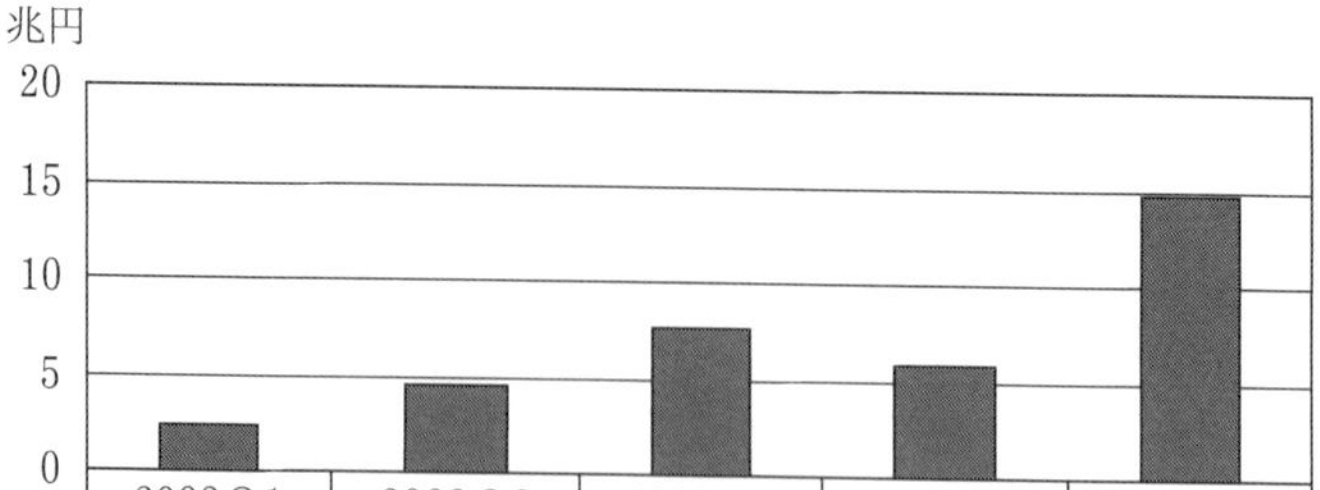

	2003Q1	2003Q2	2003Q3	2003Q4	2004Q1
■	2.4	4.6	7.6	5.9	14.8

出所：財務省ホームページより作成。

１台＝約８、３３３ドルになります。つまり、約８、３３３ドルまでは値下げする余地が生まれ、ライバル車種よりも安く売ることができるのです。逆に、円高・ドル安になると値下げ余地は少なくなり、価格競争力は下がってしまいます。実際、トヨタ自動車では１円の円高だけでも、利益が２００億円減ってしまうと言われています。

　特に競争力については、自国以外の通貨どうしの為替レートであっても影響を受ける場合があります。日本と韓国・台湾は、自動車や電気機器がアメリカやＥＵ向け輸出の主力品になっています。たとえ円とドル、円とユーロの為替レートが変わらなかったとしても、ウォンや台湾ドルが、米ドルやユーロに対して安くなれば、韓国企業や台湾企業の競争力が高まり、日本製品が打撃を受けることになります。そうなると、原材料コストの低下によるメリットなど吹き飛んでしまいかねません。

　通貨安による輸出競争は非常に熾烈です。２０１０年９月以降、**通貨戦争**という言葉が話題になりました。アメリカをはじめ先進国では、自国通貨の下落を容認する姿勢を採りました。基軸通貨であるドルが下落して、自国の通貨が高くなってしまうと、輸出主導で経済成長を達成してきた韓国やブラジルといった新興国にとっては大きな痛手です。そのため、新興国も競争力を維持するために自国通貨を安くなるように誘導しました。

具体的には、各国の政府が自国通貨を売り、外国の通貨を買うことで外国為替市場に介入したのです。そして、為替レートを政府が管理する中国への批判も高まっています。ところが、前にも書いたように為替は一方が安くなれば、もう一方が高くなるシーソーの関係です。通貨戦争は、自国の利益のために他国を犠牲にすることなのです。

過度な円高を阻止するために日本でも2010年9月、6年半ぶりに円売り・ドル買いの為替介入が行われました。今回の介入では過去と比べても、1日だけで約2兆円と巨額の取引となり、短期的に需要を上回る円が供給されました。大規模な為替介入を行っても、最終的に市場をコントロールすることはできないといわれています。しかし、わが国政府としては、毅然とした態度を示すことで、円安の行き過ぎを煽る投機的な取引を抑制することを考えたのでしょう。

外国為替市場の理論と現実

為替レートが市場での需要と供給により決まることがわかったと思います。そして市場には、輸出入企業から、ヘッジファンド（投機筋）までさまざまな参加者がいます。ここで紹介した以外にも、レートの決定メカニズムや為替介入の効果など、経済学には為替に関する理論がたくさんあります。しかし、日々の為替レートの変動を予測することはかなり困難で、実際上は不可能といってもよいかもしれません。

外国為替市場では、多種多様な参加者が莫大な取引を行っているため、さまざまな要因で為替市場が変動することがあります。そのため、どうしても、為替レートの変動率は高くなりがちです。変動率が高いということは、その分だけ危険度＝リスクが高いということもできます。

リスクが高いにもかかわらず、日本の一般の個人投資家は、株などの取引には及び腰である一方、為替には積極的にリスクを取ることが知られています。最近のFX（外国為替証拠金取引）のブームも、その一例でしょう。

（真壁昭夫）

2　円高を経済学で考える

学習のポイント

① 企業の国際競争力を表す為替相場は何か。
② 貿易財部門と非貿易財部門の生産性格差はどのように物価に影響を及ぼすか。
③ 内外価格差はどのようにして生じるか。
④ 購買力平価説は長期の円相場の動きをどのように説明するか。

はじめに

経太はリーマン・ショック後の円高、その長期化が企業の国外流出を加速し、日本経済を「空洞化」していくことに大きな関心と懸念を抱いています。経太にとって、通貨当局が外国為替市場に介入し円高を阻止することは必要だし、賛同の得られることだと思っていました。ところが現実には、他国の協調介入はおろか、わが国の為替介入に対して海外通貨当局から冷淡な反応しか返ってきていない現実に納得がいきませんでした。経太はその理由を知りたいと思い、また日本で進行する円高を、経済学ではいかに理解できるのかを勉強したいと思い、前期で国際金融の授業を受けた先生のところを尋ねようと思い立ちました。

実質実効為替レート

経太：先生、リーマン・ショック後、円高圧力が続き、歴史的な水準にまで達しています。この夏（2011年）以降、70円台後半の円高水準が長期化し、海外脱出を目指す企業は大企業ばかりでなく中堅・中小企業にまで及んでいます。これではものづくり日本の基盤が損なわれてしまうのではないでしょうか。

先生：確かに円相場が高値圏で定着し、輸出企業の9割で経常減益になると見られている。取引先が生産拠点を海外に移すというので、受注をもらえるよう自らも海外移転を検討する企業が2割に達したというデータもある。これまでの海外生産は組み立て加工型だったが、今後は付加価値の高い部材まで海外に移転し、本格的な産業空洞化が懸念されているのは事実だね。しかし注意しなければならないのは、名目為替レートを見ていると急激な円高進行だけれど、企業の国際的な競争力は名目為替レートでは必ずしも十分表すことができないんだ。

経太：名目為替レートでは企業の行動を適切に表すことができないというのであれば、何を代わりに使えばよいのですか。

先生：**実質為替レート**が用いられるんだ。それは円高が進行したとき、輸出企業にとっては、中長期的には輸出先（の通貨建てで）の販売価格をいくらにするかが輸出量に影響するからだよ。

経太：それは輸出先で、他国の（輸入製品を含めた）製品との競争関係から、どの製品が相対的に安いかという相対価格が問題になるから、ということですか。

先生：そうだよ。いま、「実質」為替レートを ε で表すと、名目レート（e）、自国の物価水準（P）、他国の物価水準（P^*）を用いて、$\varepsilon = eP^*/P$ と定義される。貿易相手国は一国じゃないから、日本企業の総合的な国際競争力を表すためには、貿易相手国との貿易額をウェイトに加重平均した「実質実効為替レート」が用いられるんだ。実際には、このレートは基準時点からの変化率を指数化したもので、主要な貿易相手国との為替レート変動をインフレ格差で調整し、貿易額などで加重平均したもののことだ[1]。

経太：その実質実効為替レートを用いると、日本企業の競争力はどのように推移しているのですか。

先生：それでは図表6−3を見てみようか。80年代以降の実質実効為替相場の推移を描いたものだけれど、何か気づいたことがあるかい。

経太：あれっ！ 実質実効為替レートで見ると、リーマン・ショックの2008年以前にもっと円高になった時期が何回かあったんですね。

先生：そうなんだ。とくに95年4月には、名目レートで79円台の最高値をつけたが、実効レートでは151にもなっているだろう。それに対し2011年では105だから、95年時点と比べるとまだ3割も円安なんだ。

経太：そこで2010年来、円高を阻止しようと円売りドル買いの為替介入をしたけれど、海外からの反応は冷淡だったというわけですね。

図表6－3　実質実効為替相場の推移

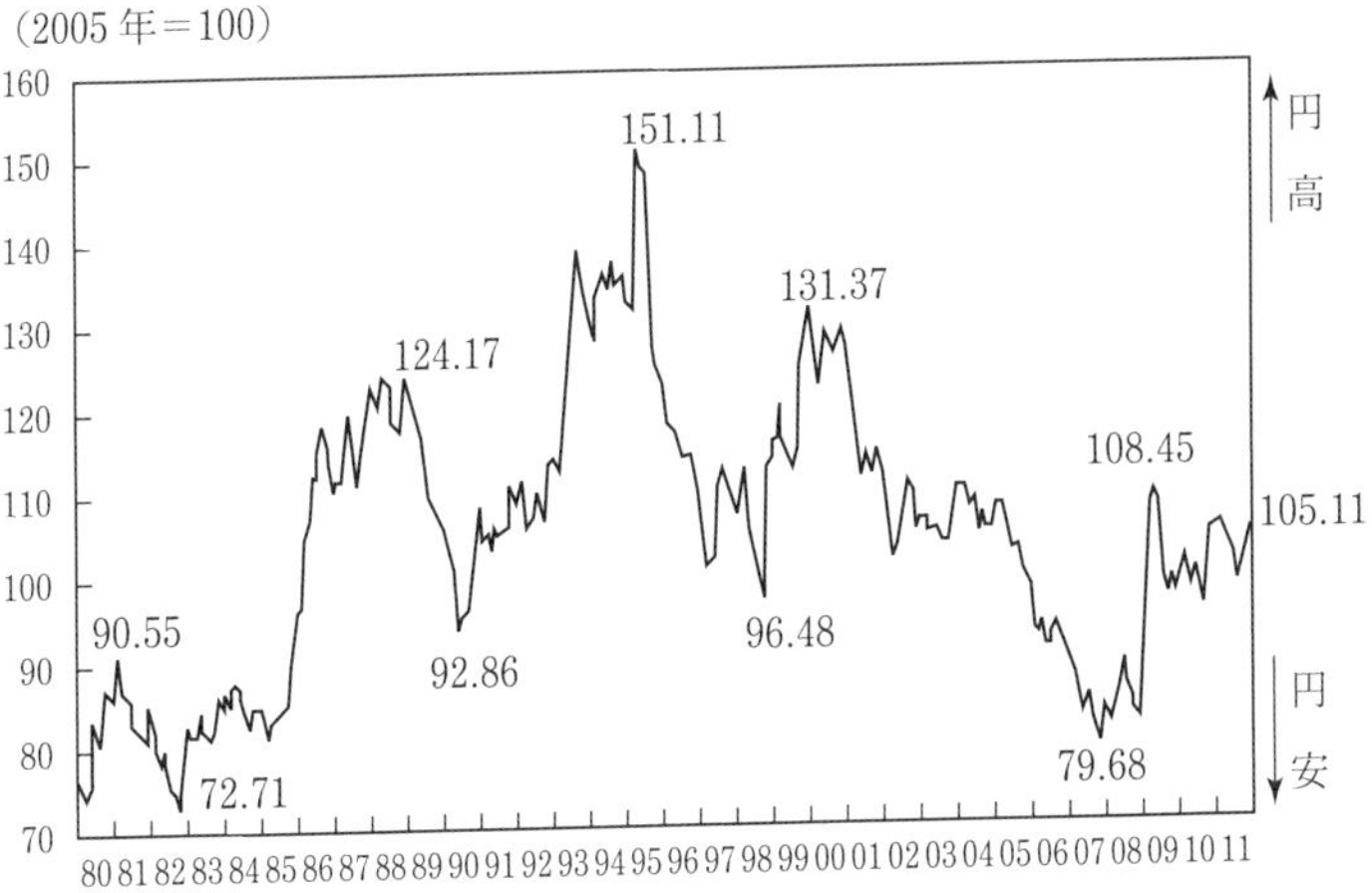

出所：日本銀行「金融経済月報」。

先生：そうなんだ。円は適正水準にあるとして為替介入に経済的根拠[2]もないし、効果も期待できないとして、政治的な思惑からの介入だといわれたんだ。これに対して95年時点での為替介入は、米国のドル安のほうにも問題があるということで、米国でドル買い円売りの協調介入がなされたんだけれどね。

経太：それにしても95年時点と比べて、現時点の方が実質実効為替レートで見て大幅に円安だというのは、どうしてそうなったのですか。

先生：先ほどの実質為替レートの定義から、両時点で名目レートが大体同じとすると、実質実効レートの違いは主として、両国のインフレ率の差からきていることが推測されるね。

経太：日米のインフレ率に格差があるというのですか。

先生：そうなんだ、日米のインフレ率は、95年から08年までをGDPデフレーターで見ると、日本はマイナス11・4%なのに、米国はプラス32・9%

なんだ。日本は物価が下がった分、相対的な価格競争力が好転したというわけだ。繰り返すと、為替レートの面での対外競争力は、名目のドル円レートで見るほどには厳しいものではない、ということだね。

経太：なるほど、納得。それにしても先生、実効為替相場の背後に各国間のインフレ率の差があり、それが対外競争力を左右するというとき、インフレ率自体がどのようにして決まってくるのかが重要な問題になってきますね。インフレ率を決める要因についてはどのように考えればいいのですか。

バラッサ＝サミュエルソン効果

先生：そう、重要な点だね。インフレ率の決定については、通常マネーサプライの変化といったマネタリーな要因が挙げられる。しかしそれだけではなく、技術変化による生産性上昇といった経済実体的な要因も影響しているんだ。日本経済でも、実体面に起因するインフレーションが現実に生じている。しかもそれは**バラッサ＝サミュエルソン効果**を通して一般物価の動向に影響を及ぼしているんだ。

経太：バラッサ＝サミュエルソン効果って初めて耳にしましたが、一体どのようなものですか。

先生：一言で言うと、産業間の生産性上昇率の格差を通じて、生産性の低い産業の価格が引き上げられる効果のことだ。

経太：どうしてそんなことになるのですか。

先生：一言で言えば、産業間で共通に使われる生産要素、労働力に対する賃金が均等化する傾向があるからだ。バラッサ＝サミュエルソン仮説の説明にあたって重要なことは、経済が2つの部門、「貿易財産業」と「非貿易財産業」から成り立っているということで、2国間の貿易についてつぎのような仮定と推論がなされる。貿易財の価格は両国で同一となる（貿易財について一物一価の成立）が、非貿易財についてはそのような仮定は成り立たない。一方、貿易財産業でも非貿易財産業でも、労働者が受け取る賃金は同じである（職種間でコストをかけずに移動が可能）。貿易財産業の生産性の上昇率が非貿易財産業の生産性の上昇率よりも高い国を考える（もう一方の他国では、両産業の生産性上昇率は等しいとする）。そうすると、生産性上昇率の高い国では、貿易財産業の生産性の上昇率が製品価格を変えずに賃金の上昇につながり、その結果、非貿易財産業の価格が上昇する。貿易財と非貿易財の加重平均である消費者物価指数（CPI）は、生産性の高い国で上昇する、というものだ。

経太：なかなか興味深い議論ですね。それで日本でバラッサ＝サミュエルソン仮説は成立しているんですか。

先生：日本への適用を考えるとき、先ほどの図表6－3をみながら1995年を境に2つの時期に分けてみてみよう。そうすると、1971－98年の期間における「産業別の賃金、生産性、物価の関係」について、貿易財部門と非貿易財部門の間の比較をした議論[3]があるんだ。賃金の年平均上昇率については、両部門で6・7％ vs. 6・4％とほとんど差がない。しかし労働生産性の上昇率については、前者が2・9％、後者が1・5％と格差が見られる。そして価格上昇率はそれを受けて前者が2・0％と低く、後者が4・1％と高くなっている。これはバラッサ＝サミュエルソン効果が現れたものといえるだろう。

1997年－2007年の期間については、同じ論文で次のように比較されている。両部門で労働生産性上昇率に格差があることは、貿易財は3・7％、非貿易財は0・4％からうかがわれる。他方、賃金の動きは、労働生産性の高い貿易財産業では賃金の増加が見られる（1・0％）のに対し、労働生産性の低い非貿易財産業では賃金がマイナス0・5％と下落に転じているんだ。他方、物価上昇率は、貿易財がマイナス2・3％、非貿易財部門がマイナス0・6％であり、労働生産性の低い方が物価上昇においてより大きいという点で、バラッサ＝サミュエルソン効果が働いているといえるだろう。

購買力平価説と内外価格差

経太：バラッサ＝サミュエルソン効果による物価上昇の説明は、たしかに図表6―3で先に見た実質実効為替レートの動きと整合的で、95年までは平均的にみて、インフレ率がプラスで実効レートは右上がり（円高趨勢）、それ以降はインフレ率がマイナスで実効レートは右下がり（円安趨勢）ということがわかりましたが、実質為替レートの定義で出てきた物価水準あるいは物価指数としては、貿易財価格と非貿易財価格のどちらを使えばよいのですか。

先生：それは為替レート決定の問題に関わるんだよ。注意されるのは、どのような為替相場の決定を考えるかで関係する物価指数は違ってくるということだ。たとえば長期の為替レート決定理論として購買力平価の理論があるが、これは通貨の有する購買力を見ようとする為替レートの決定論だけれども、最終消費者が購入する際の購買力を問題にするときには、貿易することができないような非貿易財の価格と貿易財の両方をカバーする「一般物価指数」が適当だろう。他方、輸出、輸入に関係する購買力を考えるときには、輸出物価指数、輸入物価指数ということで卸売物価指数（2001年の基準改正により企業物価指数）を用いるのが適切ということになるね。

経太：購買力平価説について、もっと説明してください。

先生：**購買力平価説**（purchasing power parity doctrine 以後PPPと略）というのは、為替レートが2つの国の通貨の購買力（モノ・サービスを買える価値）が同じになるように決まるという考えで、1920年代にG・カッセルやケインズによって唱えられたものだ。それは「財同士の間の裁定」取引、つまり異なる地域で同一財が異なる価格で売られていれば、安いところで買って高いところで売ればリスク無しに利益が得られる。そうした裁定取引によって、長期的には国際的な一物一価が成立すると考えるものだ。この理論に従えば、自国のインフレ率が相対的に上昇すると、自国通貨がちょうどそれを相殺するように変化＝減価して、実質為替レートとしての（共通通貨で表示された）購買力同士の均等関係が維持される。[4]実質為替レートの定義式を用いていうと、購買力平価説の言うところは、2国間の取引が同一の財バスケットに対しては同一の金額となるように為替レートは決まってくる、ということだから、$P=eP^*$。したがって（この場合、絶対的）購買力平価が成立しているとは、$\varepsilon=1$、つまり「実質」為替レートが1であるということなんだ。[5]

経太：しかし先生、美容院やタクシーのような貿易されない財・サービスについて、外国とのあいだで一物一価が成立するというのは、いくら長期の理論といっても難しいのではないでしょうか。

先生：そうだね。購買力平価の論理はあくまで、実際輸出入される貿易財についてのみ成立することに注意しなければならない。しかし、外国とのあいだで消費者の生活水準を比較するために「一般物価指数」を等価にするような為替レートの水準を指して「購買力平価」という使い方をする場合があるんだ。ただ、一般物価水準を等価にするような為替レートの水準が、現実の為替レートが長期的にそこに収束するアンカーとしての意味はもっていないことには注意しよう。

経太：非貿易財について一物一価が成立しないと、自国製品が高いままにとどまってしまうという問題が残りますね。

先生：そう、それが**内外価格差**といわれる問題なんだ。貿易財についても、関税や流通コストによって国内価格が国際価格より割高になる場合があるし、非貿易財については、国際的な競争にさらされないということで生産性が国際的に見て低いことから起こる場合がある。それにバラッサ＝サミュエルソン効果で、貿易財部門の生産性上昇率が国際的な平均より高くて、為替レートが増価し、そのために非貿易財の価格が高くなるという場合にも生じるんだ。そして実勢為替相場を用いて国内外の価格を比較するから、円高になるほど内外価格差は大きくなって、1995年の円高のときは最も価格差の問題が顕著になったんだ。それでは消費者物価指数で評価した場合と、卸売物価指数で評価した場合の、2つのそれぞれの購買力平価の動きを図表6－4と図表6－5に示しておこう。

購買力平価説は成立するか？

先生：図表6－4からどんなことがいえるかな。
経太：まず、購買力平価と実際の為替相場とのあいだにはギャップが生じていますね。
先生：そう、それは「名目為替相場の購買力平価からの乖離とか購買力平価のパズル」と呼ばれているものだ。
経太：しかし実勢相場との乖離の程度は、卸売物価指数で評価した購買力平価の方が小さいです。これは貿易財について、国際的な一物一価が成立するということと関係があるのでしょうか。
先生：そうだよ。実際、80年代後半のプラザ合意以降の名目為替レートの増価を、貿易財部門の単位当たり労働コストと原料使用量の低下によって説明できるという研究もあるんだ。
経太：図表6－5をよく見ると、95年を境に、それ以前ではPPPは右下がり、つまり$\varepsilon=1$あるいはそ

図表６－４　円ドル為替レートの購買力平価

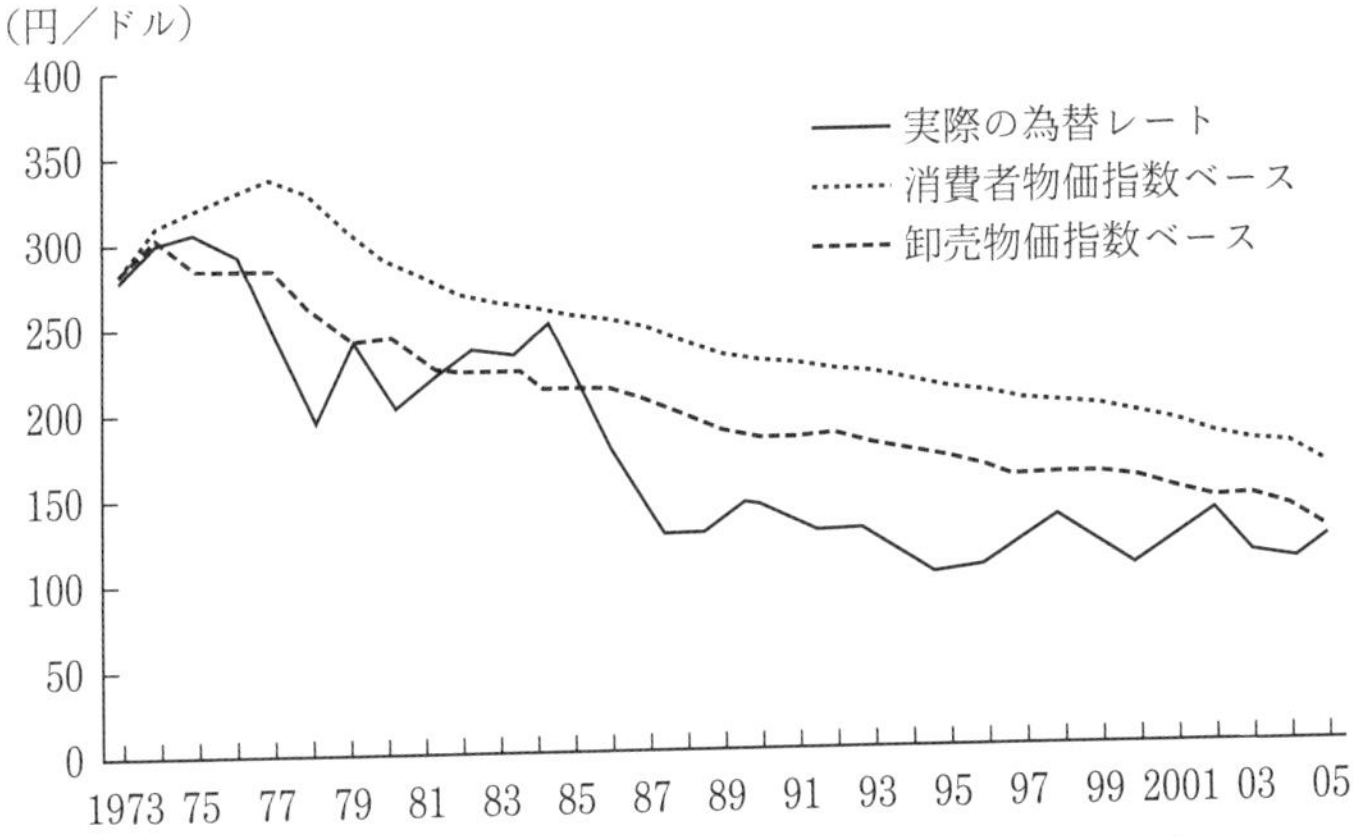

出所：IMF, *International Financial Statistics* (CD-ROM).

図表６－５　円ドル実質為替レートの購買力平価

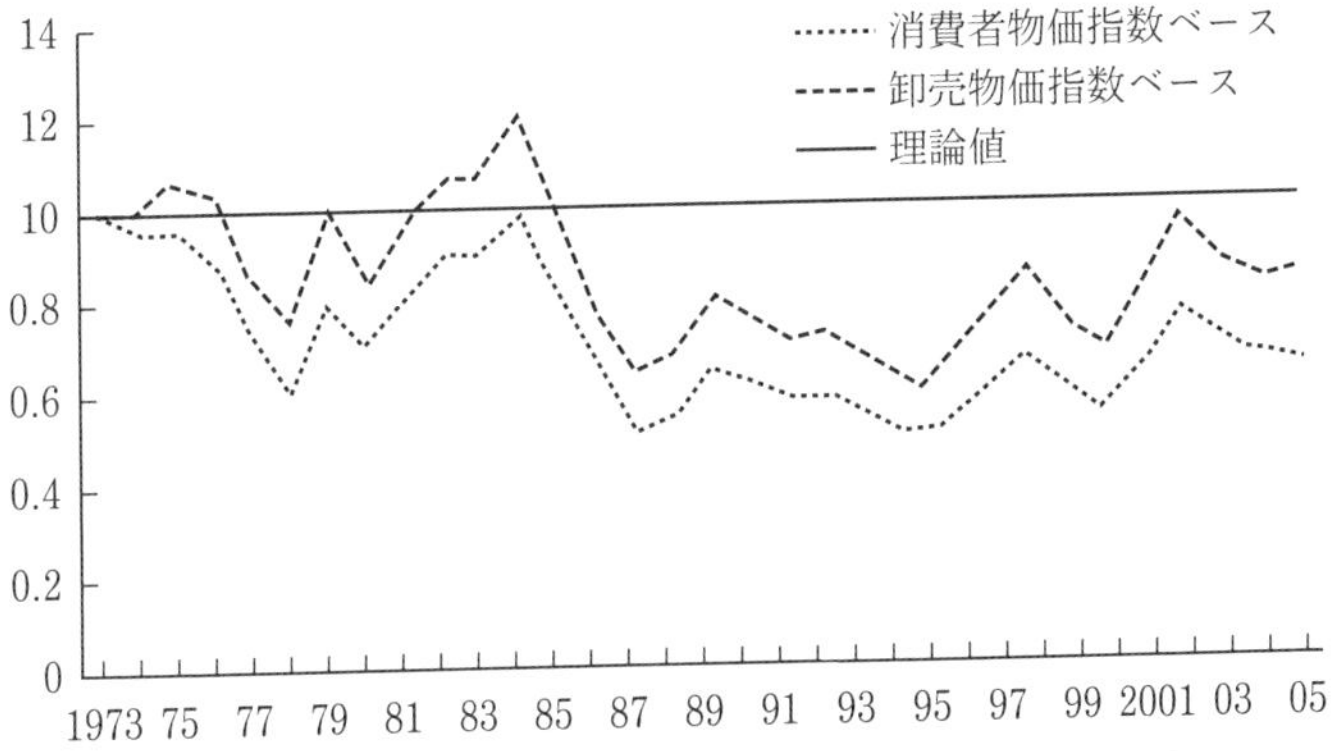

出所：IMF, *International Financial Statistics* (CD-ROM).
橋本優子他『国際金融論をつかむ』, 86 頁より再掲。

の変化率＝ゼロの理論値から乖離していくのに、それ以降では逆に右上がりで、理論値に近づいていっているように見えるのですが。

先生：重要な点に気付いたね。この点は、購買力平価説が長期の為替レート決定理論として成立するかどうかの問題としてみることができるかもしれない。購買力平価説が成立するということは、$\varepsilon = eP^*/P = 1$ということだね。それが95年以前には、εが下方に遠ざかるということで、これは（P^*一定として）eがいっそう小さくなり、Pが大きくなるなら達成されるね。実際、95年までの実質為替レートの趨勢的な動きは、円の名目レートの「増価」と、貿易財部門の高い生産性上昇がバラッサ＝サミュエルソン効果を介して引き起こした一般物価指数の上昇によって理解することができるんだ。

経太：95年以降は、どのように説明できますか。

先生：今度は、購買力平価に収斂する力が働いたとして考えることができるかもしれない。εが1に近づくためには、P^*は所与として、eが大きくなる（円安化する）か、Pが小さくなればよい。そして実際起こったことはといえば、すでに（ＣＰＩベースの購買力平価で見た円の実力以上に円高化していた）円が減価する、そして物価水準（指数）が下落するということで、95年から08年までにドル円レートではマイナス9・3％の円安が生じ、かつ国内物価の下落、とりわけ非貿易財価格の下落があったんだ。

経太：非貿易財価格の下落は、内外価格差の是正ということでもあったのですね[6]。そしてリーマン・ショックが勃発する08年までは、全体として購買力平価への調整がなされたというふうにも考えることができるのですね。

先生、為替を通した日本の経済の動きを経済学の目で見ることがどういうものか、少しわかったような気がします。ありがとうございました。

【注】

（1）為替の増価を実効レートの値が大きくなるように定義して以下の図表6―3は描かれていますが、εの定義と同様に、増価を実効レートの値が小さくなるように扱うこともできます。

（2）為替相場の「適正」水準については、国内均衡と対外均衡を同時に成立させ、対外純資産を安定的に維持するといった基準で判断されますが、主要国で最大の純資産をもち、経常収支も黒字の日本について、2010年段階でも「適正に近い」と判断されています。

（3）永濱利廣・近江澤猛「過大評価の修正進む日本経済―わが国特有のデフレ圧力の一因に内外価格差の是正あり―」第一生命経済研究所ホームページ・Economic Trends（09年7月9日）。

（4）このことは、為替自体は内外の相対価格あるいはインフレ率の変動に調整されて独自の動きをせず、企業の競争力に対し「長期的には中立」であるということでもあります。

（5）相対的購買力平価の成立はεの変化率＝0を満たす場合であり、各国間のインフレ率格差を打ち消すように為替レートが調整されます。

（6）それでも2008年時点でも、13％の内外価格差があることが指摘されています。

（青木達彦）

3　輸出は善（得）で、輸入は悪（損）か？―貿易収支・経常収支赤字は問題か―

学習のポイント

① 「黒字」・「赤字」という言葉は損得を連想させるが、輸出は得で輸入は損か。
② 国にとって輸出は善で、輸入は悪という見方について。
③ 貿易と雇用の関係について。

はじめに

経太は、最近ニュースで日本の貿易収支が月次ベースで赤字になったのを耳にしました。これは、世界金融危機や東日本大震災といったような大きな経済変動下での一時的要因かもしれませんが、巷では、少子高齢化の進展により今後日本の輸出余力が低下し、将来、貿易収支、経常収支赤字が常態化するとの声も聞かれ、その場合、日本がどうなるのか大変不安になってきました。貿易赤字がその名のとおり国の損失だとすれば、それが長期化すると日本は破産してしまわないだろうか、とくに資源の乏しい日本の場合、輸出で稼いで黒字を維持していかないと生きていけないのではないか。経済学の教科書は貿易のメリットを説いていますが、経太には、それは輸出には当てはまっても、輸入には当てはまらないように思えてなりませんでした。

「赤字」「黒字」という言葉の響きがもたらす先入観
―赤字でも黒字でも、貿易により損をしている人は誰もいない―

「黒字」「赤字」という言葉の響きは、企業や家計との対比から「黒字＝利益・得」「赤字＝損失・損」という連想を呼び覚ましますが、**貿易収支**や**経常収支**（以下、簡略化のため経常収支に用語を統一し話を進めます）の赤字により、国（＝政府）に何か直接の債務（損失）が発生しているのでしょうか。結論は否です。

企業や家計の黒字や赤字といった債権・債務は、各々の企業や家計に直接帰属するのに対し、経常収支の黒字や赤字は、その国の個々の居住者の対外的な取引を集計した結果に過ぎず、取引に伴う債権・債務も個々の居住者に帰属するのみで、集計結果が黒字でも赤字でもそれは国や政府の債権・債務にはならないのです。つまり経常収支がいくら赤字であろうと、政府が貿易の直接の当事者でもない限り無関係で、その赤字は政府の債務にも、損失にもならないのです。

では、個人・企業の観点からみた貿易（＝trade）の損得勘定はどうなるのでしょうか。そもそも、詐欺や脅迫にでもあわない限り、損だと思って取引（＝trade）する人はいません。輸出であろうと輸入であろうと、それを行った当事者は得だと思って取引したはずで、対価として差し出したものと同程度以上のものは手にしています。したがって、そうした個人・企業の得失を集計しても、そこからは損失は発生しないのです[1]。

とすれば、統計に現れている「黒字」「赤字」とはいったい何なのでしょうか。これは複式計上方式（合計すると定義上必ずゼロになるよう作成[2]）で作成されている**国際収支統計**の一側面に着目した集計結果に過ぎません。国際収支統計では、「財・サービス」の輸出は「実物資産の減少」と認識され、これが「対外債権の増加」と認識される輸出代金債権と対応しバランス（±0）しています。会計説明に深入りすると、符号の付け方などで逆に混乱するので深入りは避けますが、輸出や経常収支黒字が志向されるのは、「実物資産の減少」という側面を見落として、「対外債権の増加」という貨幣的側面にのみ着目し、得したと錯覚しているのです。すなわち輸出で獲得する貨幣（外貨）のみを富とみなし、輸出により失う実物資産が同じく富であることに思いが及んでいないのです。このことは、アダム・スミスの国富論以降200年以上経っても、依然として貨幣こそが富であり、その蓄積が国力の増大につながるとする重商主義、貨幣錯覚の残滓から人間がなかなか脱しきれないことの証ともいえます。(3)

とにかく以上の議論からは、たとえばある国の経常収支が赤字であるという状況は、その分、実物資産が増加しているわけで、貿易に直接関与しない国はもとより、得だと思って取引した企業・個人にとっても、損失が発生しているわけではないことはおわかりいただけたたかと思います。

輸出は善で、輸入は悪という見方について

（1）輸出・経常収支黒字性善説は成り立つか

専門外の会計領域に足を踏み入れ、説明がわかりづらくなったかもしれないので、今度は少し視点を変え、「輸出、経常収支黒字は、国にとって絶対的に利益であり善である」という仮説、「輸出・経常収支黒字性善説」を立てて、それが常に成り立つか考えてみることにしましょう。

次のような2つの極端なケースでも、輸出・経常収支黒字性善説が成り立つか、皆さんも考えてみてください。

【ケース1】
ある国がすべての財の生産に競争力を有し、一方的に輸出だけする場合(4)

たとえば世界に日本と米国だけしかなく、技術力に勝る日本が米国に一方的に輸出だけする場合を考えてみましょう。日本は自国の製品を米国に輸出しますが、その対価は米ドル紙幣で支払われるものとします（「金（Gold）」も米国からの商品輸入となるので、一方的に輸出するとの仮定から認められないものとします）(5)。

このケースは短期間なら続くかもしれませんが、未来永劫ともなると日本国民の労働の成果物である商品を営々と米国に輸出し、その対価として米ドル紙幣を受け取り続ける状態は、毎年日本が「貢物」を献上して、米国から米ドル紙幣という「感謝状」をもらっている状況に他ならないことが次第に見えて来て、続かなくなるのではないでしょうか。

輸出・経常収支黒字性善説が常に成り立つなら、このような場合でも営々と輸出に勤しむべきとなりますが、これは成り立ちそうにありません。それは、私たちが貿易により米ドル紙幣（外貨）を欲するのは、米ドル紙幣（外貨）そのものが欲しいからではなく、現在または将来において米ドル紙幣（外貨）を介して手に入れたいものがあるからにほかなりません。つまり米ドル紙幣（外貨）は、現在または将来において手に入れたいものを獲得するための手段に過ぎず、手に入れたい目的物そのものではないのです。

【ケース2】日本からの輸出品は金（Gold）のみ（あるいは原油のみ）で、輸入は金（Gold）（あるいは原油）以外のあらゆる財の場合

次に、長らくその素材価値をベースに貨幣として機能してきた金（Gold）、あるいは国際商品として現在の生活に欠かせない原油を例に、それが日本の唯一の輸出財であったとした場合の日本の輸出行動を想像してみましょう。

輸出・経常収支黒字性善説が常に成り立つならば、このようなケースでも日本は輸出拡大にせっせと励み、経常収支黒字を蓄積する行動をとるべきとなります。

しかし、一般の資源国の行動からも推測されるように、やみくもに輸出拡大戦略が講じられるとは想像しにくいのです。

少なくとも以上からいえることは、輸出・経常収支黒字性善説は常に成り立つものではないということです。だからといって、これで私が今めざすところの「輸出や輸入、経常収支の黒字や赤字それ自体はどちらがより望ましいというものでもない」ということまで説明できたわけではありません。

輸出・経常収支黒字性善説が否定されても、輸出には良い輸出と悪い輸出があり、輸入にも良い輸入と悪い輸入があるという説（以下「良い輸出入・悪い輸出入説」と呼びます）が、次に登場してきます。以下、その良い輸出入・悪い輸出入説が普遍的に成立し得るか考察してみましょう。

（2）良い輸出入・悪い輸出入説について

良い輸出入・悪い輸出入説を唱える人は、実は少なくとも輸出ないし輸入という行為そのものやその結果として生じる黒字・赤字が、ア・プリオリには善でも悪でもない（国益でも国損でもない）ことを認めていることになります。なぜなら、輸出入の内容に良し悪しがあり、その内容で取引結果の良し悪しが決まるという考え方なので、取引内容と無関係に経常収支の黒字・赤字の良し悪しを決められるはずがないためです。

そこで、この説の論点は、「何が良い輸出入」で「何が悪い輸出入」かの判断基準とその判断を誰が行うか（また実際に行えるのか）ということになります。判断基準は「国家的見地から」、判断は「国」がという意見が飛び出してきそうですが、このような判断基準に、普遍性を有するものやコンセンサスを得られそうなものがあるのか考えてみましょう。

典型的な基準としては、製品輸出は良い輸出で、原材料とくに希少な原材料（たとえば最近話題のレアメタルなど）輸出は競争相手国を利するので悪い輸出、原材料輸入は良い輸入で、国内産業と競合する製品輸入は悪い輸入といったような保護主義的な判断基準が考えられます。

この判断基準は、一見もっともそうに見えますが、実際には普遍性を欠く恣意的なものになっています。たとえば、海外から生地を輸入して洋服を縫製している段階では、外国からの生地の輸入は奨励されるでしょうが、生地製造がはじまると生地の輸入は好ましくないことに変わり、糸の輸入が奨励されるようになる等々、発展段階に応じ輸出入品目に対する良し悪しの判断基準が変わってしまいます。また、普段は農産物輸出を奨励している場合でも、不作に見舞われると今度は国内価格を抑制するため、輸出制限がかけられる場合があります。[6] 同じ品目でも、状況に応じ（＝ケース・バイ・ケースで）良し悪しの判断基準が変わるということは、一国限りで見ても、品目別に普遍的な判断基準は存在しないことの証といえるでしょう。

品目別に普遍的な判断基準などなくとも、国民的なコンセンサスが得られるなら良いのではないかという意見も考えられます。しかし、実際、先の例では、外国産の生地の輸入制限に対しては縫製業者が反対するでしょうし、不作を理由とした農産物の輸出規制は、より高い値段で農産物を売りさばく機会を失った農民の反発を招くので、コンセンサス形成は容易ではありません。

このことから、「国家的見地から」という一見もっともらしい「判断基準」なるものは、実は特定の利益団体の利害を反映したものに過ぎないことが図らずも露呈します。民主的なプロセスが踏まれても、政治力ないし声のより大きな団体の意見の反映ならば、それは真のコンセンサスの得られた判断基準とは言いがたいのです。言わんや、良い輸出入・悪い輸出入に関する、国際的なコンセンサス形成などは望むべくもありません（「原材料輸出は悪い輸出」などといった国際的コンセンサスが形成されては、日本のみならず資源輸出国も困るはず）。

実はこの種の議論は、すでにアダム・スミスの『国富論』中でより精緻に吟味され、すでに論破されている事柄です[7]。しかし、「国益」を錦の御旗あるいは隠れ蓑として、手を変え品を変え再登場してくるのです。

このように、良い輸出入・悪い輸出入説を支える、普遍的ないしコンセンサスの得られる基準がないとすれば、結論は、「輸出や輸入、またその取引結果としての経常収支の黒字や赤字は、そのこと自体どちらがより望ましいものともいえず、ある期間におけるその国の状況を反映した集計結果に過ぎない」ということになります。実際、国際経済学の教科書では、経常収支の黒字や赤字はある期間におけるマクロ経済活動の結果に過ぎず、ただちに解決すべき政策課題とはみなされていません。残念ながら、どの程度まで経常収支赤字の継続が許容されるかについて理論的に明らかにされているわけではありませんが、貿易相手国が取引を続けてくれる限り問題は生じないのです。

貿易と雇用の関係について

以上、「輸出が得で輸入が損」「輸出が善で輸入が悪」とする思い込みに検証を加えてきました。しかし、仮にここまでの説明を受け入れてもらえたとしても、得心したといえるまでには至っていないかもしれません。その理由は、おそらく貿易にまつわる素朴で核心的な疑念を避けてきたためともいえます。その疑念とは、貿易と雇用の問題であり、とくに不況が続く昨今の経済状況下では、恒常的に存在する失業者の問題と貿易との関係は避けて通れません。

そもそも伝統的な貿易理論は、完全競争＝完全雇用を前提としたモデルとなっており、**比較優位**を失った産業から比較優位を有する産業への労働移動により失業は解消され、国際貿易を通じ国内生産はより効率的になると説明しています。しかし、現状はいずれの国も国内に失業者が存在し、いくばくかの遊休設備も抱え、完全雇用（生産要素の完全利用）が達成されているとは言いがたい状況にあります。このため、完全雇用が達成されていない状況下では、輸出拡大・輸入抑制によって生産要素を完全利用に近づけ、社会的厚生を改善しようという主張が強く支持されるようになります。

確かに、失業者が存在する中で、輸出の増加は国内雇用の増加要因となり、輸入の増加は国内雇用の減少要因となり得ます。この意味で、輸出は善・輸入は悪という主張は一見抗しがたいように思われます。しかし、これには論点ないし問題のすり替えがあります。

それは、先の説明は、失業が存在する場合の貿易の変化量と雇用の変化量との部分均衡的な関係を述べたものに過ぎず、貿易と雇用そのものの関係を述べたものではないこと、すなわち貿易があるから国内の失業が存在しているという因果関係を述べたものではない点にあります。

経済活動規模から見て、失業の要因はむしろ国内要因に起因する場合が多いのです。日本の場合、貿易立国を標榜していますが、実際はGDPに占める輸出入の割合（輸出依存度、輸入依存度）はそれぞれ14・1％、12・7％（2010年）程度で、30％を超える欧州やアジアの国々と比べきわめて低いのです。経済に占める輸出入のウェイトの低さから見て、現存する失業要因の大部分を貿易要因に帰すのは無理があり、かなりの部分は国内要因に起因していると考えるのがフェアな見方といえます。また、貿易により失われる雇用に着目するなら、同様に貿易により支えられる雇用にも着目すべきでしょう。この意味で、貿易即雇用への影響という図式はかなり短絡的で、国内問題を国際問題にすり替える責任転嫁のシナリオである場合が多いことに留意すべきです。こうした国内問題の海外問題へのすり替えは、問題の本質（自国の生産性上昇率の低さ）から目をそらさせ、正しい目標設定と最適手段の選択を誤らせる恐れが高いのです。

ここでの結論は、貿易を直接の原因とする雇用問題があるにせよ、それが経済に占める規模からいって、雇用問題を構成する要因の一部に過ぎないということです。

そもそも貿易は、現在消費と将来消費という異時点間の消費の最適化手段の一翼を担っているとされます。黒字が継続する状況とは、経済学的にみれば現在の消費を抑制し、外国との交換を通じ消費を先へ先へと先送りし続けている状態にほかなりません。消費の最適化という観点からは、消費は先送りすればするほど良い（＝輸出超過は続けば続くほど良い）という性格のものでないことは自明です。そろそろ日本も、黒字礼賛の重商主義の呪縛から逃れ、貿易の現状が現在および将来における消費の最適化にかなっているかという消費者の視点から、貿易を捉えなおすべき時期に至っているのではないでしょうか。

【注】

（1）厳密には、取引により余剰（実際支払っても良いと思っている価格と取引価格との差）が発生し、それが貿易利益を構成しますが、以下ではそうした余剰は考慮に入れず議論を進めます。
（2）統計上の誤差脱漏がない場合、「国際収支＝経常収支＋資本収支＋外貨準備＝0」が成立します。
（3）たとえば、「実物資産の減少」は「貸記」にプラス表記、対外債権の増加は借記にマイナス表記などの定義上の問題に関し、「資産が減少したのになぜプラス表記するのか」などと考え出すと収拾がつかなくなるため。
（4）比較優位の理論から言えば、すべての財に比較優位を有することは理論上あり得ませんが、ここではそうした厳密な意味ではなく、事実として一方的に輸出し続ける場合を想定します。
（5）実際上も、1971年のブレトンウッズ体制崩壊により、金とドルの交換は停止されています。
（6）たとえば、2007後半〜08年初頭にかけての穀物価格高騰時、従来輸出国であったインド、ベトナムでは米輸出が禁止され、ウクライナ（小麦、大麦）、アルゼンチン（小麦、トウモロコシ、大豆）では輸出税等輸出規制措置が布かれました。
（7）アダム・スミス『国富論』第4編第8章などを参照。

（天野雅徳）

第7章 発展・近代化・革新

1 経済発展の話—世界経済の舞台では、先進国と後発国がせめぎあっている—

学習のポイント

① 経済発展は、どのような要因に規定され、どのようなひずみや不均衡を生むか。
② 先進国型の産業にキャッチアップする力をつけるには、どうしたらよいか。
③ 世界の貿易構造をどのように利用するか。

はじめに

２０１１年１月、高校3年生だった経太がセンター試験を終えた数日後、新聞各紙が、「中国のGDP、日本を抜いて世界第2位に」と報じていました。これを見て経太の両親は、自分たちの学生時代には、アジアＮＩＥｓ（新興工業経済群＝韓国・台湾・香港・シンガポール）の台頭が話題になっていて、中国はまだとても貧しかったけれど、あれから20年余りでこんなに躍進するとはねえ……と感心しきり。すると経太の兄貴曰く、ＮＩＥｓはもう中進国から先進国のレベルに近づいてるよ、今、急成長しているのはBRICs（ブラジル・ロシア・インド・中国）だよ、と言います。そこへ経太のおじいちゃん・おばあちゃんが加わって、今、日本の明治時代の産業革命みたいなことをいろんな国がやっておるんだな、しかし、世界経済の環境も違うし発展の中身とかも違うし、経済のスピードなんか全然違うわな、と感想を述べます。この時の会話から、経太は、大学（経済学部）に入ったら、いろいろな国がどんな経路をたどって、経済発展をしてきているのか、経済先進国と後発の途上国は、世界経済という舞台で、どんな関係を結んでいるのかを学んでみたいなと思ったのでした。

経済発展を規定するのは、どのような要因なのか

経済発展について、ロストウ「経済成長の諸段階」は、伝統的社会―離陸先行期―**離陸（テイクオフ）**―成熟化―高度大量消費の5段階で描いています。経済が本格的な発展に移行する瞬間を飛行機の離陸になぞらえたのは面白い思いつきで、今ではよく使われる言葉になっています。一方、ガーシェンクロン「歴史からみた経済後進性」（後発工業国の経済史）は、19世紀後半に、唯一の先進工業国だったイギリスを後発のフランス、ドイツ、アメリカ、ロシアなどが追い上げていく過程について、共通する特徴として、①成長速度が非常に速い、②早期に重化学工業化を開始している、③成長促進要因として、人為的な銀行制度や政府支援などが奏功している、④そうした背景にはそれぞれの国の工業化・近代化を目指すナショナリズムの高まりがある、などを挙げています。「殖産興業、富国強兵」というスローガンのもとに展開された日本の工業化も、ガーシェンクロンが挙げている要因がよく当てはまります。戦後のNIEsや現代中国はどうでしょうか。

そこでこれらの「テイクオフ」期の工業化の特徴について、相互に比較してみると、図表7－1のよ

図表7－1　後発アジア諸国のテイクオフ段階の特徴の比較

	戦前・日本 19世紀後半	戦後・アジアNIEs 20世紀後半	現代・中国 20世紀末～21世紀初頭
世界経済体制	パクスブリタニカ 金本位制	パクスアメリカーナ（冷戦） ドル基軸体制	グローバル化・多極化 ドル離れ？
政治体制	官僚主導・天皇制	強力な大統領（総統）権限	共産党による一元的指導
開発のスローガン	殖産興業・富国強兵	韓国：先建設・後分配 台湾：民族・民権・民生	改革開放，先富論
主要資本	政商・財閥	韓国：財閥 台湾：政府系企業	国営企業・外国企業
主要な産業	繊維産業から，重化学工業	労働集約型製造業，重化学工業から，電子・電機，ハイテク・情報産業	労働集約型製造業，電子・電機，ハイテク・情報産業
主要な市場戦略	内需＋植民地	先進国向け輸出	輸出＋内需
外資依存の度合いと方法	小・政府保証外債	韓国：大・借款 台湾：小・直接投資	大・直接投資
国際収支のパターン	赤字	韓国：赤字 台湾：黒字	黒字

出所：筆者作成。

うになります。ここに示したように、注目すべきポイントは、その時点での世界経済体制、その国の政治体制、開発のスローガン、主要な資本、産業、市場戦略、外資の利用の仕方、国際収支のパターンなどの要因です。それぞれの要因が経済発展にどのように作用しているかを考えてみてください。また、工業化プロセスは、国によって、共通点とそれぞれに特有な個性的な要因があり、共通点と相違点を考えてみるのも、面白いと思います。

先進国型の産業にキャッチアップする力をつけるには、どうしたらよいか

経済発展のためには、世界の市場で通用する商品を生産する力をつけなければなりません。そのためには、どうすればよいか。日本の場合、赤松要という人が、「雁行形態論」という説明をしています。それによると、①先端産業の商品を輸入し、②次第に、その商品を国内生産できる力をつけ、輸入を減らす（**輸入代替**）、③やがて国内市場が飽和になる頃には輸出競争力も備わり、輸出産業へと育つ成長モデルです。このプロセスが次から次に繰り返されていくと、図表7－2－上に見るように、雁の群れが飛ぶ姿に似ているので、「雁行形態論」と名付けたそうです（英訳は flying geese theory だそうです）。この「雁行形態論」は、図表7－2－下に示したように、国際競争力指数の1つとされる貿易特化係数（[輸出－輸入]／[輸出＋輸入]）を使って表現することもできます。この係数が0を超えて1に近づくほど、競争力が上昇することになります。

この雁行モデルは、後発国の先進産業**キャッチアップ**というケースだけでなく、先進国の企業の商品開発にも当てはめることができるんです。そのことをヴァーノンという人が、50年ほど前に「プロダクト・ライフ・サイクル」（PLC）というモデルで説明しています。これは、多国籍企業による商品開発

図表7－2　新商品の輸入－生産－輸出と貿易特化係数

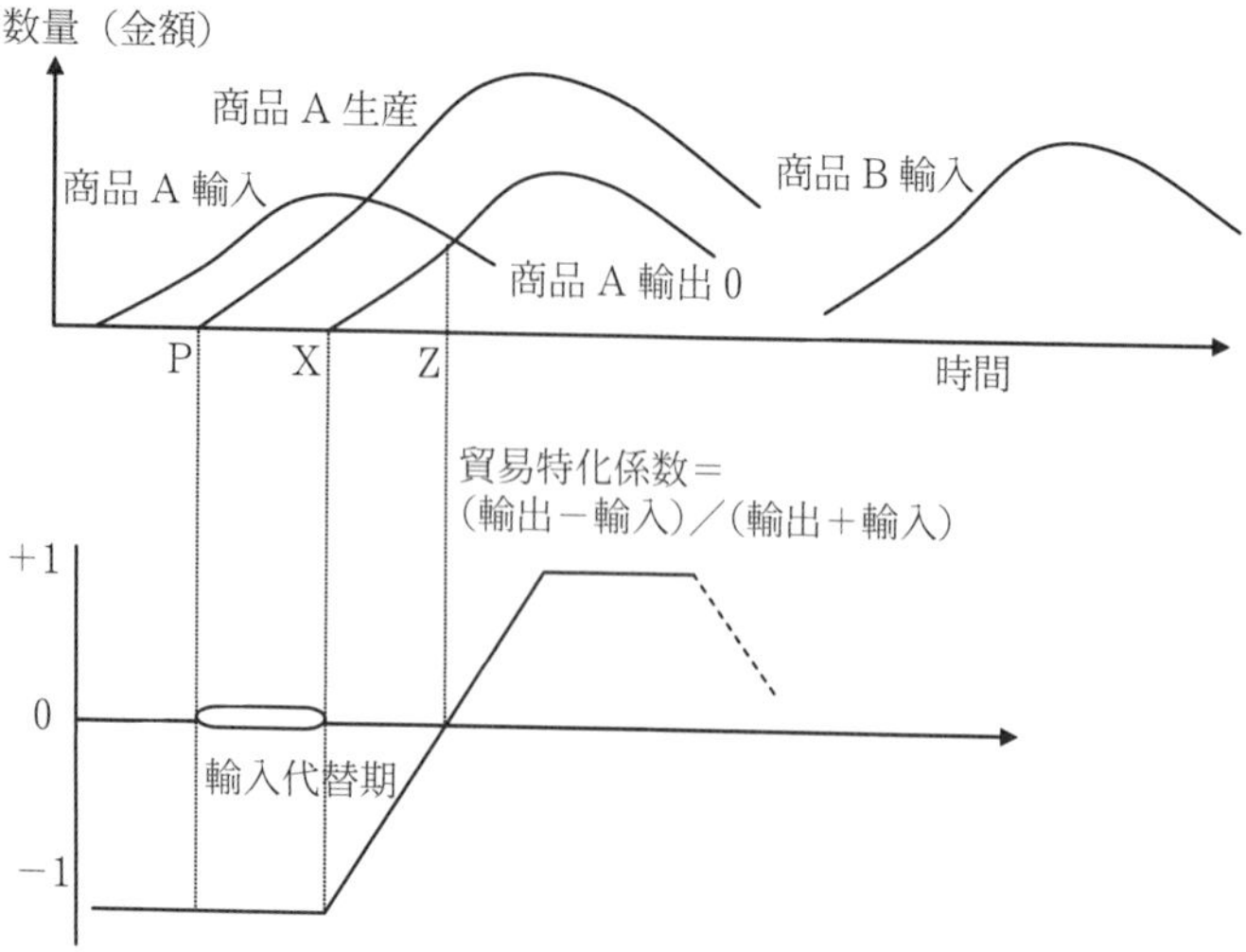

戦略が、新商品の開発・生産開始―海外輸出―海外現地生産―海外市場飽和（標準化・陳腐化）…新たな商品の開発・生産…と展開される経路をとるというもので、「海外」は戦後復興したヨーロッパを想定していたらしいのですが、赤松・雁行形態モデルとよく似ています。現在の世界経済では、先進、後進を問わず、こうした雁行型の商品開発競争がし烈に展開されているということです。

しかし、情報革命とグローバル化が進んだ現在では、技術移転や外資利用が以前より簡単に行われますから、生産力・技術力の獲得において、この雁行型モデルが当てはまらないケースもどんどん出てきています。明治日本の場合には、まず国産化を図った後に、輸出産業を育てる戦略をとったわけですが、1960年代以降のアジアNIEsは、最初から輸出産業として育成することに重点をおいていたのです。理由は、国内市場が小さく、原材料のほか、日本の機械設備類の輸入によって生ずる貿易赤字を少しでも補う必要があったからです。たとえば韓国では、国民車「ポニー」はアメリカのセカンドカー市場を当て込んでいましたし、鉄鋼、造船などもやはり輸出産業としてスタートしたわけです。先の図表7―2でいうと、生産開始P点から、間髪をおかず、輸出開始X点に至ることになります。すると、貿易特化係数は短期間に急上昇し、見かけ上、一気に成熟して競争力をもつに至ったように見えるので、貿易特化係数を産業発展の代理変数とするには注意を要します。

生産開始と輸出開始をほぼ同時進行で行うことがなぜ可能になったかと言えば、技術=生産設備の国際的な移転が容易に行われる状況が生まれてきているからです。

関連して、世界市場で通用する製品をつくるという戦略では、もう1つ、外国資本（企業）を誘致して、自国で直接生産させるというやり方があります。これは、自前の資本（企業）と技術（人）で経済発展しようとしてきた第2次大戦前の日本では考えられなかったやり方ですが、戦後のアジアＮＩＥｓや中国は、輸出拠点になる沿岸部工業団地への直接投資（工場建設）を積極的に導入したわけです。もちろん、外資にやりたい放題にやらせるわけでなく、その活動をしっかりコントロールして、技術を自国側に移転させるように図ってきたわけです。外国企業の方でも、人件費が安いこともあるし、先進国市場は飽和気味で行き詰まっており、新しい潜在市場の開拓を狙っていますから、進出にあたっても、技術移転などの面で、かなりの程度、譲歩するようになったわけです。

世界の貿易構造をどのように利用するか

資源のない日本や韓国などの場合と、資源のある中国などの場合では、工業化戦略や世界市場戦略も違ってきます。資源がないと、原材料や生産設備を買う外貨の調達が大変ですから。戦前の日本の場合は、生糸を欧米に輸出したり、中国・朝鮮などへ当時の中級技術の軽工業品を輸出して外貨を稼ぎ、その資金で、原材料や生産設備を輸入するのに充てる、というようなやり方をとっていたのです。このように、工業化を図るには、世界の貿易構造をどのように利用するかという戦略が必要になります。それでも、外貨獲得は不十分ですから、国際収支は恒常的な赤字パターンになるわけです。韓国も同じで、資金調達は日本や世界銀行からの借款に依存し、国際収支の赤字に苦しみ続けました。そして1980年代の累積債務問題は、プラザ合意（ドル安＝ウォン安による輸出増加）やソウル五輪ブームで何とか切り抜けたのですが、1997年のアジア通貨危機では直撃されてしまいました。

その点、図表7－1に見るように、台湾の場合は、砂糖やバナナの輸出で資金調達ができましたし、中国の場合は、国が対外債務を負わないように、借款より直接投資に依存して、資源もこれまでは国内でまかなえているため、2001年のWTO加盟以降、多額の貿易黒字を出し続けてきました。そして今やアメリカに頭を下げさせるくらい、世界一の外貨保有国になっています。しかも、中国は人口13億人という膨大な国内市場（今は潜在的だとしても）をもっていますから、韓国や日本のように資源がなく国内市場も小さい場合とは、発展戦略も異なってくるのは、当然のことです。もっとも今では、中国も膨大な生産・消費活動のために膨大な資源が必要になり、大々的に資源外交を展開している状況ですが…。

経済発展が生み出すひずみ、不均衡、破壊という問題にも注目しておこう

経済発展というのは、伝統的な経済や社会の構造を壊していくのですから、その過程では、どうしても、社会的なひずみ、不均衡、破壊を生み出します。私たちは、こうした側面にも、十分に注意を払っておかなければなりません。たとえば、現在の中国では、沿岸都市部の繁栄と内陸農村部の貧困という

ひずみがたいへんな問題になっており、多くの人が農村から仕事を求めて都市に出てきて、都市の下層社会に堆積して苦しい生活を送っている状況がマスコミでもたびたび取り上げられています。開発経済学には、生産性の低い村落＝農業部門（伝統社会）から低賃金労働が都市＝工業部門に吸収されていく結果、「転換点」を経て農村部門の資本主義化が促され、農業生産性も上昇するという成功モデルがあります。この場合も、新しい均衡に達する過程で、多くの人が苦しみ続けることになります。

これは、世界的な経済という舞台でも同じで、先進的な経済が後発的な経済を自分の繁栄のために利用するという構図は、形は変わっても、植民地全盛時代から現在まで変わることがないといえましょう。「従属論（低開発論）」を唱える人たちは、北半球の先進諸国が世界経済の中心部にあって主導権をもち、南半球の第一次産品に依存する発展途上国は周辺部におかれてきたと強く批判してきました。さらに進んで、北の発展は、南の低開発・停滞に依存しており、いわば世界経済というコインの表と裏だという主張も提起されています。

【今後の勉強の参考のために】

日本における発展途上地域の中心的な研究機関として、ジェトロ・アジア経済研究所（通称、アジ研）があります。この機関は、アジアのほかラテンアメリカやアフリカもカバーして、基本統計・研究文献の収集、月刊『アジア経済』や研究双書などを刊行しています。用語事典としては『国際政治経済事典』、『開発経済学事典』があり、世界各地域については、『＊＊を知る事典』シリーズ（平凡社）がありますから、研究の手引きとして活用できるでしょう。学会には、国際経済学会のほか、アジア政経学会、北東アジア学会などの地域別団体があり、日本経済史については、社会経済史学会、政治経済学・経済史学会があります。

「世界経済」「経済発展論」など筆者担当講義の参考書としては、『グローバル・エコノミー（第3版）』（岩本武和・奥　和義・小倉明浩・河崎信樹・金　早雪・星野　郁著、有斐閣、2012年）などがあります。

（金　早雪）

2 日本人の海外留学離れと日本国内の外国人留学生―国際的視野をもつとは？―

学習のポイント

① 日本人の「海外留学離れ」の実情。
② 外国人留学生から見た日本の姿。
③ 「留学をする＝国際的視野が身につく」とはかぎらない。

はじめに

経太は経済学部の大学1年生。大学に入って日本各地から進学してきた人たちと出会い、日本も広いなあと思っていたところ、ある授業で韓国からの留学生イさんと知り合いました。経太は、K―POPやテレビドラマを通じてしか韓国のことを知らなかったのですが、イさんは日本の歴史や社会事情や日本人の考え方など、日本に関するたくさんのことを知っていました。時には自分が知らないことまでよく知っているので、大変驚きました。

イさんと話す時、「日本人は…」「日本では…」という言葉がよく出てくるのですが、経太はよくよく考えてみると、これまで自分の考え方や行動を「日本人」的であると意識したことはありませんでした。そのことをイさんに話すと、

「一度外国に行ってみると、自分が日本人だということを強く意識するようになるよ。世界の中で日本がどういう国として見られているのかもよくわかるようになると思うよ」

と言われました。でも、経太はあまり留学には興味はないし、海外旅行へ行ってみたいとも思いません。周りの日本人の友達の中にも、留学するという人はあまりいません。大学には留学生がたくさんいますが、自分とは違う人たちだと思っています。

さて、最近日本では、経太のように留学などで海外に行くことに興味がないという若者が増えてきていると言われます。それはどうしてなのでしょうか。また、海外へ行かないと、国際的視野をもって日本のことを見ることはできないのでしょうか。

日本の若者は内向き志向？

最近、日本人の留学者数が減ってきていることが問題として取り上げられています。文部科学省が平成22年に発表した２００８年の「日本人の海外留学者数」は約6万7千人となり、前年と比べて11％減少しました。その理由としては、日本人の「内向き志向」が挙げられることが多いですが、実際はどうでしょうか。

イギリスの国際文化交流機関であるブリティッシュ・カウンシルが日本の若年層を対象に行った調査[1]

（平成22年）によると、「あなたは留学に興味がありますか？」という質問に、大学生の61・5％が「興味がある／やや興味がある」と答えています。また、留学への関心度の変化を測る質問に対しても、30代を除く全世代で5年前と比較して留学に対する「関心度が高くなっている」が「低くなっている」を上回ったという結果となっています。このような結果からは、留学者数の減少が若者の留学への興味や関心の低下により起こっているというより、若者自身に興味はあってもそれを実際の行動へ移すことができない何らかの要因があると考えることができます。その要因として指摘されていることにはさまざまありますが、主には経済的要因、日本政府からの支援不足、就職活動の早期化、そして学生自身の英語力の低さなどです。

また、「日本人の留学者数が減ってきている」という現象自体をもう少し詳しく見てみると、実は留学先によって、留学者数の増減の傾向には違いがあります。図表7―3を見てみると、**留学者数の減少が顕著なのはアメリカやイギリス**であり、とくにアメリカへの留学者数の減少が日本人留学者数全体の減少に大きく影響していることがわかります。それに対して、中国・台湾・カナダ・韓国・ニュージーランドへの留学者数は長期的に見ると増加傾向にあり、短期的には減少が見られる国でも、その減少は緩やかです。どの時点を基準にして増減を判断するかは難しいところですが、これまで圧倒的であったアメリカ留学の人気が低下し、留学先が多様化しているといえるでしょう。その中では、日本人留学者数が増加している国もあります。このように、日本人留学者数が減ってきている＝日本の若者の内向き志向、という図式は単純には成立しないと言うことができます。

では、そもそも海外へ留学することにはどのような意味があるのでしょうか。文部科学省の中央教育審議会は、日本人学生の**海外留学の個人的意義**について、「国際体験を通じた国際理解・知識の拡大、

図表7－3　日本人の主な留学先・留学者数（2001〜2008）

	2001	2002	2003	2004	2005	2006	2007	2008
留学者総数	78,151	79,455	74,551	82,945	80,023	76,492	75,156	66,833
アメリカ合衆国	46,810	45,960	40,835	42,215	38,712	35,282	33,974	29,264
中　国	14,692	16,084	12,765	19,059	18,874	18,363	18,640	16,733
イギリス	6,206	5,741	5,729	6,395	6,179	6,200	5,706	4,465
オーストラリア	2,407	3,271	3,462	3,172	3,380	3,305	3,249	2,974
ドイツ	2,182	2,317	2,438	2,547	2,470	2,377	2,385	2,234
台　湾	—	—	1,825	1,879	2,126	2,188	2,297	2,182
フランス	1,439	1,483	2,490	2,337	2,152	2,112	2,071	1,908
カナダ	1,478	1,460	1,460	1,750	1,750	1,812	1,611	2,169
韓　国	697	721	938	914	1,106	1,212	1,235	1,062
ニュージーランド	499	502	566	913	916	1,036	958	1,051
オーストリア	302	264	—	—	—	—	—	—

出典：2001年〜2007年は文部科学省「我が国の留学生制度の概要　受入れ及び派遣」平成16〜22年度版による。2008年は文部科学省報道発表（平成22年12月22日付）「『日本人の海外留学者数』について」による。

語学力の向上など学生の能力や可能性を広げ、留学を通じ国境を越えた幅広い人的ネットワークの形成につながる[2]」とまとめています。もちろん、留学に関心がある人は、少なからずこのような意義を認めていると思いますが、一方では、先ほど挙げたような理由で、実際に留学するまでには至らない人もいることでしょう。しかし、「できない」とあきらめるのではなく、このような留学で得られる経験をまずは日本で得ることを考えてみてはどうでしょうか。

　その要となるのが、日本国内にいる留学生の存在です。大学の同じ教室・研究室で留学生とともに学んでいる大学生は多いと思いますが、その留学生がどうして日本で学んでいるのか、日本のことをどう思っているのかなど、実はあまり知らないことも多いのではないでしょうか。

日本国内の外国人留学生の留学目的、日本観を聞いてみることで、日本人とは違った視点から日本の姿をとらえなおしてみましょう。

外国人留学生の留学動機

日本学生支援機構の調べによると、２０１０年（5月1日現在）の日本国内の留学生数は、14万1、７７４人となり、過去最高となりました。日本政府が２０２０年をめどに日本国内の留学生数を30万人とする**留学生30万人計画**を進めていることからすると、今後、留学生の数はさらに増加していくと思われます。(3)では、このような留学生はどうして日本に留学しようと思ったのでしょうか。留学生に聞いてみましょう。(4)

張（中国出身）「本当はアメリカに行きたかったけど、お金もかかるし不安で…。日本は中国から近いし、中国にも日本企業がたくさん進出しているので、就職にも有利かなと思いました」

チャム（ベトナム出身）「日本は安全で平和な国だと聞いていました。また、技術が進んでいて経済大国でもあるので、日本で先進的な技術や経済状況などを学び、母国の発展に役立てたいと思ったんです」

トーマス（ドイツ出身）「小さい頃、日本のアニメをよく見ていたんです。それで日本を身近に感じたのかな。今は伝統的な日本の文化にも興味をもっています」

留学生によって動機や目的はさまざまですが、このような留学目的はそのまま日本の国際的評価ともつながります。留学生の出身国によってもその傾向は違いますが、一般的にアジアからの留学生は、日本の高度技術や経済発展、地理的・文化的近さなどを留学の動機として挙げることが多いです。一方、欧米からの留学生は、日本の文化や日本語に興味をもって留学する傾向があります。

外国人留学生が日本で具体的に何を学んでいるのかを見てみると、最も多いのが、社会科学を学んでいる学生です。(5) 社会科学というと、経済学や政治学、法律学、社会学、教育学などを含みますが、その中でも経太の専攻と同じ経済学や経営学に人気が集まっています。

外国人留学生の日本での生活とカルチャーショック

ところで、先ほど経太は、「留学生は自分とは違う人たち」だと思っていると言っていましたが、どうしてそう思うのかな。

「だって、留学できるなんて、お金をもっている人だろうし、正直、文化も住む世界も違うって感じがするんです」

実は日本にいる留学生の約90％が**私費留学生**で、その私費留学生の75・5％(6)（平成21年度調査）がアルバイトをしていて生計を立てています。仕送りや奨学金をもらっている人もいますので経済状況はそれぞれですが、収入の割合でいうと、アルバイトが最も高い割合を占めています。

また、文化が違うということについては、生まれ育ってきた背景が違うということを考えると、それは当然のことです。日本人同士でも育った地域や環境の違いによって考え方や習慣は異なります。大事なことは、文化が違う人たちとどう付き合うかということです。「所変われば品変わる」と言いますが、経太が常識だと思っていることが、実は外国人からすると大変驚くようなものかもしれません。たとえば、留学生が日本で感じるカルチャーショックには次のようなものが挙げられます。(7)

家庭：和式トイレ・風呂（なぜ風呂に入るのか、公衆浴場での羞恥心、風呂を勧めること）・家庭での主婦の立場・病気・門限・食事

学校：ガイジン扱い・ラッシュアワー・校則・授業の進め方・成績のつけ方・上下関係（師弟関係、先輩後輩）・コンパ

プライベート：アルバイト先での上下関係・遠慮・曖昧な表現・時間を守る・握手とお辞儀・あいづちと笑い・社交辞令・酔っ払い

これらのことは日本人にとっては当然のことであり、何がショックなのかわからないというものもあると思います。この中から一例として「授業の進め方」について取りあげてみると、日本では講義形式の授業が多く、学生は授業中ほとんど自分の意見を言わないという点で違いを感じるようです。違いを感じる出来事は、このように一見些細なことでも、実際に体験してみると想像以上に文化差を感じるものです。授業の進め方1つをとってみても、自分の意見を主張できないことにフラストレーションを感じたり、反対に意見を強く言うことで周りから浮いてしまうということも考えられます。とくに、コミュニケーションスタイルの違いに基づく悩みは、日本人学生にまじって大学生活を送る留学生にとって深刻なものです。

そもそも**カルチャーショックとは、特定の事柄から受ける一時的な「衝撃」ではなく、異文化に適応**

していく過程で経験する一連の出来事だと言われています。つまり、留学生はカルチャーショックを経験しながら、日本の常識や文化に対する理解を徐々に深め、適応しているのです。しかし、残念ながら、適応の途中の段階で帰国をしてしまったり、理解がこれ以上深まらず日本にいながらも日本人と距離をおきつつ生活をする留学生もいます。

信州大学経済学部の留学生を対象とした調査では、回答者の約54・5%に親しい日本人学生が2人以上いないという結果が出ています。またこの調査では、日本人に対して「表面的な付き合いが多く、なかなか友達になれない」というイメージをもっている留学生が86・4%もいることもわかりました。[8] こうした状況を考えると、留学生と日本人学生の付き合いが必ずしも上手くいっているとはいえないかもしれません。

しかし、経太とイさんのように、日本人学生と留学生がお互いの文化や習慣や考え方について深く話しあうことは、日本人学生と留学生双方にとってプラスの面があります。留学生にとっては、カルチャーショックを乗り越え日本の文化や習慣を深く理解する助けとなり、日本人学生にとっては、留学生の日本観や日本での留学生活を知ることで、国際的視点から日本の姿を見ることができるのです。

国際的視野をもつとは？

これまで述べてきたように、日本国内にいても世界に目を向け海外留学で得られるような経験をすることは可能です。しかし、留学でしか得られない経験も当然たくさんあります。語学力の向上をはじめ、留学先で自ら経験するカルチャーショックなどを通じて、自分のもつ常識や価値観を問い直すこともできるでしょう。また、留学はこのような自身の個人的成長を促すと同時に、国際的な競争環境の中で国際的通用性のある人材を有しているということが安全保障や大学等の教育研究水準の向上などに重要な意味をもつとされ、国家的な観点からもその重要性が認識されています。

しかしやはり、海外留学経験があったとしても、自文化中心の考え方しかできなければ、個人的意義も国家的意義も「絵に描いた餅」になってしまいます。海外でも日本でも、世界の国や文化や人々に対して興味をもち、理解を深め、国境を越えたつながりを作っていく姿勢が重要でしょう。

あれあれ、経太くん。浮かない顔をしているけど、どうかしましたか？

「そんなこと言っても、卒業後は日本の会社で働くつもりだし、正直言って今後外国人と付き合う機会は全然ないと思うんだけど……。国際的視野をもっていてもあまり役に立たないんじゃないかと……。」

日本には、留学生だけではなく、就労、国際結婚をはじめさまざまな理由で在住している外国人が平成22年末で213万4、151人います。周りを見渡せば、すでに保育園から大学などのあらゆる教育機関に外国籍の児童・生徒などがいますし、日本の企業でも留学生の採用を進めており、今後も積極的に採用していくようです。経太も、将来入った会社で外国人の同僚ができたり、自分の子どもの友人が外国籍だったりする可能性は高いと思います。

また、日本人が内向きになってしまうということは、日本という国自体が内向きになることにもつながります。経済問題、環境問題にしても国境を越えた課題がたくさんある中、日本が内向きになっていては対処できないことも数多くあるでしょう。外国人とつきあいがあるかどうかではなく、経太のような若い人たちが、日本が日本という国だけで成り立っているのではなく、世界の中の一国であるということを知った上で行動していくことが、日本の未来へとつながっていくのです。

【注】

（1）田中梓「若者は本当に内向きになったのか？—日本人の英国留学とブリティッシュ・カウンシルの留学推進に向けた取組について—」『留学交流』Vol. 22 no. 7 July 2010、14～19ページ。

（2）中央教育審議会大学分科会留学生特別委員会「『留学生30万人計画』の骨子」とりまとめの考え方に基づく具体的方策の検討（とりまとめ）」平成20年7月8日。
(http://www.mext.go.jp/b_menu/shingi/chukyo/chukyo 4 /houkoku/1249702.htm)

（3）ただし、2011年度の留学生数は、東日本大震災の影響から13万8、075人と2・6％減少しました。

（4）留学生の日本留学の目的や動機についてさらに詳しく知りたい人は、「外国人学生の日本留学へのニーズに関する調査研究」（2008、2009年度文部科学省先導的大学改革推進経費による委託研究）研究代表者横田雅弘（http://www.kisc.meiji.ac.jp/~yokotam/）や日本学生支援機構の留学生関連資料（http://www.jasso.go.jp/ryugaku/）が参考になります。

（5）平成22年の総留学生14万1、774人中、最も多いのは社会科学専攻で5万4、668人（38・6％）、次いで人文科学専攻3万3、657人（23・7％）、工学専攻2万2、567人（15・9％）という順になっています。

（6）独立行政法人日本学生支援機構（JASSO）『平成21年度私費外国人留学生生活実態調査概要』、2010年（http://www.jasso.go.jp/scholarship/ryujchosa 21.html）。

（7）多田洋子「第5章外国人留学生のカルチャーショック」飛田良文編『異文化接触論』おうふう、2001年、175～196ページ。

（8）川上尚恵「学部留学生が抱える「留学生問題」とは何か—信州大学経済学部留学生・日本人学生チュータ

ー・学部教員・学部職員から見た「留学生問題」」『信州大学経済学論集』第62号、2011年、93～109ページ。

（川上尚恵）

3　都市空間の「近代化」と「空洞化」 ―なぜ日本の都市には魅力がないのか？―

学習のポイント

①「近代化」によって画一化した都市空間が生み出された。
② 売らない、貸さない、直さないことで、都市空間は「空洞化」した。
③ 日本の都市には場所についての社会的な記憶が蓄積されていない。

はじめに

首都圏に住む旅行好きの経太は、夏休みに「青春18きっぷ」を使って、ローカル線で地方都市をめぐる旅にでかけました。最初に立ち寄った都市は、駅前からアーケードのある商店街がのびていました。しばらく歩いてみましたが、休日というのに人通りはまばらで、ほとんどの店はシャッターが閉まっていました。アーケードの中は暗く、商店街に1つだけあったコンビニの照明が、妙に明るく感じられました。少し寂しい気持ちになったので、次は駅前に百貨店らしき建物がある駅で降りてみました。ところが、よく見ると百貨店はつぶれ、建物の中は公共施設になっていました。駅前の商店街は、広い道路に街路樹の緑も鮮やかな通りで、先ほどの都市の商店街とはまったく違う印象を受けましたが、人通りは同じように少なく、新しい店舗にも空きテナントが目立ちました。

次こそは賑やかな都市に行きたいと考えた経太は、新幹線が停まる大きな駅で降りてみました。駅前広場はまだ新しく、周りにはマンションが林立しています。少し歩くと広大な駐車場のある大型ショッピングモールがあり、全国展開している人気ショップは家族連れで大賑わいでした。最初の都市で感じた寂しさこそなくなったものの、いつも見慣れた光景を前に、地元にいるような錯覚を感じて、旅気分もどこかへいってしまいました。

このように書くと、「そもそも経太の旅行計画に問題があるのではないか?」という批判も聞こえてきそうです。それも確かに問題ですが、ここではそれよりも「なぜ日本の都市はこんなに魅力がなくなってしまったのか」という方を問題にしたいと思います。

都市の「歴史的な厚み」

経太が訪れたような地方都市をはじめ、日本の都市が魅力的ではない理由の1つとしてよくいわれるのが「歴史的な厚みのなさ」です。そんなことはないだろうと思う人も多いでしょう。日本には世界文化遺産の京都や奈良をはじめ、伝統的な建築や景観をもつ都市がたくさんありますからね。でも、ここで問題にしたいのは、私たちが日常生活をおくる住宅街や商店街、公園、駅などの見慣れた街並みのことです。日本には、京都、奈良、鎌倉の各地域を対象とした「古都保存法[(1)]」や、宿場町、城下町、門前町などの歴史的な街並みを対象とした「重要伝統的建造物群保存地区」など、歴史的な建物を保存し、景観をコントロールするための制度がいくつかあります。しかし、それらの制度の対象となるのは、いずれも歴史的な景観を目当てに観光客が訪れるような、ごく限られた範囲であって、「その他大勢」の都市では、建築物の保存や景観の維持といったことにあまり関心が払われてこなかったというのが実際のところでしょう。②

もっとも**歴史的な厚み**とは、なにも観光資源として価値のある寺社仏閣や伝統的な街並みによってのみ体現されるものではありません。「雰囲気のいい街角」や「地域の文化や風土にあった街並み」など、同じ都市に暮らす市民が生活レベルで共有している感覚、いわば「場所についての社会的な記憶」が蓄積され、次世代へと引き継がれていくこと。これこそが、ふつうの都市に求められる「歴史的な厚み」ではないかと思います。③

そこで、都市の歴史的な厚みを表す1つの指標として、建築のストック量という値をみてみましょう。経済学の基本的な概念に、**フロー**と**ストック**というものがあります。フローとは「流れ」のことで、ある一定期間に動いたお金、たとえば所得や給料などがこれにあたります。ストックとは「蓄え」のことで、ある時点の資産、資金、土地などの量のことです。建築物でいえば、1年間に建てられた住宅戸数は建築フロー、ある時点で建っている住宅戸数は建築ストックとして区別されます。

図表7－4は、現時点で国内にある建築物の量（＝建築ストック）を、建てられた年代別に集計したものです。これをみると、非住宅（工場、事務所、店舗など）は1950年代以前に、住宅は1960年代以前に建てられた建築が非常に少なくなっています。現在の日本の建築の中で、1960年代以前のものは2割以下しかありません。もっとも、これだけでは多いか少ないかよくわからないので、外国と比較してみましょう。図表7－5は、住宅のみのデータですが、建築年代を戦前と戦後でおおまかに分け

図表7－4　日本の建築ストック

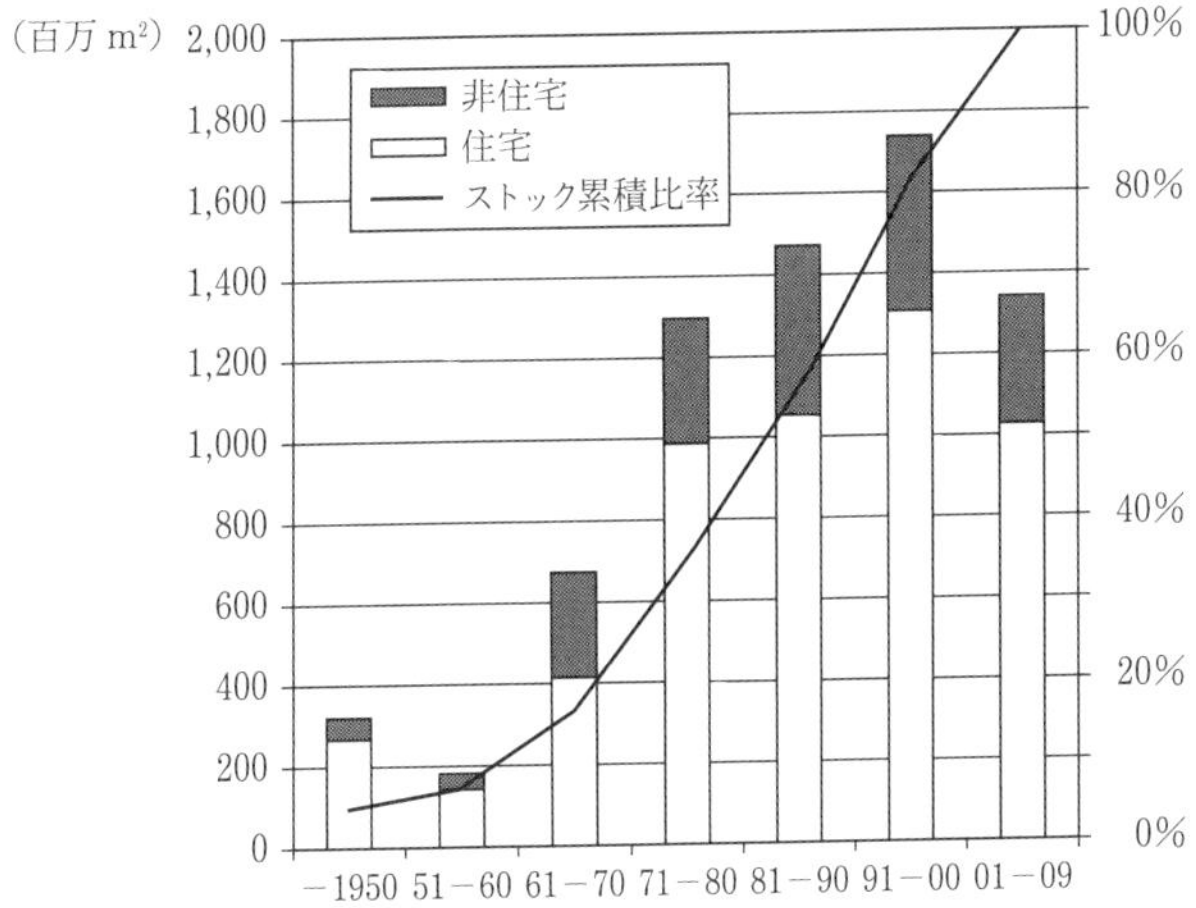

出所：国土交通省「建築物ストック統計（2010年）」。

れば、アメリカの約20％、イギリスの約40％、フランスの約30％が戦前の建築ストックとなっていることがわかります。これに対して、日本の戦前のストックは5％にも満たない量です。

これらのデータは、諸外国と比べて、日本の建築寿命が極端に短いことを示しています。つくることには熱心だけれど（フローの量は多い）、手入れすることには関心がない（古いストックの比率が低い）ということです。これと対照的な傾向を示すのがヨーロッパですが、中心部の商店街に活気があり、地域性豊かな景観で観光客を惹きつける都市がヨーロッパに多いことは、この事実と無関係ではないでしょう。

ここから、歴史的な厚みのある都市の条件がぼんやりと見えてきます。つまり、人々が都市に対して共有する社会的な記憶を蓄積していくために、1つには、建築物は時代に合わせた改修を施しながら長く有効に使うこと。もう1つは、新しい建築物への投資はほどほどにして、地域の文化や風土との調和に配慮することです。もちろん、これは建築の外形

図表7－5　建築ストックの年代別比率（国際比較）

住宅総数（百万件）	建築年代（上段）と比率（下段）							
日本 （2008年） 49.6	～1950 4.0%	51～60 2.5%	61～70 8.4%	71～80 19.5%	81～90 21.6%	91～00 25.2%	2001～ 18.7%	
アメリカ （2005年） 124.4	～1929 11.8%	30～49 11.2%	50～59 10.5%	60～69 12.2%	70～79 20.2%	80～89 13.2%	90～99 12.8%	2000～ 8.1%
イギリス （2005年） 21.8	～1918 21.7%	19～44 17.5%	45～64 19.7%	65～80 22.6%	1981～ 18.5%			
フランス （2002年） 24.5	～1918 19.9%	19～45 13.3%	46～70 18.0%	71～80 26.0%	81～90 11.9%	91～00 10.0%	2001～ 0.9%	

出所：国土交通省「住宅土地統計（2008年）」; US Census Bureau, *American Housing Survey 2005*; Communities and Loval Government, *English Housing Condition Survey 2005*; UN/ECE, *Bulletin of Housing Statistics for Europe and North America* 2006.

的な条件であって、その評価は、建築の中で営まれる生活や商店経営などの、いわゆる「コンテンツ」と表裏一体であることはいうまでもありません。いずれにせよ、日本はこれまで、こうした条件を満たすような都市空間を形成することにそれほど熱心ではありませんでした。その結果として、次に述べるような都市空間の**近代化**と**空洞化**をめぐる問題に直面することになります。

都市空間の「近代化」と「空洞化」

日本では戦後、建築のストック量が急速に増加しました。都市の郊外では人口増加によって住宅開発が進められたこと、中心市街地では駅前を中心としてオフィスや商業施設の開発が進んだことなどがその理由です。さらに、景気対策として多くの公共事業が行われ、その一部が（時と場所によっては必要以上に）都市の開発に振り向けられてきたという背景もあります。こうして建築ストックが増加した結果、いくつかの問題もでてきました。

1つには、都市空間の「近代化」の問題が挙げられます。戦後の日本の都市開発の特徴は、全国各地で画一的なメニューが展開されたことです。つまり、中心市街地では近代的なアーケード商店街や車社会に適した広い道路と立体駐車場が、郊外では住宅地や団地の開発による近代的な街並みが、政策として全国津々浦々で一様に整備されていったのです。[4]

もちろん、このこと自体は、都市住民の生活の質を向上させたという点で評価すべきことでしょう。しかし、こうした都市の近代化をめざした政策が、中央集権的な政治や行政のシステムによって長らく運営されてきた点に問題があります。都市空間の近代化の過程で生み出された開発の多くは、国の設定した制度やルールに従って進められ、その対価として国から補助金が払われるというしくみをもっていました。また、当時の政権与党であった自民党は、その支持基盤であった中小の商業者への利益誘導として、中心市街地の開発には積極的でした。このように都市開発をめぐる政策の主導権を国がとることで、地方自治体や地域の人々の裁量や責任は、非常に限られたものとなっていました。国の政策に追従するかたちで、これらの開発が無批判に展開していった結果、彼らが共有する社会的な記憶とは無縁の建築群が生み出されたことこそ、都市空間の近代化がはらむ問題の本質といえるでしょう。

もう1つの問題は、都市空間の「空洞化」です。空洞化とは、そこに住んだり働いたりする人口が減少して、建築物への投資もされなくなっている状況を意味しています。たとえば、経太が最初に訪れた都市で見た「シャッター通り」は、その典型でしょう。また最近では、地価が高かった時代に、通勤に耐えられる限界の遠い郊外に開発された団地（限界団地などと呼ばれます）で、同じような空洞化の現象が起きています。これらの場所では、開発業者などによる新たな投資がないのはもちろんのこと、建築物の所有者が改修や耐震化工事などのメンテナンスをしないこと、利用しなくなってもなかなか売却しないことなどが問題になっています。

では、なぜ空洞化が進んでしまうのでしょうか。理由はいろいろあります。シャッター通りを例にすると、まず商店主たちに「土地は代々受け継ぐ資産なので手放すべきでない」という認識があったり、手続きが面倒だったり、商店街から立ち退くことに抵抗があったり、売却や運用よりもそのままもっていることが有利になる税制上の都合があったりして、不動産が流動しないという事情があります。売らなくても、古くなった建築物の建て替えや修繕をして商売を継続したり、だれか商売をやりたい人に貸したりすれば、シャッター通り化は防げるのですが、それも簡単ではありません。たとえば、店舗の2階が住居になっている場合は、商売で稼ぐ必要性が低いので、後継者がいない限り、店舗を修繕したり店舗を貸して家賃収入を得ようとする動機が生まれません。もし貸そうとしても、中心市街地は賃料が高く設定されるので入居希望者はなかなか現れません。郊外に店舗をもっている場合は、利益を郊外店で出して、市街地の本店は開店休業状態ということもあります。

都市と社会のアナロジー

先ほど、歴史的な厚みのある魅力的な都市の条件は、建築物を手入れして長く使ったり、地域の文化や風土との調和に配慮したりして、場所についての社会的な記憶を蓄積していくことだといいました。ところが、戦後の日本の都市開発は結果的に——経太のめぐった地方都市のように——それとは正反対の「空洞化」と「近代化」の都市空間を全国各地につくってきました。これがどのような状況なのか、建築を人間に、都市を社会にたとえてみると、いくつか課題が見えてきます。

建築の寿命が100年前後の欧米諸国と比べて、30年程度の日本の都市は、いわば寿命が短い若者ばかりの社会です。高齢者へのケアは手薄であり、場所によっては著しい少子化も進んでいます。さらに、中央集権的な教育システムによって、社会全体の画一化が進行しています。もしこのような社会があったとしたら（「このような都市」は実際にあるわけですが）、長寿命化、福祉の充実化、少子化対策、教育の地方分権などの政策が速やかに推し進められることでしょう。

では、都市には同様の政策がなされているのでしょうか。いくつかの試みははじまっています。たとえば、文化や芸術などの知識型産業の誘致による古いオフィスの再利用（長寿命化）、耐震化などによる既存建築への継続的な投資（福祉の充実）、不動産証券化による空洞化した中心市街地への新規投資の誘導（少子化対策）、都市計画権限の地方分権による個性あるまちづくりの推進などの取り組みが、それに該当するでしょう[5]。

このようなアナロジー（比喩）は単純に過ぎるかもしれません。でも、日本の都市の建築ストックがきわめて特殊な状況であることは、これからのまちづくりを考える上で、私たちの常識に登録しておく必要がありそうです。

【注】

（1）正式な名称は「古都における歴史的風土の保存に関する特別措置法」。

（2）その反省から、2005年に「景観法」が施行され、景観条例を制定する都市が増えています。

（3）「場所についての社会的な記憶」は、アメリカの都市計画家ドロレス・ハイデンが提唱している概念です。

（4）ここでは「小売商業商店街近代化事業」（1962〜）や「商業近代化地域計画策定事業」（1970〜）

などの一連の都市開発政策をふまえて、「近代化」という表現を用いています。
（５）それぞれの取り組みについて、ここで詳しく論じる余裕はありませんが、興味がある人は次の文献を読んでみることをおすすめします。

参考文献

小長谷一之『都市経済再生のまちづくり』古今書院、２００５年。
竹内佐和子編『都市デザイン』ＮＴＴ出版、２００３年。
『季刊まちづくり』学芸出版社（２０１２年７月時点で35号まで発刊）。

（武者忠彦）

4　インターネットの若き起業家たち―経太の将来―

学習のポイント

① インターネットの世界はビジネスチャンスに満ち溢れている。
② インターネットビジネスでは先行した者が全体を制する。
③ 起業して軌道に乗せた後、売却することによっても莫大な富が得られる。

はじめに

甥の経太が遊びに来ました。現在、経済学部の3年生です。将来のことなどで相談を受けました。私のように会社を経営したい希望があるようです。私は、中国雑貨の輸入商社を経営しています。初めて買い付けた雑貨のコンテナが、中国の秦皇島市の港から、名古屋港に到着した日のことを今でも思い出します。しかし、この分野はもう飽和状態で勧められません。扱い量が大きい商品は大手商社が進出しています。値の張る商品は、現地の中国人が、日本語でネットショップを開いています。

新しく会社を興すとすれば、まだ成熟しきっていない分野が一番有望でしょう。その意味では、インターネット関連のサービス企業は、まだまだ新しい可能性に満ちています。経太へのアドバイスを兼ねて、これまでに成長して来ているいくつかの企業を紹介することにします。いずれも若き起業家たちの果敢なチャレンジの物語です。

ＩＴの草創期とインターネットの黎明期

ＩＴ分野で最も初期に起業して成功した代表的な企業は、１９７５年に設立されたマイクロソフト社と、１９７６年のアップル社です。

Windows OSで知られているマイクロソフト社は、ビル・ゲイツ（当時21歳）により１９７５年に創立されました。ゲイツは、最も初期のパーソナルコンピュータ（以下、パソコンと呼びます）であるアルテア８０００向けに、ＢＡＳＩＣと呼ばれるプログラミング言語を開発し、売り込みに成功しました。これが、マイクロソフト社の最初の成果です。

しかし、マイクロソフト社を飛躍的に発展させたのは、1981年にIBM-PCに搭載されるOSにMS-DOSが採用されたことです。IBM-PCは仕様を公開していたため、さまざまなメーカーから数多くのクローン機が販売されました。そして、そのすべてにMS-DOSが搭載されることにより、マイクロソフト社は莫大な利益を上げることになります。

その後、1990年にWindows 3.0を発売し、現在のWindows 7に至るまで、トップシェアを確保しています。また、1997年にHotmailを4億ドル、為替レートを1ドル120円として、約480億円で買収するなど、OSから脱却し、Yahoo!、Googleを意識したサービスサイトに進出しています。

ビル・ゲイツは、2008年に主要業務から引退し、自身が設立した慈善基金団体の業務に活動の中心を移しました。2010年時点での資産は約530億ドルです。2010年の為替レートは、変動がありますが1ドル90円として、約4兆7、700億円になります。

アップル社は、スティーブ・ジョブズ（当時21歳）とスティーブ・ウォズニアック（当時26歳）の2人が中心となり創業されました。最初に手掛け成功した機種がAppleⅡパソコンです。AppleⅡの製品化にあたり、設計と開発はウォズニアックが1人で担当し、ジョブズは営業戦略と経営を担当しました。

AppleⅡより前にもアルテアなどのパソコンは存在していました。しかし、AppleⅡはそれまでのパソコンと違って、カラーでかつグラフィック表示が可能でした。ということは、それ以前のパソコンは、モノクロで、文字しか表示できなかったのです。このため、爆発的に売上が伸び、価格1、298ドルでしたが、1984年の売上台数は200万台を超えています。総売上は25億9、600万ドル以上です。当時の為替レートは1ドル250円でしたので、会社設立8年後で、年間売上が6、490億円以上に成長しました。

会社設立4年後の1980年の株式公開時には、ジョブズは2億ドル（500億円）、ウォズニアックは1億ドル（250億円）を超える資産をもつことになりました。

アップル社はその後も、Macintoshを世に送り出し、さらなる発展を遂げます。Macintoshは、一般の人々が使うパソコンの世界に、ウィンドウ表示とマウスによる操作を初めてもたらしました。現在は、新しくiPhone、iPadが投入され、モバイル環境においても中心的な企業の位置を占めるに至っています。

ウォズニアックはその後アップル社を離れますが、現在でも魔法使い（Wizard）として、後進の技術者から慕われています。そして、ジョブズは病身をおして経営の中心として活躍していましたが、2011年8月に引退し、10月に死去しました。


インターネットが一般の人々に広く使われるようになったきっかけは、WWW（World Wide Web、以下ウェブと呼びます）と呼ばれるキラーアプリの出現でした。このウェブを見るソフトすなわちブラウザを開発して成功を収めたのが、マーク・アンドリーセン（当時22歳）です。

マークはイリノイ大学在学中の1993年に、Mosaicと呼ぶブラウザを開発しました。同年、後のネットスケープコミュニケーションズ社を設立し、新たにNetscape Navigatorを世に送り出しました。Netscape Navigatorは無償で提供されたのです。ネットスケープコミュニケーションズ社のビジネスモデルは、ウェブを送り出す側すなわちサーバのソフトウェアを販売することにより成り立っていました。

1995年に、ネットスケープコミュニケーションズ社は株式公開を行い、マークは一夜にして莫大な資産を手にしました。額は不明ですが、共同設立者のジム・クラークの場合、持ち株が940万株でした。1株あたり109ドルまで値上がりしたため、総額では10億2、460万ドル。当時の為替レートを1ドル85円として、約871億円になります。

その後、マイクロソフト社のブラウザであるInternet Explorerの追撃により、ネットスケープコミュニケーションズ社の業績は低迷し、AOL社に買収されました。マークは1999年にAOL社を辞める際に、AOL社の株式94万株を売却して8、800万ドルを得ました。当時の為替レートを1ドル105円として、92億4、000万円です。マークは、これを資金として、その後もさまざまなインターネット企業を興していきます。現在は、Facebookの取締役であり、また出資したRockMelt社がSkypeを買収したり新しいブラウザを発表して、今も注目を集めています（その後2011年に、Skype社はマイクロソフト社に85億ドルで売却されています）。

インターネットの普及期における起業家たち

この節では、よく知られているYahoo、Google、そしてアメリカのオークションサイトe-Bayを立ち上げた若者たちを紹介します。

ウェブサイトが数多く設置される時代になると、その電話帳に相当するものが必要とされるようになってきました。いわゆるポータルサイトです。スタンフォード大学の学生であったジェリー・ヤンとデビッド・ファイロが公開したディレクトリサイトが始まりでした。

このサイトの人気の高まりにつれ、ベンチャーキャピタルの出資を受け1995年Yahoo!社を設立しました。ジェリー・ヤンは当時26歳、デビッド・ファイロは当時29歳でした。その1年後、株式を公開し、2人の持ち株の時価評価額はそれぞれ約1億5、000万ドルに達しました。当時の為替レートを1ドル120円として、約180億円になります。

ポータルサイトはその後数多く立ち上がりましたが、先行して利用者を集めていたYahoo!社が常にトップシェアを維持し、それによりさらに利用者が増えるという一人勝ちの状態でした。これは、無数の人を対象にビジネスを展開するインターネットサービスの大きな特徴です。

Yahoo!社は、その後数多くのインターネット企業を傘下に収め、そのサービスも当初のポータルサイトから、さまざまな範囲に広がっていきました。2008年以降、検索サイトのGoogleの人気に押され業績は低迷しています。このため、リストラを行い、またマイクロソフトとの提携ももち上がりましたが実現はしませんでした。しかし現在でも、最大規模のポータルサイトの1つであることには変わりありません。

Yahoo!社から利用者のシェアを奪ったGoogle社は、1998年にラリー・ペイジ（当時25歳）とセルゲイ・ブリン（当時25歳）により創業されました。Yahoo!社がポータルサイトであり、Google社が検索サイトであることは、ちょうど本の「目次」と「索引」にたとえられます。見たいウェブページを探すときは、キーワードを手掛かりにすることが多いので、索引タイプのGoogleが人気を集めることとなりました。

基本となる検索エンジンは、スタンフォード大学博士課程に在学中の1996年には開発されていました。それまでの検索エンジンは、ウェブサイトに含まれるキーワードの一致の程度を手掛かりとしていました。このため、内容と無関係のキーワードを詰め込んだいかがわしいサイトがあふれることになり、検索サイトの信頼性は低下していました。Googleで基本となっている検索システムは、キーワードの一致に加えて、そのサイトがどこからどれだけリンクされているかを評価の基準としています。良質なサイトは、それだけ数多くリンクされているという原理です。

しかし、検索エンジンの性能とは裏腹に、会社設立後数年は、Yahoo!の検索エンジンに採用されたりしましたが、利益はほとんど得られませんでした。Google社がビジネスで大きなブレイクスルーを果たすのは、2002年に、検索結果の画面に、関連する広告を掲載するシステムAdWordsを採用したことによります。2003年には、個人のホームページなどに関連する広告を出すAdSenseを投入しました。その後も、さまざまな斬新なサービスを展開しています。それらは、直接収益に結びつかないものも多いのですが、人々の注目を集め続ける意味では、効果が大きいのです。さらに、2006年には、YouTubeを16億5、000万ドル、約1、950億円で買収、2007年にはモバイル向けの無償のOSであるAndroidを発表するなど、高いアクティビティを継続しています。

2011年発表のForbes社の世界長者番付では、ラリー・ペイジとセルゲイ・ブリンの資産は、共に198億ドル、為替レートを1ドル83円として、約1兆6、400億円になります。

日本でのオークションサイトはヤフーオークションが群を抜いていますが、世界的にはeBayオークションが最大規模を誇っています。まだネットオークションというビジネスモデルが世の中に存在しない1995年、ピエール・オミダイア（当時28歳）により設立されました。1997年に現在の名称

eBay社に変更され、1998年に株式が公開されました。

ネットオークションは、ちょうど時機を得ていたこともあり、倍々ゲームのように売上を増やしていきました。ピエールはeBay社の30％の持ち株を有し、その株価は上場当初より25倍に膨れ上がったため、彼の資産は、当時1兆2、000億円にもなりました。また、ファイナンシャル・タイムズ・マガジンの世界の億万長者番付2005年では、3位にランクインしています。

eBayに数年遅れて、アメリカのYahoo!もオークションサイトを立ち上げました。しかし、先行者が人を集め、それがさらに人気を高めるという、インターネットサービス特有の性質により、あまり振るわず、2007には撤退します。アメリカYahoo!は後れを取っていることを痛感したため、日本のYahoo!に対し、とにかく早くオークションサイトを立ち上げるよう指示しました。このため、逆に2000年に日本に進出したeBay社は、日本のヤフーオークションに太刀打ちできず、2002年に撤退しています。

eBay社の売上は、Amazon社の売上の数分の一ですが、純利益は、逆に数倍になっています。これは、在庫を必要としないオークションサイトというビジネスモデルの大きな特徴です。このように利益率の高いビジネスにより、日本を例外として、世界にサイトを展開しています。また2002年には、小口決済サイトのPayPal社を約15億ドル、為替レートを1ドル128円として、約1、920億円で買収し、決済面においても利益を出せる体制となっています。

インターネットでは現在も起業が続いている

ここでは、最近の起業の成功例を、TwitterとFacebookに関して紹介します。

Twitterに関しても、Facebookに関しても、若い読者は日常当たり前のように使っているので、機能の説明は省略します。

Twitterは、2006年にエヴァン・ウィリアムズ（当時34歳）やジャック・ドーシー（当時29歳）らによりObvious社（現Twitter社）が設立され、そのサービスが開始されました。2010年4月時点で、1日あたり5、500万ツイートが発生。東京では、1分あたり、342ツイート。日本では、携帯電話との相性が良いため、爆発的に普及しました。

収益源は、広告と、GoogleやYahoo!などの大手検索サイトに検索対象として提供することによる提携料によりもたらされています。2010年時点での収益は、7億1、000万ドル、約603億5、000万円になります。

Facebookは、もともとは大学の写真入りの学生名鑑の本でした。それを、2004年マーク・ザッカーバーク（当時19歳）が、ハーバード大学の学生を対象にネット化したものです。このサイトは、すぐさま要望を受けて、対象をアイビーリーグの大学に広げ、さらに全米の大学、全米の高等学校、そして一般市民へと広がっていきました。2008年5月には、日本語化され提供されています。2010年現在のアカウント数は、世界で約5億5、000万人。ただ、実名登録が必須であるため、日本での盛り上がりはいまひとつとなっています。

マークの資産は、2011年のForbesのランキングによれば、13億5、000万ドル、1兆1、200億円です。2010年には、マークを主人公にした創設の物語が「ソーシャル・ネットワーク」というタイトルで映画化されました。そして、2012年2月1日に、50億ドル（約3、800億円）で株式の上場申請がなされました。株式の時価総額は、1、000億ドル（約7兆6、000億円）と言われています。

以上、ＩＴの黎明期から現在に至るまで、インターネットで起業した若者たちを駆け足で眺めてみました。共通する点は、創業時の年齢が若い、どこにもない斬新なモノやサービスを生み出した、巨万の富を手にしたことなどです。また、本文では言及していませんが、老練な経営者を招いていることも共通しています。

読者の心にチャレンジの火を点すことができれば幸いです。

（六浦光一）

第8章　データと分析

1　気になる企業　どんな企業？

学習のポイント

① 就職活動などで企業の経営状況を調べたくなったら、どうするか？
② 企業の経営成績や財政状態を知るにはどうするか？
③ その企業が安全か？　あるいは儲かっているか？　を分析するには？

はじめに

経太は、就職活動を間近に控えていました。経太が就職希望をしている企業は、テレビCMを盛んに流しているA社です。経太は、ヒット商品を連発しているA社にあこがれのイメージをもっていました。ある晩の夕食、経太は父の経蔵と就職活動の話をしました。早速、経太は急成長しているA社に就職を希望している、と経蔵に言いました。経蔵は、

「行きたい気持ちはわかるが、イメージだけじゃ危険だぞ。その企業の財務状況くらいはみてみたの

かい？」

意気揚々とA社の話をしていた経太の顔が曇った。

「分析!?」

「そうだ。まずは企業のホームページや財務諸表を使って、その企業の財務状況や経営状況を把握することから、はじめたらどうだ」

と経蔵に言われたのです。2年次に財務分析という講義はとってはみたものの、専門用語が羅列された**財務諸表**は、何を読み取るのかがさっぱりわからず、苦手講義の1つだった。

「財務分析ねぇ」

「何、暗い顔しているんだ。財務諸表を読み取るのは、英語と同様にこれからの社会人にとってはタシナミのようなものだぞ。投資をするにしても、営業先を開拓するにしても、営業先の内容を知るには財務分析は不可欠なんだ。就職活動を機に勉強しなおしたらどうだ」

経太は経蔵に説得され、自分の部屋に戻りました。そして本棚の片隅に入れておいた背表紙が色あせた財務分析の教科書を取り出した。

「ふ〜ん、会計ねぇ。ま、仕方ないっか……」

教科書をパラパラとめくり、財務分析をもう一度勉強してみることにした。

企業を調べる

早速、財務分析の教科書を開いた経太ですが、実際の財務諸表がみたくなった。企業を調べるにはどんな方法があるのでしょうか。企業の財務分析をしようとしても、財務諸表を入手しなければ話になりません。財務諸表を入手するにはどうしたらよいのでしょうか。

現在では、企業情報や財務諸表は、インターネットを利用して容易に入手することが可能です。企業は、ホームページに製品情報から財務情報などさまざまな情報を公表しています。企業が外部に公表する財務情報には、法令によるものとそうでないものの2種類があり、法令によるものは、会社法や金融商品取引法に基づく情報開示です。そして法令によらないものは、企業が自発的に開示を行うものでIR（Investor Relations）といいます。

法令によるもののうち金融商品取引法に基づいて作成される有価証券報告書には、企業の概況、設備の状況、経理の状況など、企業に関する情報が100頁以上にわたって記載されており、企業分析を行う時の有力な情報源となります。特に、「経理の状況」には、財務諸表が掲載されており、この情報を使えば財務分析を行うことができます。

では、有価証券報告書はどうやって入手すればよいのでしょうか？　有価証券報告書は、金融庁が管理をしている「金融商品取引法に基づく有価証券報告書等の開示書類に関する電子開示システム」、通称、**EDINET**（http://info.edinet-fsa.go.jp/）にアクセスすれば、入手することができます。

財務諸表

財務諸表（financial statements 略してF／S）とは、企業の財政状態や経営成績や資金収支などを示した書類の総称であり、企業の一定時点の財政状態を示した**貸借対照表**、一定期間の経営成績を示した**損益計算書**、そして一定期間の資金収支を示す**キャッシュ・フロー計算書**があります。図表8－1から図表8－3は、EDINETに掲載された養命酒製造株式会社（以下、養命酒と示します）の有価証券報告書「経理の状況」から入手した平成23年3月期の財務諸表をもとに作成したものです。養命酒の財務諸表をみながら、財務諸表のしくみを理解していきましょう。理解を容易にするため、文書中にそれぞれの項目に該当する数値を示しました。ぜひ、財務諸表をみながら文書を読み進めてください。

(1) 貸借対照表（たいしゃくたいしょうひょう）

貸借対照表（Balance Sheet 略してB／S 通称、ビーエス）は、一定時点における企業の財政状態を示しており、図表8―1は、平成23年3月31日における財政状態を示しています。

貸方（B／Sの右側）には、企業が企業活動をするための資金の調達状況が示されており、その方法は**負債**と**純資産**によります（純資産負債合計 32、445、832千円）。負債には、銀行などからの借入金や社債や将来の債務などが示されています（負債合計 2、469、447千円）。純資産は、企業が株主などから調達した資金や過去から累積してきた利益などが示されています（純資産合計 29、976、385千円）。

借方（B／Sの左側）には、調達した資金をどんなことに使っているかという資金の使途が示されており、これを**資産**といいます（資産合計 32、445、832千円）。

また資産は、**固定資産**と**流動資産**に分類されて1年以上にわたって保有する資産、たとえば、建物、土地、機械などが固定資産（24、760、569千円）です。そして固定資産以外の資産を流動資産といい、ここには現金及び預金、商品、製品などが含まれます（流動資産合計 7、685、263千円）。そして負債は、1年以上先に返済期限が訪れる債務などを固定負債（固定負債合計 1、022、803千円）、それ以外を流動負債（流動負債合計 1、446、643千円）といいます。

図表８－１　貸借対照表

（単位：千円）

当事業年度（平成23年3月31日）			
資産の部		負債の部	
流動資産		流動負債	
現金及び預金	1,989,333	買掛金	290,922
受取手形	—	未払金	13,643
売掛金	2,046,741	未払酒税	135,171
有価証券	2,504,819	未払費用	647,345
商品及び製品	360,990	未払法人税等	10,568
仕掛品	204,874	未払消費税等	78,993
原材料及び貯蔵品	403,565	前受金	4,859
前渡金	8,609	預り金	16,658
前払費用	47,338	賞与引当金	212,325
繰延税金資産	111,827	役員賞与引当金	36,000
その他	7,163	その他	156
流動資産合計	7,685,263	流動負債合計	1,446,643
固定資産		固定負債	
有形固定資産		繰延税金負債	—
建物	13,045,658	退職給与引当金	5,734
減価償却累計額	△ 9,110,554	役員退職慰労引当金	50,850
建物（純額）	3,935,104	長期預り金	966,219
構築物	1,798,637	固定負債合計	1,022,803
減価償却累計額	△ 1,423,070	負債合計	2,469,447
構築物（純額）	375,566		
機械及び装置	4,849,166		
減価償却累計額	△ 4,017,686		
機械及び装置（純額）	831,479		
車両運搬具	104,400		
減価償却累計額	△ 97,557		
車両運搬具（純額）	6,842		
工具，器具及び備品	1,217,206		
減価償却累計額	△ 1,090,305	純資産の部	
工具，器具及び備品（純額）	126,901	株主資本	1,650,000
土地	2,057,214	資本金	
建設仮勘定	97	資本剰余金	
有形固定資産合計	7,333,204	資本準備金	404,986
無形固定資産		その他の資本剰余金	271,693
ソフトウェア	48,279	資本剰余金合計	676,800
その他	20,275	利益剰余金	
無形固定資産合計	68,554	利益準備金	412,500
投資その他の資産		その他利益剰余金	
投資有価証券	11,506,860	固定資産圧縮積立金	14,384
関係会社株式	1,740,562	別途積立金	29,431,000
出資金	716	繰越利益剰余金	754,612
長期前払費用	17,751	利益剰余金合計	30,612,497
長期預金	3,900,000	自己株式	△ 2,281,662
繰延税金資産	67,655	株主資本合計	30,057,515
その他	131,562	評価・換算差額等	
貸倒引当金	△ 6,299	その他有価証券評価差額金	△ 81,129
投資その他の資産合計	17,358,809	評価・換算差額等合計	△ 81,129
固定資産合計	24,760,569	純資産合計	29,976,385
資産合計	32,445,832	負債純資産合計	32,445,832

出所：『養命酒製造株式会社　有価証券報告書（平成23年3月期）』より作成。

以上が貸借対照表のしくみです。いまみたように貸借対照表は、企業が資金をどのように調達したのかがわかると同時に、その資金をどのように使用したのかという内容が、資産、負債および純資産の3つの項目で示されています。

その企業は健全な経営を行っているか？　といったような企業の安全性を分析する際に貸借対照表は使われます。

(2) 損益計算書（そんえきけいさんしょ）

損益計算書（Profit & Loss statement 略してP／L　通称、ピーエル）は、一定期間に稼いだすべての収益と費やした費用を対応させて企業の経営成績を示した表です。損益計算書をみてゆくと5つの「利益」が記載されていることに気がつきます。一言に**利益**といっても、それぞれの利益内容は異なるので、損益計算書を理解するときにはこの利益の特徴を理解することが大切です。図表8－2をみながら読み進めてください。

損益計算書は、企業が製品や商品などを売り上げた金額である売上高（11,640,674千円）が一番先頭に記載されます。売上高から製品を製造するために費やした**売上原価**（費用）（3,933,881千円）が控除されて、売上総利益（7,706,793千円）が算出されます。通常、粗利益（あらりえき）とも言われ、企業の稼ぎの根源となる利益です。ここからさらに**販売費及び一般管理費**（費用）（6,885,609千円）が控除されて**営業利益**（821,184千円）が算出されます。営業利益は、自動車会社であれば自動車、化粧品会社であれば化粧品を販売することによって稼いだ利益であり、本業による利益と言われます。粗利益から控除される販売費及び一般管理費は、通常、販管費（はんかんひ）と呼ばれ、製品や

図表８－２　損益計算書

（単位：千円）

	当事業年度 （自　平成22年4月1日 至　平成23年3月31日）
売上高	11,640,674
売上原価	
商品及び製品期首たな卸高	455,908
当期商品及び製品仕入高	103,797
当期製品製造原価	2,561,299
酒税	971,333
合計	4,092,338
他勘定振替高	55,065
商品及び製品期末たな卸高	324,969
たな卸資産評価損	2,405
差引	3,714,709
飲食売上原価	148,406
不動産賃貸原価	70,764
売上原価合計	3,933,881
売上総利益	7,706,793
販売費及び一般管理費	6,885,609
営業利益	821,184
営業外収益	
受取利息	18,521
受取証券利息	33,361
受取配当金	165,435
受取家賃	11,593
雑収入	16,917
営業外収益合計	245,828
営業外費用	
支払利息	17,409
雑損失	432
営業外費用合計	17,841
経常利益	1,049,171
特別利益	
固定資産売却益	96,028
特別利益合計	96,028
特別損失	
固定資産除却損	2,175
投資有価証券評価損	25,314
特別損失合計	27,490
税引前当期純利益	1,117,709
法人税，住民税及び事業税	366,000
法人税等調整額	45,780
法人税等合計	411,780
当期純利益	705,928

出所：『養命酒製造株式会社　有価証券報告書（平成23年3月期）』より作成。

商品の広告や宣伝費、販売員や本社で働く人々の人件費、機械や建物などの減価償却費などといった製造原価以外の製品に関わるすべての費用が販管費（６、８８５、６０９千円）に含まれています。

しかし、企業も個人と同様に、余剰資金があればそれを株式投資や財テクなどの金融活動に利用することもあるし、借入金によって資金調達をすれば利息も支払わなければなりません。本業以外の金融活動による収益を**営業外収益**（２４５、８２８千円）といい、支払利息などの金融費用を**営業外費用**（１７、８４１千円）といいます。営業利益に営業外収益を加え、そこから営業費用を控除して算出される利益が経常利益です（1、049、171千円）。**経常利益**は、企業の経常的な活動によって稼ぎだされた利益です。

経常利益までは通常の経営活動による収益や費用によって算出されますが、企業が所有する土地などを売却して思わぬ利益をあげることもあれば、時価が下落して損失を被る場合もありますし、事故や火災あるいは地震などによって損失が発生する場合もあります。このような経常的ではなく、臨時的・偶発的に発生した収益や損失を特別利益（96、028千円）および特別損失（27、490千円）といいます。そして経常利益に**特別利益**と**特別損失**を加減算して算出されるのが**税引前当期純利益**（1、117、709千円）であり、ここからさらに企業が支払う法人税、住民税および所得税などの税金を控除して、企業の最終的な儲けである当期純利益（705、928千円）が算出されます。そのため、新聞、雑誌やニュースではこの当期純利益を**最終利益**ということもあります。この当期純利益は、株主への配当のもとになる利益です。

（3）キャッシュ・フロー計算書

キャッシュ・フロー計算書（cash flow statement　C／S　通称、シーエス）は、家庭の「家計簿」的な計算書類であり、企業活動におけるキャッシュ情報を、営業活動、投資活動、財務活動の3側面に区分して、情報提供しています。このキャッシュ・フロー計算書によって、損益計算書では知り得なかった企業のキャッシュの流れを把握することができます。養命酒では、**営業活動によるキャッシュ・フロー**（1、297、911千円）がプラスとなっていることから、本業によるキャッシュが入っていることを示しています。**投資活動によるキャッシュ・フロー**（△1、102、357千円）は、△でマイナスを示しており、投資活動のためにキャッシュを支払ったことを意味します。同様に、**財務活動によるキャッシュ・フロー**（△540、653千円）も△であることから、借入金の返済などといった支出があったことを意味しています。

図表8－3　キャッシュ・フロー計算書

（単位：千円）

	当事業年度 （自　平成22年4月1日　　至　平成23年3月31日）
営業活動によるキャッシュ・フロー	
税引前当期純利益	1,117,709
貸倒引当金の増減額（△は減少）	—
減価償却費	805,392
賞与引当金の増減額（△は減少）	△26,379
役員賞与引当金の増減額（△は減少）	△12,000
退職給与引当金の増減額（△は減少）	△59,711
受取利息及び受取配当金	△217,318
支払利息	17,409
有形固定資産売却損益（△は益）	△96,028
有形固定資産除却損	2,175
投資有価証券評価損益（△は益）	25,314
ゴルフ会員権評価損	—
売上債権の増減額（△は増加）	296,584
たな卸資産の増減額（△は増加）	131,551
仕入債務の増減額（△は減少）	21,085
未払費用の増減額（△は減少）	△603,172
未払消費税等の増減額（△は減少）	78,993
その他	110,009
小計	1,591,615
利息及び配当金の受取額	232,219
利息の支払額	△21,561
法人税等の支払額	△504,362
営業活動によるキャッシュ・フロー	1,297,911
投資活動によるキャッシュ・フロー	
定期預金の預入による支出	△3,230,000
定期預金の払戻による収入	2,200,000
有価証券の償還による収入	2,000,000
有形固定資産の取得による支出	△192,898
有形固定資産の売却による収入	98,615
無形固定資産の取得による支出	△4,893
投資有価証券の取得による支出	△2,012,355
その他	39,173
投資活動によるキャッシュ・フロー	△1,102,357
財務活動によるキャッシュ・フロー	
短期借入れによる収入	1,050,000
短期借入金の返済による支出	△1,050,000
自己株式の取得による支出	△1,476
配当金の支払額	△539,177
財務活動によるキャッシュ・フロー	△540,653
現金及び現金同等物に係る換算差額	—
現金及び現金同等物の増減額（△は減少）	△345,009
現金及び現金同等物の期首残高	3,174,433
現金及び現金同等物の期末残高	2,829,333

出所：『養命酒製造株式会社　有価証券報告書（平成23年3月期）』より作成。

財務分析

これまで貸借対照表、損益計算書、キャッシュ・フロー計算書など財務諸表のしくみについてみてきました。しかし、財務諸表をみただけでは、材料はそろえたものの料理はしていない状況と同じです。企業が安全であるのか、あるいは、儲かっているのかなどを分析する時、貸借対照表と損益計算書がどんなふうに使用されるのか示すことにしましょう。

①　企業の安全性を知りたくなったら貸借対照表をみよう。
貸借対照表から分析できるのは、①**企業の財務健全性**（自己資本比率など）、②**短期的な支払能力**（流動比率、当座比率など）、③**長期的な支払能力**（固定比率、固定長期適合率など）の3つであり、これらの側面から企業の経営状況の安全性がわかります。貸借対照表による分析は、金融機関などが企業に資金を貸付ける際の信用調査などにも使用されており、その企業が信頼に足る企業であるか否かを判断する際の基準となります。

②　企業の収益性を知りたくなったら損益計算書をみてみよう。
損益計算書は、先に説明したように一定期間におけるすべての収益と費用を対応させて利益を計算した書類です。したがって、売上高に対するそれぞれの利益の割合を算出した比率（たとえば、売上高に対する売上総利益の割合は売上高総利益率といいます）をみることで、企業の収益性を把握することができます。

貸借対照表と損益計算書の枠組みを理解すると、企業分析をすることができるようになります。図表8－4は、養命酒の安全性と収益性の比率を算出したものです。実際に分析をする場合は、単年度の数値を分析するだけではなく、過去数年間の数値の推移や同業他社との比較により、その企業の状況や過去数年間の傾向を把握することが肝心です。

おわりに

経太は、貸借対照表と損益計算書そしてキャッシュ・フロー計算書のしくみについて、教科書を見ながら勉強しました。今回、財務諸表の簡単なしくみを知ることができた経太は、財務状況を把握することができるようになって、いくつかの比率を算出してみました。

図表8－4　養命酒製造株式会社の財務分析数値

安全性分析（貸借対照表を使った分析）

①　企業の財務健全性

$$自己資本比率=\frac{自己資本}{総資本}=\frac{29,976,385}{32,445,832}\times 100=92.4\%$$

＊自己資本比率は，高いほど良いとされる。目安は50%。

②　長期的な安全性

$$固定比率=\frac{固定資産}{自己資本}\times 100=\frac{24,760,569}{29,976,385}\times 100=82.6\%$$

＊固定比率は，低いほど良いとされる。目安は100%以下。

$$固定長期適合率=\frac{固定資産}{自己資本+固定負債}\times 100$$

$$=\frac{24,760,569}{29,976,385+1,022,803}\times 100=79.87\%$$

＊固定長期適合率は，低いほど良いとされる。目安は100%以下。

③　短期的な安全性

$$流動比率=\frac{流動資産}{流動負債}\times 100=\frac{7,685,263}{1,446,653}\times 100=531.2\%$$

＊流動比率は，高いほど良いとされる。目安は200%以上。

$$当座比率=\frac{当座資産}{流動負債}\times 100=\frac{6,540,893}{1,446,653}\times 100=452.1\%$$

注）当座資産＝現金及び預金＋受取手形＋売掛金＋有価証券

＊当座比率は，高いほど良いとされる。目安は100%以上。

収益性分析（損益計算書を使った分析）

$$売上高総利益率=\frac{売上総利益}{売上高}\times 100=\frac{7,706,793}{11,640,674}\times 100=66.21\%$$

$$売上高営業利益率=\frac{営業利益}{売上高}\times 100=\frac{821,184}{11,640,674}\times 100=7.1\%$$

$$売上高経常利益率=\frac{経常利益}{売上高}\times 100=\frac{1,049,171}{11,640,674}\times 100=9.0\%$$

$$売上高当期純利益率=\frac{当期純利益}{売上高}\times 100=\frac{705,928}{11,640,674}\times 100=6.1\%$$

＊各比率は，いずれも高いほど収益性が高いとされる。

「なぁんだ。意外に簡単だな。さて、A社の分析をしてみようかな。それにしてもA社はイメージとは異なっているナァ。収益性はあるけど、安全性がいまひとつだな。やっぱりイメージだけで捉えるってちょっと危険だったかな」

【注】
本文中のA社は、養命酒製造株式会社ではありません。

（関　利恵子）

2　産業連関表と行列 ―経済効果はどうやって計算するの？―

学習のポイント
① 経済波及効果はどこまでも続いていく。
② 産業連関表には原材料の種類と量が記載されている。
③ 行列は大量の情報を扱うときの道具である。

はじめに

ある日の夕方、大学生の経太は家でのんびりしていました。今日はアルバイトも、友達との約束もありません。そんなとき、何気なく見ていたテレビから「この事業の経済効果は10億円」というニュースが聞こえてきました。

「10億円…今のアルバイトで10億円もらうには、あと何年くらい働けばいいのだろうか…」

そんなことをぼんやり考えていたとき、ふと「経済効果って、どうしてこんな大きな額になるのだろう？　どうやって計算しているのだろう？」という疑問が浮かんできました。その日、時間があった経太は、経済効果について少し調べてみることにしました。

経済波及効果

経済波及効果という言葉を聞いたことはあるでしょうか。経済波及効果とは、ある生産物の需要や価格に生じた変化が、産業間の取引を通じて経済全体に与える影響のことです。この影響について、携帯電話を例に挙げて紹介しましょう。

いま、携帯電話の需要が増加したとします。このとき、携帯電話を作っている産業は生産量を増やすことになります。しかし、原材料がないと商品は作れません。そこで、液晶、スピーカー、アンテナ、電池、モーターといった多くの部品を購入することになります。その結果、携帯電話の部品を生産している産業の需要が増加します。また、原材料を加工するときには電気などのエネルギーを使います。さらに、商品を運搬するときには輸送機関を利用します。これにより、エネルギーや物流に関する産業の需要も増加するのです。このように、携帯電話の需要増加はその産業だけではなく、他の多くの産業に影響を与えるのです。

しかも、この影響はまだ終わりません。携帯電話の部品、エネルギー、物流に関する産業も、新たに増加した需要に応えるために生産量を増やすことになります。すると、また多くの産業に需要が発生します。そして、いま需要が発生した産業もまた生産量を増やすことにより、さらにさまざまな産業に需要が発生します。つまり、需要が別の需要を生み、それがまた新たな需要を生み出していくのです。この影響はどこまでも続いていきます。これが経済波及効果です。

さて、ここまでは原材料の購入に関する波及について紹介してきましたが、需要の増加が経済全体に与える影響はそれだけではありません。各産業の需要増加は、そこで働いている従業員の所得増加にもつながります。その結果として消費が増え、さらなる需要を生み出すことも考えられます。大きなイベントや事業などが行われるとき、新聞やテレビでよく話題になる経済効果は、多くの場合、これらすべての影響により生じる需要の総額です。影響を受けたものすべてを計算に含めるため、経済効果は非常に大きな金額になるのです。この金額の算出方法はとても複雑です。そこで、ここからは原材料の購入に関する波及に限定して、その計算のしくみを考えていきましょう。

経済波及効果の計算には、**産業連関表**（投入産出表）が用いられます。産業連関表とは、ある国や地域における1年間の産業間取引量を表した統計表です。取引量は金額で記録されています。説明を簡単にするために、2つの産業からなる地域を考えてみましょう。この地域の産業連関表は図表8－5のような構造になります。

産業連関表を縦に見ると、原材料をどこからどれだけ購入したのかわかるようになっています。たとえば、図表8－5における産業1の欄には、産業1から40、産業2から20の原材料を購入したことが示されています。これを中間投入といいます。なお、生産額から中間投入の合計金額を引いたものは、原材料の加工等により生産物に加えられた価値を表す数で、付加価値といいます。

図表8－5　産業連関表と投入係数表

〈産業連関表〉

		中間需要		最終需要	生産額
		産業1	産業2		
中間投入	産業1	40	30	30	100
	産業2	20	90	190	300
付加価値		40	180		
生産額		100	300		

〈投入係数表〉

	産業1	産業2
産業1	0.4	0.1
産業2	0.2	0.3

産業連関表を横に見ると、生産物がどこにどれだけ販売されたのかわかるようになっています。たとえば、図表8―5における産業2の欄は、産業1に20、産業2に90の生産物が販売されたことを示しています。これを中間需要といいます。なお、生産額から中間需要の合計金額を引いたものは、家計での消費等を表す数で、最終需要といいます。

実際の計算では、生産額一単位に必要な原材料の額を使用します。たとえば、図表8―5の産業2は、300の生産額に対して産業1から30、産業2から90の原材料を購入しているので、生産額一単位に対しては、産業1から30÷300＝0.1、産業2から90÷300＝0.3の原材料が必要になります。この額を並べて書いた表を**投入係数表**といいます。

図表8―5の産業連関表において、産業1の最終需要が1だけ増加したときの経済波及効果を考えてみましょう。増加した最終需要を満たすため、産業1は生産物を1だけ生産することになります。しかし、その生産には産業1から0・4、産業2から0・2の原材料が必要になります。つまり、産業1には、増加した最終需要の他に0・4の需要が発生するのです。また、最終需要が変化していない産業2にも0・2の需要が生じます。さらに、いま産業1と産業

図表8－6　行　列

$$\text{行列の例：}A=\begin{pmatrix}0.4 & 0.1\\0.2 & 0.3\end{pmatrix}\quad B=\begin{pmatrix}1\\0\end{pmatrix}={}^t(1\ \ 0)\quad I=\begin{pmatrix}1 & 0\\0 & 1\end{pmatrix}$$

$$\text{行列の足し算：}\begin{pmatrix}a & b\\c & d\end{pmatrix}+\begin{pmatrix}e & f\\g & h\end{pmatrix}=\begin{pmatrix}a+e & b+f\\c+g & d+h\end{pmatrix}$$

$$\text{行列の掛け算：}\begin{pmatrix}a & b\\c & d\end{pmatrix}\begin{pmatrix}e & f\\g & h\end{pmatrix}=\begin{pmatrix}ae+bg & af+bh\\ce+dg & cf+dh\end{pmatrix}$$

$$\text{逆行列：}\begin{pmatrix}a & b\\c & d\end{pmatrix}^{-1}=\begin{pmatrix}\dfrac{d}{ad-bc} & -\dfrac{b}{ad-bc}\\[2ex]-\dfrac{c}{ad-bc} & \dfrac{a}{ad-bc}\end{pmatrix}$$

2に発生したそれぞれ0・4と0・2の需要についても、それらを満たすための生産には原材料が必要になります。具体的に計算すると、産業1には、産業1に発生した需要0・4の原材料0・16と、産業2に発生した需要0・2の原材料0・02を合計した0・18の需要が発生します。同様に、産業2には0・14の需要が発生します。経済波及効果を算出するためには、このような計算を繰り返し、答えをすべて足さなければなりません。しかし、この作業はとても大変です。また、経済波及効果はどこまでも続いていくので、いくら計算を繰り返しても終わりません。そこで、数学の道具を利用することにしましょう。

行　列

数を縦と横に並べて書いたものを**行列**といいます。図表8－6のAは、図表8－5の投入係数表の数を並べて書いた行列です。行列では、数の横の並びを行、縦の並びを列といいます。特に、行が1つだけの行列を行ベクトル、列が1つだけの行列を列ベクトルといいます。たとえば、図表8－6の行列Bは、行が2つ、列が1つなので列ベクトルです。

行列Xの行と列を入れ替えた行列をXの転置行列といい、${}^tX$と書きます。転置行列を用いると、図表8－6のBは${}^t(1\quad 0)$と表すことができます。列ベクトルはこのように転置行列で表すことにします。

行列の足し算は、図表8－6のように、同じ位置にある数をそれぞれ足して計算します。行列の引き算も同様です。なお、形が異なる行列の足し算や引き算は計算できません。

行列の掛け算は、足し算や引き算に比べると面倒です。まず、行ベクトルと列ベクトルの掛け算を紹介しましょう。行ベクトル $X=(x_1\ x_2 \cdots x_k)$ と、列ベクトル $Y={}^t(y_1\ y_2 \cdots y_k)$ の掛け算 XY は、$x_1y_1+x_2y_2+\cdots+x_ky_k$ です。つまり、行ベクトルについては左から、列ベクトルについては上から数えて同じ位置にある数を、それぞれ掛けて、答えをすべて足したものです。

わかりにくいかもしれませんが、これは日常でよく使われている計算です。いま、100円のりんごを2個、50円のみかんを3個買ったとします。ここで、価格を並べて書いた行ベクトルを$X=(100\quad 50)$、購入数を並べて書いた列ベクトルを$Y={}^t(2\quad 3)$とすると、支払い金額は、行ベクトルと列ベクトルの掛け算XYになります。

さて次に、一般の行列の掛け算を説明します。2つの行列XとYの掛け算XYは、Xの上からi番目の行と、Yの左からj番目の列をそれぞれ行ベクトル、列ベクトルと考え、それらを掛けた答えを上からi番目、左からj番目に書いた行列です。この計算方法はややこしいので、どの行と、どの列を使って、どの数を、どのように計算しているのか、図表8－6を見て確認してください。なお、行列の掛け算XYは、Xの列の個数とYの行の個数が等しくないと計算できません。また、順序を入れ替えた掛け算YXは、もとの掛け算XYとは違う答えになる場合があるので注意してください。

いよいよ行列の割り算です。まず、普通の数の割り算を思い出してみましょう。数の割り算は、掛け算に書き換えることができました。たとえば、$2 \div 3$は2×3^{-1}と同じです。ここで、3^{-1}は3の逆数というもので、「3分の1」のことです。一般に、数xの逆数x^{-1}とは、$xy=1$を満たす数yのことです。行列にも、この逆数と同じ働きをするものがあります。

行と列の個数が等しい行列のうち、左上と右下を結ぶ対角線上の数がすべて1で、その他の数がすべて0である行列を単位行列といい、記号でIと書くことにします。図表8－6のIは単位行列です。この単位行列は、他の行列に掛けても何も変化が起こりません。行列Xに対し、$IX=X$, $XI=X$なのです。これは、数の1と同じ性質です。

行列Xに左右どちらから掛けても答えが単位行列になるような行列をXの**逆行列**といい、X^{-1}と書きます。記号で説明すると、$XY=I$かつ$YX=I$を満たす行列Yのことです。なお、行列を詳しく勉強すると、$XY=I$を満たす行列Yは自動的に$YX=I$を満たすことがわかります。つまり、行列Xの逆行列X^{-1}とは、$XY=I$を満たす行列Yのことです。逆数と似ていることがわかるでしょうか。

数の割り算は、逆数を掛けることと同じでした。行列の割り算も同様に、逆行列を掛けることとします。ただし、左から掛けた場合と右から掛けた場合で違う答えになることがあるので注意してください。

また、数の割り算では0で割ることができませんでした。これは、0の逆数が存在しないからです。行列にも、逆行列が存在しないものがあります。その場合は残念ですが、割り算は計算できません。なお、具体的な逆行列の計算方法はとても込み入っているため説明できませんが、行が2つ、列が2つの場合のみ、図表8－6に紹介しておきます。

産業連関表と行列

図表8—5の産業連関表と投入係数表に話を戻しましょう。投入係数表の数を並べて書いた行列を**投入係数行列**といいます。つまり、図表8—6のAが投入係数行列です。

最終需要の増加量を産業1、産業2の順に並べて書いた列ベクトルをFとします。このとき、需要Fを満たすための生産に必要な原材料は、行列の掛け算AFで表すことができます。たとえば、産業1の最終需要が1だけ増加したとき、すでにみたように産業1に0・4、産業2に0・2の需要が発生します。実際に、$F={}^t(1\ \ 0)$として計算すると、$AF={}^t(0.4\ \ 0.2)$になります。1つ目の数が産業1、2つ目の数が産業2に発生した需要です。

このように、需要Fに投入係数行列Aを左から掛けると、原材料の取引によって発生する需要を計算することができます。では、いま発生した需要AFが、また新たに生み出す需要はどうなるでしょうか。それは、需要AFに投入係数行列Aを左から掛けて、$A(AF)=A^2F$になります。さらに、A^2Fが誘発する需要はA^3F、A^3Fが誘発する需要はA^4Fと続いていきます。これらをすべて足したものが、経済波及効果により生じる需要の総額です。数式で表すと、$F+AF+A^2F+A^3F+\cdots$になります。

さて、経済波及効果は複雑なものでしたが、いまそれを1つの数式で表すことができました。あとはこの数式を計算すれば結果が得られます。しかし、足し算がどこまでも続いているので、このままでは計算できません。そこで、産業連関表のもう1つの性質を使うことにしましょう。

産業連関表を横に見ると、中間需要と最終需要の合計が生産額になっています。具体的には、産業1の欄では40＋30＋30＝100、産業2の欄では20＋90＋190＝300という関係が成り立っています。行列を使うと、これら2つの関係をまとめて、$A{}^t(100\ \ 300)+{}^t(30\ \ 190)={}^t(100\ \ 300)$という1つの式で表す

図表8－7　計算例

$$(I-A)^{-1}=\begin{pmatrix}0.6 & -0.1\\ -0.2 & 0.7\end{pmatrix}^{-1}=\begin{pmatrix}\frac{0.7}{0.4} & \frac{0.1}{0.4}\\ \frac{0.2}{0.4} & \frac{0.6}{0.4}\end{pmatrix}=\begin{pmatrix}1.75 & 0.25\\ 0.5 & 1.5\end{pmatrix}\text{より}$$

$$(I-A)^{-1}\begin{pmatrix}1\\ 0\end{pmatrix}=\begin{pmatrix}1.75 & 0.25\\ 0.5 & 1.5\end{pmatrix}\begin{pmatrix}1\\ 0\end{pmatrix}=\begin{pmatrix}1.75\\ 0.5\end{pmatrix}$$

ことができます。この式を変形すると、$(I-A)^t(100\ 300)={}^t(30\ 190)$となります。さらに、両辺に左から$(I-A)^{-1}$を掛けることにより、${}^t(100\ 300)=(I-A)^{-1\,t}(30\ 190)$と変形できます。つまり、生産額を並べて書いた列ベクトルは、最終需要を並べて書いた列ベクトルに、行列$(I-A)^{-1}$を左から掛けたものになっているのです。この行列$(I-A)^{-1}$を**レオンチェフ逆行列**といいます。「生産額」＝「レオンチェフ逆行列」×「最終需要」なのです。

この関係より、最終需要がFだけ変化したとき、経済波及効果により生じる需要の総額は$(I-A)^{-1}F$であることがわかります。たとえば、産業1の最終需要が1だけ増加したときは、$(I-A)^{-1\,t}(1\ 0)$を計算すればよいのです。この計算結果は、図表8－7より${}^t(1.75\ 0.5)$となります。つまり、産業1には1・75、産業2には0・5、経済全体では2・25の需要が発生するのです。これが、産業1の最終需要が1だけ増加したときの経済波及効果です。もし産業1の最終需要が5億円増加したならば、経済全体に11億2、500万円の影響がでるということです。

このように、行列を使うことによって、複雑だった経済波及効果が簡単に計算できるようになります。その理由は、行列というものの中に、多くの情報を詰め込むことができるからです。先ほどみた通り、産業連関表の「中間需要と最終需要の合計が生産額になっている」という関係を具体的に書くと、産業の数だけ数式ができてきます。ところが、行列を用いると、それらを1つにまとめることができます。つまり、行列を含んだ数式には、本来ならたくさんの数式が必要になるような複雑な情報が詰め込まれているのです。

現実の社会には多くの産業があります。実際に、現在の日本では、約500の部門に分けられた産業連関表が作成されています。このように大きな産業連関表でも行列を使うことにより、経済波及効果は「レオンチェフ逆行列」×「最終需要」という簡単な形になるのです。

なお、行列は経済波及効果を計算するために作られた道具ではありません。もともとは数学的な問題を解決するために生み出されたものです。しかし、その大量の情報を処理する能力により、経済波及効果だけではなく、医療機器や天気予報などにも使われるようになりました。このように役立つ道具や考え方は、意外と身近にあるのかもしれません。

（井上朋久）

3 就職活動と経済統計

学習のポイント

① 経済統計から何がわかる?
② どのような経済統計があるかを知っておこう。
③ 統計データの適切な使い方。

はじめに

経太は3年になって、卒業後どんな業界・企業に就職しようかと考え始めました。高い給料も欲しいし、休みをとってレジャーにも行けたらいいな。とりあえず、東洋経済新報社の『業界地図』を買って、隣の学部のガールフレンドの文子さんと一緒に志望する業界・企業の品定めをすることにしました。

大手企業でも平均年収は大きく相違する

ぱらぱらとめくってみたら、話題のディー・エヌ・エーが目に留まりました。横浜ベイスターズ球団を買収した、SNS業界で売上高トップの企業です。平均年収556万円、なかなかの報酬に大いに魅かれました。すぐ近くのページに、同じ情報通信業のヤフーがあります。ポータル・検索業界のトップ企業で、平均年収は591万円。やっぱり、今の時代を創っている企業は給料もはずむんだ。パソコンが得意なこともあって、かなり心が動きました。一方、買い物好きの文子さんは、デパートや小売業界を調べていました。高島屋の平均年収はナント648万円！「やっぱり、新興企業より老舗企業は過去からの蓄積もあるし、待遇がいいのよ。複写機の草分けの富士ゼロックスは915万円ももらえるわ」IT技術に疎い文子さんの勝ち誇った顔！ 不思議に思って、経太は熟読して重要な点に気が付きました。ディー・エヌ・エーとヤフーは平均年齢が30・6歳と33・1歳であるのに、高島屋と富士ゼロックスは43・8歳、43・5歳。年齢の違いが年収に大きく影響しているからだ。他の企業も調べてみましたが、同じ業界でも平均年齢や平均年収がばらついています。業界が異なればもっと大きな違いがあります。どこの業界・企業に就職すれば、生涯にわたって高い収入が見込めるのでしょう。経済統計の先生に聞きに行くことにしました。

公的統計は情報の宝庫

先生、冒頭に曰く「現代は、事実に基づいて議論し、決定し、行動する姿勢が求められる時代です。客観的な情報をよりどころにした議論を通して、考え方が深まり、参加者全員が納得できる結論を導くことができます。説得的なデータを踏まえた提案は、あらゆる集団において、その構成員から多くの支持を獲得することができ、適切な意思決定を導きます。合理的な証拠に裏付けされた行動は周囲から十分な理解が得られます。これからは、君も**証拠に基づいて（evidence-based）意思決定し行動する**と良いでしょう」客観的な思考、合理的な意思決定・行動の裏付けとなる**証拠の中心をなすのが、政府・日銀等で作成される公的統計**であるようです。

手始めに、政府統計の総合窓口の e-Stat（http://www.e-stat.go.jp/SG1/estat/eStatTopPortal.do）を訪ねるように指示されました。「統計の名前で探す」方法として、主要な統計から探す、政府統計全体から探す、キーワードで探す（検索オプション）、の3種類の方法があります。その他、「地図や図表で見る」「調査項目を調べる」「統計を学ぶ」など役に立ちそうな内容が盛り込まれていて興味深いサイトです。「賃金または収入」をキーワードにして、試行錯誤の上にたどり着いたのが、厚生労働省の「平成22年賃金構造基本統計調査」でした。

賃金構造基本統計調査から何がわかる?

賃金構造基本統計調査は基幹統計であり、調査目的として「主要産業に雇用される労働者について、その賃金の実態を労働者の雇用形態、就業形態、職種、性、年齢、学歴、勤続年数、経験年数別等に明らかにする」と記しています。

統計法は、平成19年に旧統計法を全部改正して、統計調査によって作成される統計のみならず、公的機関が作成する統計全般を対象とした法律に改編されました。統計法において、行政機関が作成する統計でとくに重要な統計を基幹統計として位置付けています。平成23年3月現在、基幹統計として「国勢統計」や「国民経済計算」など56の統計があります。基幹統計以外の公的統計を一般統計と称し、旧統計法における承認統計と届出統計がこれにほぼ該当します。

公的統計は基幹統計を中心として体系的に整備され、さまざまな分野でさまざまな目的に使用されています。たとえば、社会福祉や育児支援、労働環境等のあり方といった行政施策の策定、地方自治体のマスタープランといった中・長期的な計画の立案、防災計画の策定、各府省が出している白書における現状の分析や将来の予測などの基礎となる情報源です。その他、各種法令で統計調査の結果によることと定めている場合もあります。たとえば、町や村が市になるための要件となる人口や衆議院議員選挙区の画定や地方交付税交付額の算定の基準として、総務省統計局が作成している「国勢統計」が使用されています。

公的統計は、作成するために依拠する情報源によって区分されます。統計調査の結果から作成される調査統計、行政の業務資料を集計、加工して作成される業務統計、これらの各種統計を組み合わせ、加工して作成される加工統計の3つです。それぞれ、「国勢統計」、「貿易統計」、「国民経済計算」が代表例です。「賃金構造基本統計調査」はもちろん調査統計です。有効求人倍率を明らかにする「職業安定業務統計」は業務統計です。

経太は「平成22年賃金構造基本統計調査」を使って、年収の違いがどのような属性と関連するかを知ることにしました。**統計データを利用する際には、調査対象の範囲、調査事項の定義を正確に理解することが非常に重要であると**、先生から何度も指摘されたからです。調べてみると、収入の種類がいくつもあることを発見しました。1カ月の所定内給与額、超過労働給与額、1年間の賞与・期末手当等の特別給与額（いわゆるボーナス）です。所定内給与額には基本給、職務手当、精皆勤手当、通勤手当、家族手当などが含まれるので、経常的に安定して受け取ることのできる収入に相当します。一方、超過労働給与額は、時間外勤務手当、深夜勤務手当、休日出勤手当、宿日直手当などのいわゆる残業手当で、月によって変動する安定しない収入です。特別給与も企業業績によって年ごとに変動します。『業界地図』の平均年収がこれらすべてを含んでいるなら、労働時間の対価として受け取る収入を企業ごとに比較できるような内容とはいえず、年によって収入額が少なからず異なってきます。経太は、活用するデータは吟味の上に吟味を重ねることの重要性を認識した思いでした。労働の対価として受け取る賃金である所定内給与額を基本として分析することにしました。

図表8－8は、学歴別にみた年齢階層別の所定内給与額です。高等専門学校・短期大学の卒業者と高等学校の卒業者の賃金の差がほとんどないのに対して、大学の卒業者・大学院修士課程の修了者の賃金はこれらを大幅に上回ります。それも年齢が増すごとに格差は大きくなっています。20代前半に12％上回っていた差が、40代後半には56％にも達しています。

大学で学べることにあらためて感謝し、再来年には無事に卒業せねばとの思いを強くしました。さらに、賞与・期末手当等の支給額を加えた**生涯賃金を推計**しました。60歳まで勤務するとの前提で、いずれの学歴についても60代前半は0・5年分の賃金を稼得し、大学卒は20代前半を2・5年、高専・短大

図表８－８　学歴別にみた年齢階層別の所定内給与額（１ヶ月；千円）

	全　体	大学・大学院卒	高専・短大卒	高校卒
全　体	296.2	370.9	267.0	261.7
～19 歳	167.8	—	—	168.4
20～24 歳	194.9	214.6	191.7	183.6
25～29	228.2	246.5	218.9	210.5
30～34	263.5	299.6	248.5	237.8
35～39	299.4	362.7	277.7	264.5
40～44	336.3	441.2	301.5	284.1
45～49	361.6	492.9	315.3	300.2
50～54	366.4	509.6	326.4	306.4
55～59	346.5	502.3	332.6	301.7
60～64	262.5	402.9	275.5	226.6
65～69	247.8	442.5	284.1	206.5

卒は20代前半を４・５年、高校卒は19歳以前を１・５年勤務するとして算出しました。大学卒の生涯賃金は、残業等の手当てや退職金を除いて２億２、８０５万円となりました。高専・短大卒は１億６、２３８万円、高校卒は1億5、５３５万円です。この標準的な賃金テーブルがこれからも続くと想定すると、大学4年間の授業料を支払い、この期間に勤労所得を得なくても、大学教育に対する投資効果は、生涯にわたって受け取る賃金から勘案して極めて大きいと判断できます。高等教育を受けられるありがたみと教育効果を実際に身につける必要性を痛感せざるを得ません。

統計データをビジュアル化して全体の特徴を捉えよう

統計データは図示すると全体的な特徴を把握しやすい。最初に作成したグラフが、図表８－９の男女別の賃金の推移です。男女間で10万円程度の差があるので、文子さんに悪いなと思いつつ、若

図表８－９　性別にみた賃金の推移

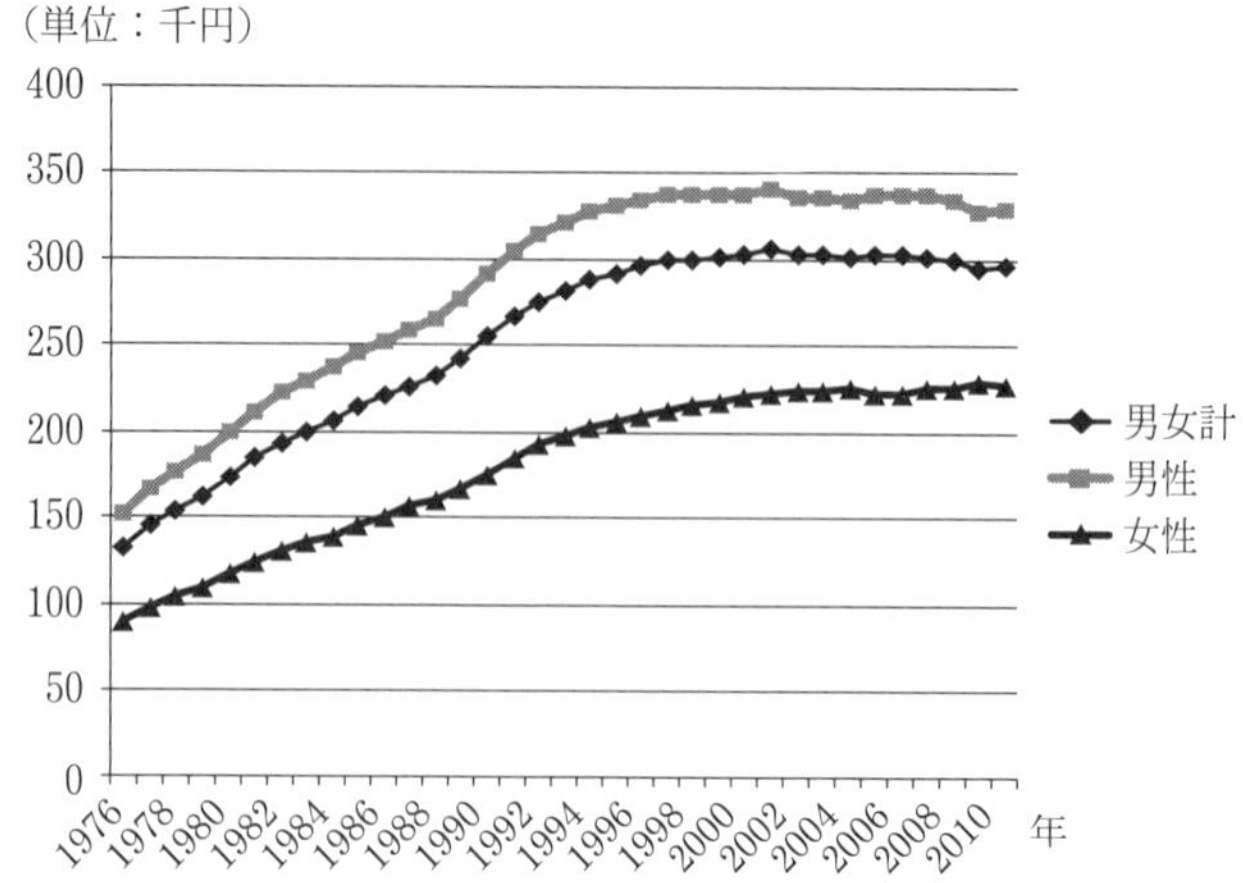

干優位な気分でした。ただ、男性の賃金は１９９５年以降、頭打ちであるのに対して、女性の賃金は10％程度増加しています。１９８６年に施行された男女雇用機会均等法の効果が徐々に効いてきて、当然ではあっても、これからは差が付かない世の中になっていくのかなと少し気になります。さらに、データを探索してみました。

図表８－10は、大学または大学院卒業者の年齢階層別の賃金分布です。この折れ線グラフを賃金プロファイルということを後で知りました。男女とも50歳頃まで賃金が増加し、50代半ばで頭打ちになり、60歳にかけてやや減少する傾向が見て取れます。

昔、会社勤めだったおじいちゃんの定年が55歳であったことを思い出し、その名残りかなと勝手に解釈しました。**データの示す情報から自分なりの仮説を考えて検討する**のも楽しそうです。俺って、調査・企画畑の仕事が向いているのかもと気楽に夢を膨らませました。男性の賃金に対する女性の賃金の比率は、50代前半の０・73から、若年層に向けて一貫して比率が高くなり、40代前半は０・76、30代前半は０・86、20代後半は０・93、20代

図表8－10　大学・大学院卒者の男女別にみた年齢階層別の賃金分布

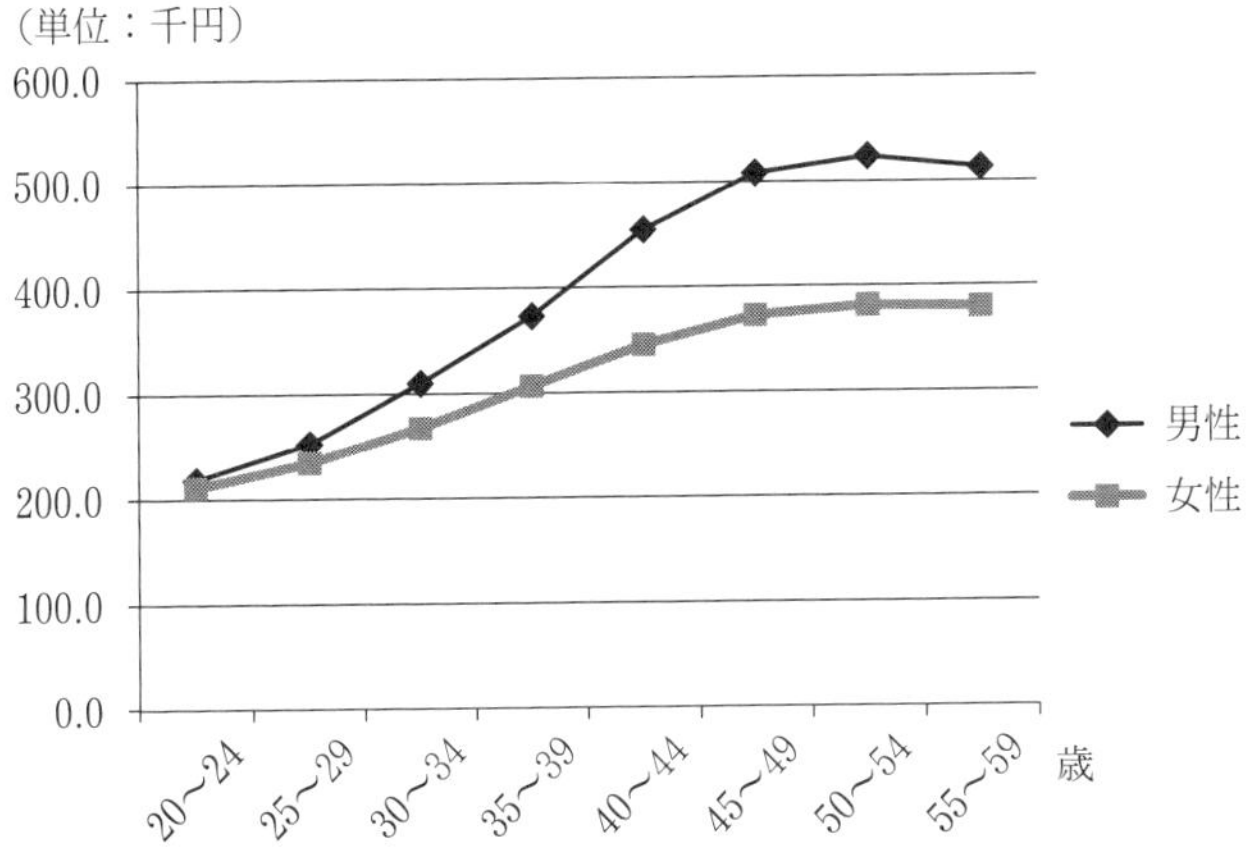

前半は0・96となっています。現在、定年が65歳に延長される方向にあり、40年後にはさらに延長されるかもしれません。そんな時代にはひょっとして、男性の賃金が女性より低くなっているかもしれません。

図表8－11は男性、図表8－12は女性の大学・大学院卒者の企業規模別にみた賃金プロファイルです。常用労働者1、000人以上を「大企業」、100～999人を「中企業」、10～99人を「小企業」に区分しています。男性については、どの年齢階層についても企業規模が大きいほど賃金が高いことがわかります。学生の就職活動で圧倒的に大企業志望者が多いことを捉えて、「寄らば大樹の覇気がない若者が多すぎる」と批判するマスコミや評論家が少なくありません。このグラフを見れば、誰だって大企業を第一志望とするのは当然じゃないか。もう少し、証拠に基づいて言説を構築してもらいたい、もっと**事実に真摯**になれよと言いたくなってきます。女性については、男性に比べれば格差が小さく、とくに大企業と中企業の差は小さいですが、大企業が収入面で恵まれていることに変わりはありません。

図表8－11　大学・大学院卒者の企業規模別にみた賃金プロファイル（男性）

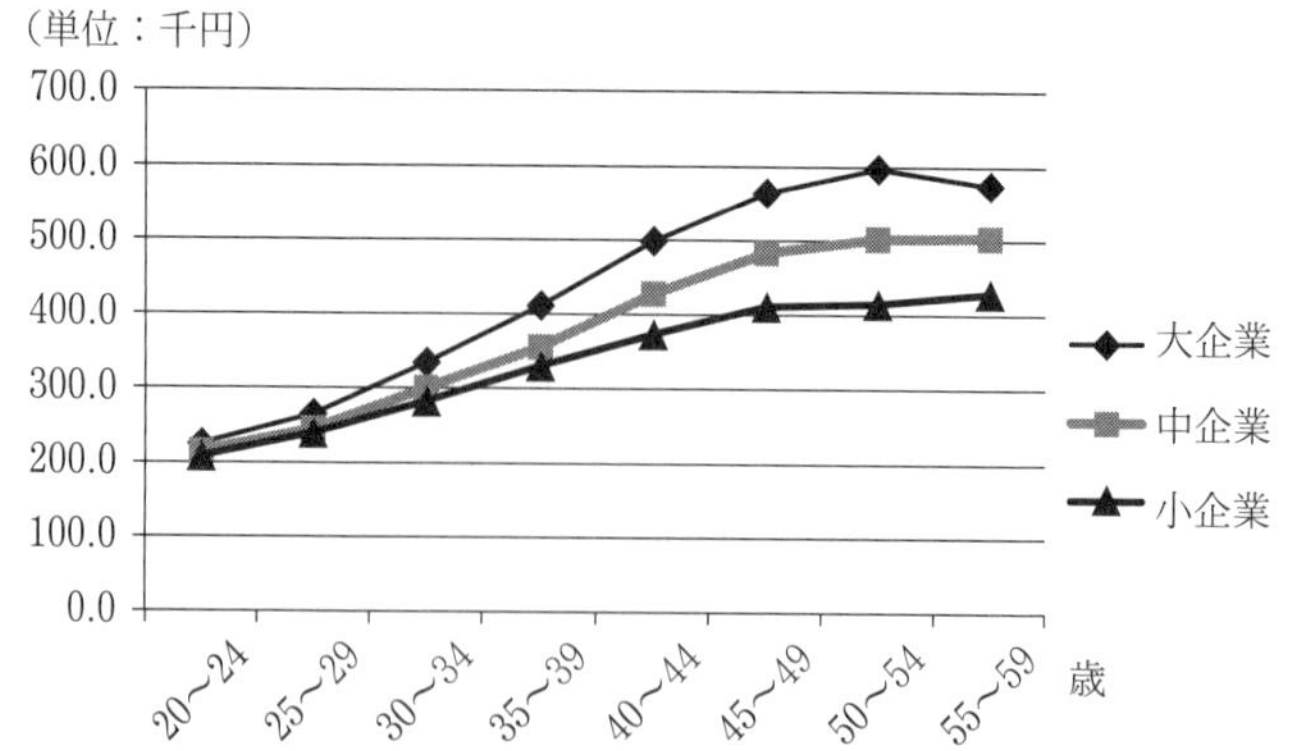

図表8－12　大学・大学院卒者の企業規模別にみた賃金プロファイル（女性）

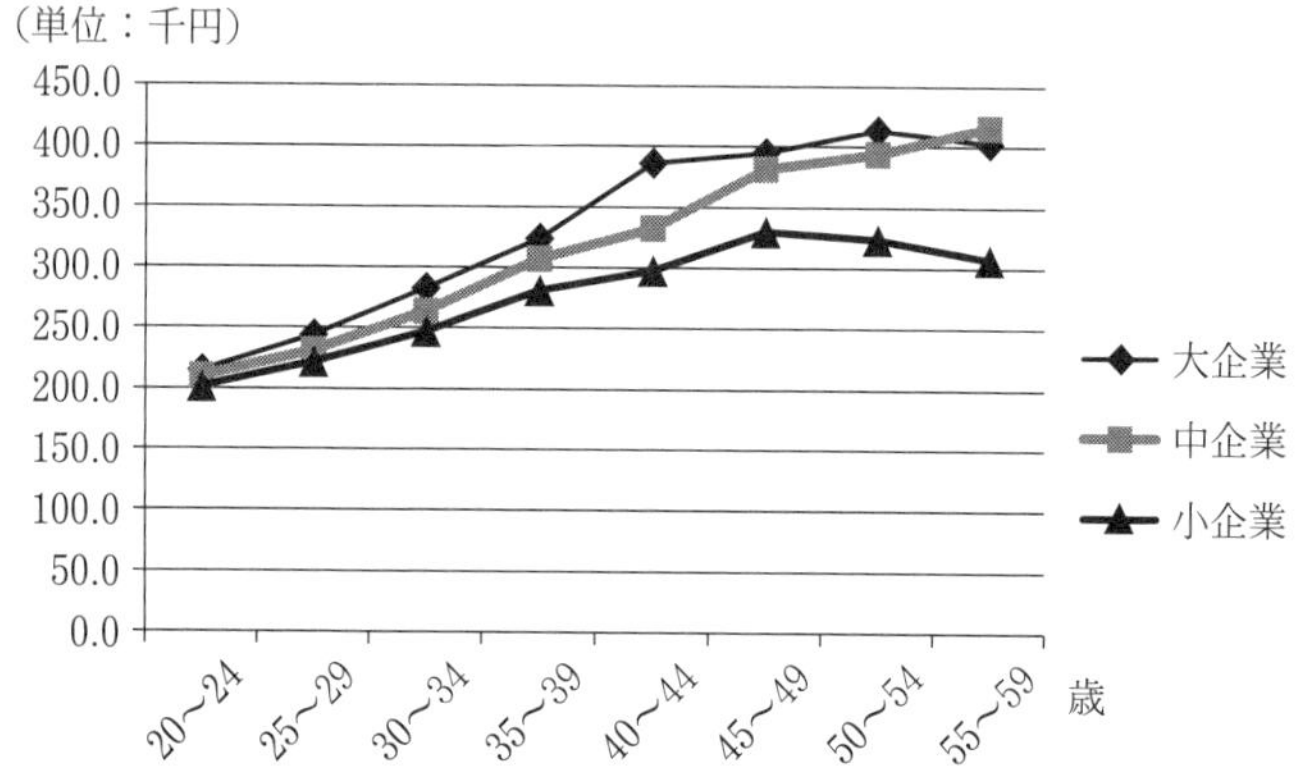

図表8－13は男性、図表8－14は女性の主要な産業ごとの賃金プロファイルを示しています。業界選択で最も関心のある重要な情報です。男性については、「金融業、保険業」の賃金水準が他の業界を圧倒しているのが明らかです。次いで、「情報通信業」「学術研究、専門・技術サービス業」「教育、学習支援業」です。消費者に密着した

図表８－13　産業別にみた賃金プロファイル（男性）

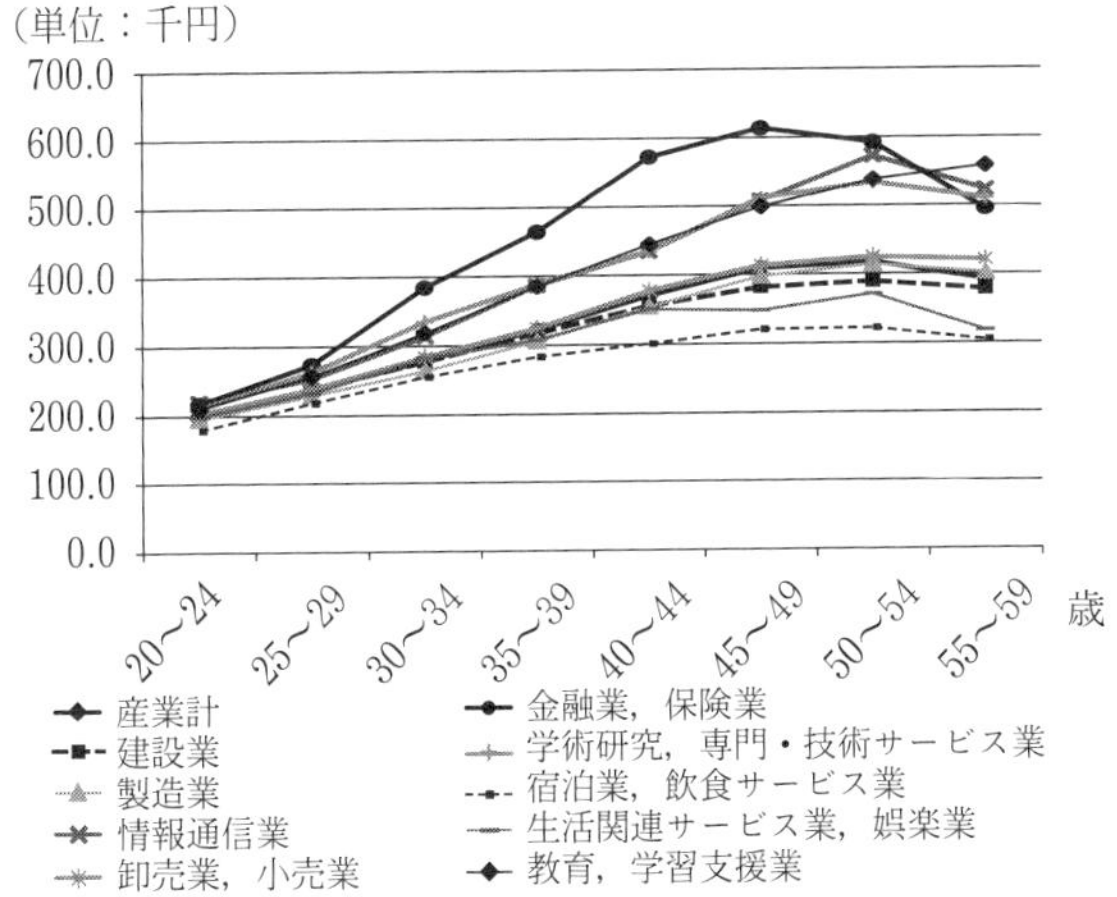

図表８－14　産業別にみた賃金プロファイル（女性）

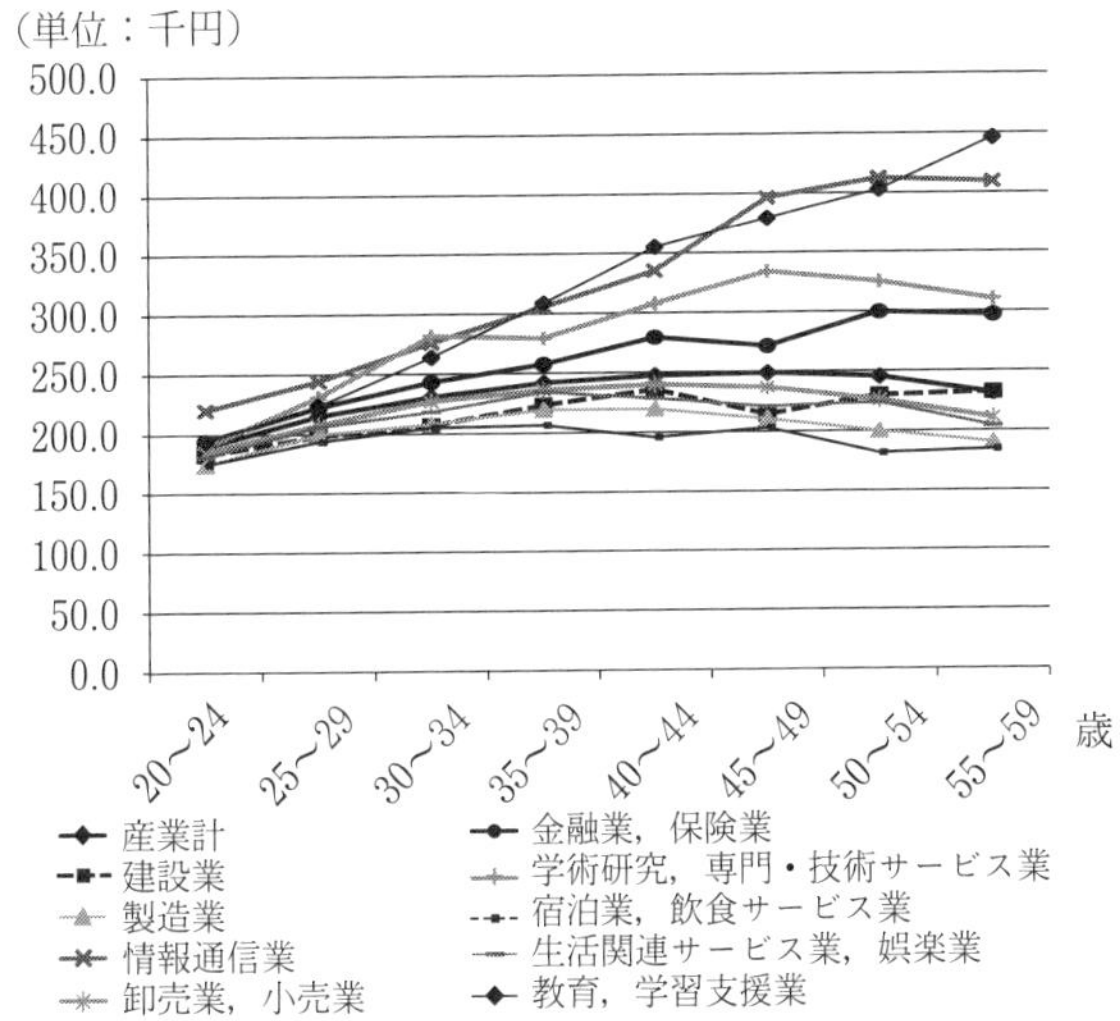

図表８－15　雇用形態別にみた賃金プロファイル（男女計）

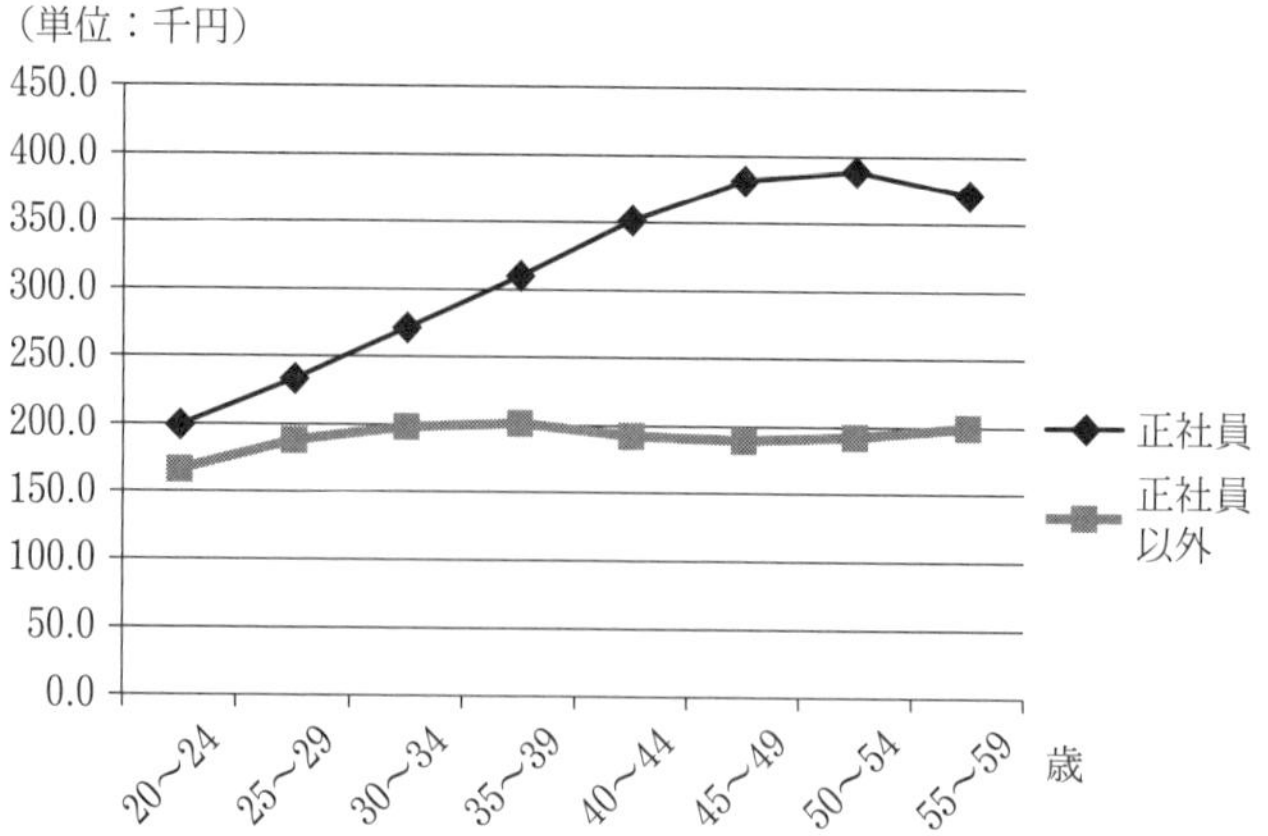

「宿泊業、飲食サービス業」や「生活関連サービス業、娯楽業」の賃金プロファイルは低位に位置しています。この結果だけからすれば、金融志望の学生が多いのもうなずけます。ところが、女性については、「金融業、保険業」の賃金水準は男性とは様相が異なります。「教育、学習支援業」についても同様です。これらの業界では、男女差別があるのでしょうか。

図表８－15は、雇用形態別にみた賃金プロファイルです。正社員・正規職員の賃金プロファイルが年功序列賃金のカーブを描いているのに対して、非正規の社員・職員の賃金カーブはほぼフラットです。齢を重ねて人生経験を深め、仕事に習熟しても給料は変化しません。現在、非正規雇用者は全雇用者の約３割にまで達しました。新卒者は就職後の３年間に毎年、ほぼ１割ずつ退職していて、その多くが非正規雇用者となるのが現実です。勤務先が倒産したケースもありますし、健康上のこともあるでしょうし、いろいろな事情があると思います。でも、ちょっとした不満や自らを過大評価して退職する若者も少なくないと聞きます。図表

8―15の冷厳な事実は、何らかのスキル、専門知識、能力を身につけるまでは軽々に退職してはいけないと伝えてくれています。就職したら、歯を食いしばってでも、力がつくまでは踏みとどまるぞとの思いが強くなりました。

先に疑問だった「金融業、保険業」の男女間で賃金プロファイルが大きく異なることも、女性の非正規の雇用者の比率が高いことによるのかもしれません。そういえば、銀行窓口の女性社員は非正規に切り替わってきていると耳にしますし、保険の外務員の女性も非正規雇用が大半です。また、「宿泊業、飲食サービス業」や「生活関連サービス業、娯楽業」の企業は小規模のところが多いため、全体の賃金プロファイルを描くと図表8―13、14のようになったのかもしれません。さらに、女性従業者は若年層の比率が相対的に高く、総合職よりも一般職で働いている人が多いことも考えられます。

これまでに、中高年層における性別、学歴、企業規模、雇用形態の属性が賃金水準に密接に関連することを観察してきました。これらの属性の比率は、産業ごとに異なります。純粋に産業の賃金特性を求めるには、これらの属性をコントロールした下での産業間の賃金格差を捉える必要があります。その手段として、これら属性を多次元でクロスした集計表が有力ですが、公表されている統計結果から直接には利用可能でありません。ただし、公表されたデータからだけでも計量経済学の手法を使えば、多次元クロス表と同等の分析が可能であると先生から伺いました。ぜひ勉強して、次の機会に取り組みたいと思います。

福利厚生の関連統計

分析に熱中している間に、どこかに行っていた文子さんが戻ってきました。作成した図表をもとに得々

図表8－16　大学卒の初任給の推移

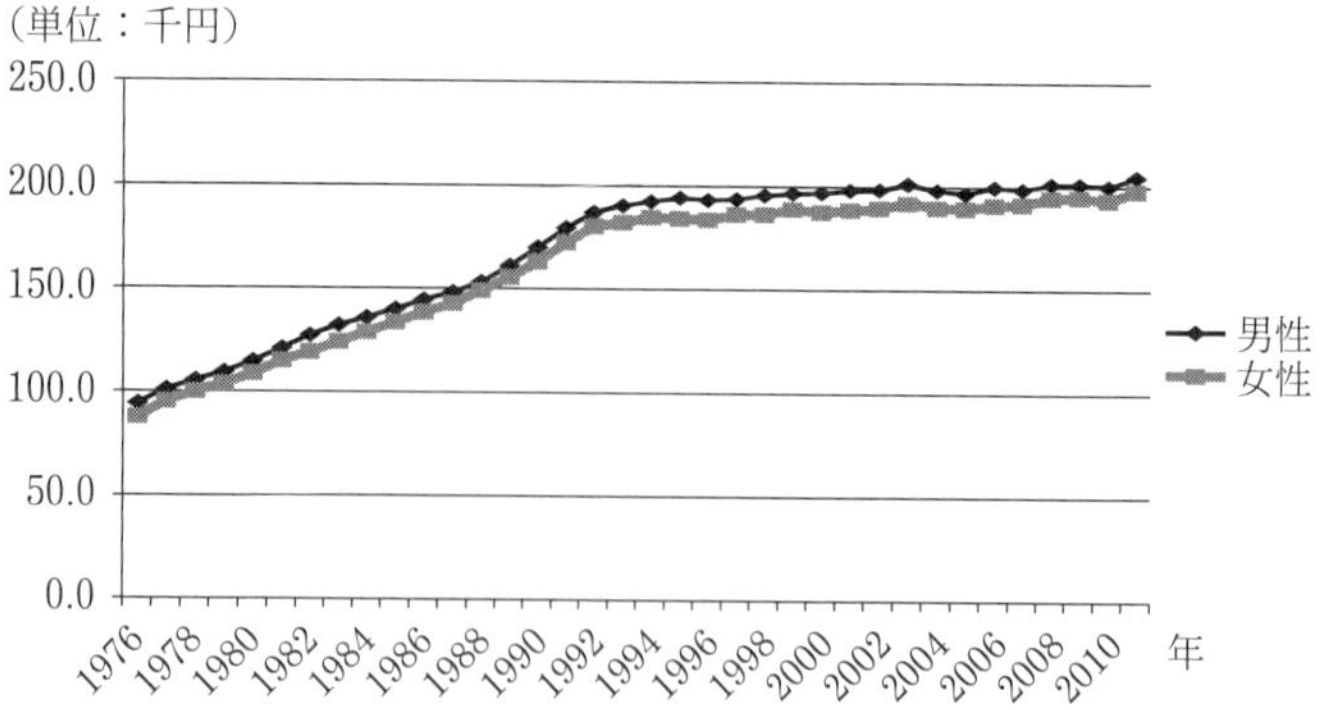

と説明していたら、単刀直入に、「企業に入って受け取る初任給はいくらなのよ」と聞かれたのです。図表8－16を2人で眺めて唖然としました。

この20年近く、ほとんど上がっていないじゃないか。文子さんは気を取り直して、年次有給休暇の日数、その消化状況、フレックスタイム制度、育児休業制度等々の福利厚生の状況について矢継ぎ早に質問します。「厚生労働省の「就労条件総合調査」や中央労働委員会の「賃金事情等総合調査」を自分で調べてみたら。福利厚生にはあまり特段の関心がないからね」と、ちょっと前に知ったばかりの情報を伝えて、その場を取り繕いました。「賃金構造基本統計調査」の集計対象となった事業所のうち、約3割しか新卒の採用をしていません。大卒者を取り巻く雇用環境は依然として明るくないのです。早めに準備はしっかりしておきましょう！

（舟岡史雄）

4　偏差値って何だろう

学習のポイント

① データを分析するとき、平均と分散（標準偏差）を計算するのがまず第一歩。
② データを代表する値は、平均以外にもいろいろある。
③ 全体の中で、個々のデータがどこに位置するかを表現したものが、偏差値。

はじめに

経太は、机の中から高校生時代に受けた古い模擬試験の結果を見つけました。そこには、当時何度も目にした偏差値の数字が並んでいました。「偏差値は50より上なら平均以上で、60台なら結構いい成績だってことは知っていたけど、詳しいことはよくわからなかったなあ。せっかく大学生になったのだから、ちゃんと勉強してみるか。」

それでは、経太と一緒に、どんなふうにデータを整理していけばよいかについて勉強してみましょう。

データとその要約

データと言われて、みなさんはどんなものを想像しますか。多分多くの人は、数字を想像するのではないでしょうか。データ＝数字、こんなふうに考えがちなのには理由があります。私たちの毎日は、情報に満ちあふれています。それは、最初から数字の形をとることもありますが、音だったり画像だったり、何らかの物体（たとえば、雨）だったりもします。しかし、多くの場合、これらをそのまま分析するのではなく、一度数字に置き換えることが多いのです。音や画像も、現在は多くの場合、デジタル化されて保存されていることを皆さんは知っていると思いますが、デジタル化とは数字（正確に言えば、0と1の数字の組み合わせ）に置き換えることです。雨がどれくらい降ったかは、雨量計という計測器で数字で表現されます。というわけで、データ＝数字と思っても、おおよそ間違いではないのですが、ここでは1つだけ注意しておきましょう。実は、数字に置き換えることによって、元の情報の一部は多かれ少なかれ失われてしまっているのです。音楽をデジタル化してCDにするときに、人間の耳では到底聞き取れない周波数の部分をカットしたりするのは、その1つの例ですね。

さて、データが数字として与えられれば、それで終わりなのでしょうか。残念ながら、そういうわけにはいきません。データというものはそのままの形でほうっておいては、そこから何かを学ぶことは非常に難しいのです。たとえば、経太が高校時代に受けた模試を考えてみましょう。大きな予備校の主催する模試では、受験者が20万から30万に達します。これらの受験生の得点がただ並んでいる何十枚にも及ぶ紙を渡されても、困りますよね。受験生が知りたいことは、たとえば、「自分は総合点で何番くらいなのだろうか」「どの科目が良くできて、どの科目ができなかったのか」、そして最終的には「志望校に合格する確率はどれくらいなのか」といったことでしょう。残念ながら、こうした疑問に対する答えを、生のデータそのものは教えてくれません。

データから自分の知りたいこと、学びたいことがすぐにわかるようにするには、元のデータをいろいろいじって（データを加工するという表現をつかったりします）、最終的には、元のデータに比べて非常に少ない量のいくつかの要素を抽出することが必要になります。これをデータの要約と呼びます。次の節からは、データの要約の初歩的な方法を学んでいきましょう。初歩的と言っても、この知識があるだけで、日々の生活において情報への接し方は随分と変わったものになるはずです。

代表値

誰かと出会った時、真っ先に知る必要があるものが、その人の氏名であるように、データに関しても、何よりも最初にそこから抽出すべき情報があります。1つの数字で、膨大な全データをいわば**代表**するものであり、その意味で**代表値**と呼ばれます。代表値の取り方にはいくつかの種類がありますが、最もよく使用されているものが、皆さんも良く知っている**平均**です。実は、平均といっても何種類かの平均があり、普通にただ平均といった場合は、**算術平均**というものを指しています。データをすべて足し、データの数で割ることによって算術平均は得られますが、その他にも**幾何平均**、**調和平均**といった別の種類の平均があります。これらは、データの種類に応じて使い分ける必要がありますが、詳しくは「最後に」にのっている参考文献を見てください。

平均は全データのある意味での中心と考えられますから、確かにデータを代表する1つの値としてふさわしいものではありますが、1つの欠点があります。それは、データの中に飛びぬけて大きな値があると、それに大きく影響を受けてしまって、データを代表する数字としてはふさわしくなくなってしまうという点です。以下の簡単な例で考えてみましょう。

経太は、アルバイトで毎月2万円ほど稼いでいます。周りの友達4人にアルバイトでいくらくらい稼いでいるか聞いてみたところ2万円、2万円、4万円、15万円という答えが返ってきました。自分も含めて5人の平均は、（2＋2＋2＋4＋15）／5で5万円ということになります。この5万円という額を5人の代表値とすると、少し変な感じがしますね。代表値といいながら、5人中4人はそれ以下ですし、一番多い2万円という数字の2倍以上になっています。これは、15万円という数字が他の4つに比べて飛び抜けて高いせいであるのは明らかですね。たとえばそれ以外の4つの数字の平均は、（2＋2＋2＋4）／4で2・5万円という数字になり、これならば代表値と言われてもしっくりきます。右の15万円のような、他より飛び抜けた数字を統計学では**異常値**や**極値**と呼んで、こういった値が統計上の計算に影響を及ぼさない工夫がいろいろと考案されています。

ここでは、代表値の中で、こうした異常値の影響を受けにくいものを2つほど勉強してみましょう。1つは、**中央値（メディアン）**と呼ばれるものです[1]。これは、すべてのデータを大きさの順番に並べた時に、ちょうど真ん中に来るものです。先のアルバイトで稼ぐお金の例ですと、上から3番目の数字である2万円が中央値になります。

もう1つは、**最頻値（モード）**と呼ばれるものです。これは、同じ数字であるデータがいくつあるかを数えたときに、一番多くなる数字です。先の例でいえば、2万円という数字が3つで一番多かったので、2万円が最頻値になります。最頻値は、このようにデータの数字そのものに当てはめる場合よりも、階級別にそこに属するデータの数を数え、最もデータの数が多かった階級を最頻値とすることが実際には多いのですが、一番目にすることが多いデータという意味ではどちらも同じです。

最後に、実際の経済データで3つ[2]の代表値である、平均値・中央値・最頻値を比較してみましょう。次ページの図は、総務庁統計局のＨＰの「平成21年全国消費実態調査　家計資産に関する結果の要約」

図表8－17　家計資産の分布

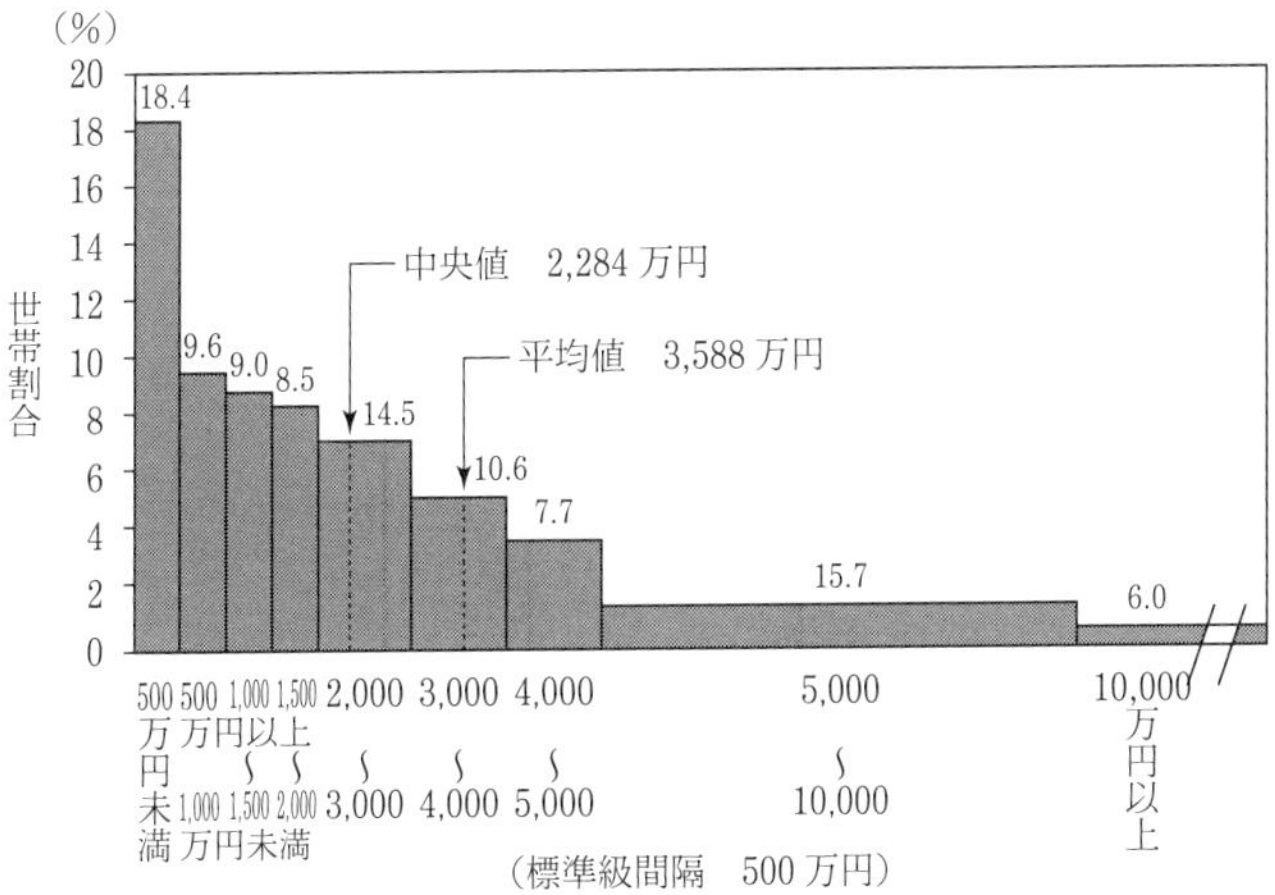

から転記したものです。

この図は、家計資産（各世帯のもっているお金や土地などの財産のことです）を、階級ごとの割合で示したものです（図では、階級の幅が各階級で違っていて、その幅で実際の割合を調整していることに注意してください）。平均値は3、588万円であるのに対し、中央値は2、284万円、最頻値は一番左端の階級である500万円未満の階級となります。経済データにおいては、この図（このような階級別に割合を示したものをヒストグラムと呼びます）のように、左から右にかけて階級別のデータの数が減っていく、すなわち値の小さいデータの数が一番多く、だんだん値が大きくなるにつれて、データの数が減っていくというタイプのデータが多く見られます。こういったデータでは、平均値は大きな数字の影響を強く受けてしまうので、その数字に違和感を覚えることがよくあります。実際、総務庁統計局の要約にある通り、平均以下の資産の世帯が全体の約3分の2を占めているのですから、多くの人は3、588万円という数

図表8－18　数学の得点

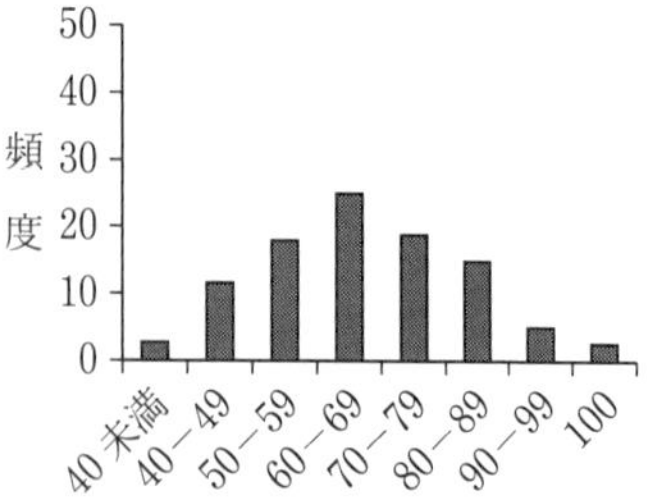

図表8－19　英語の得点

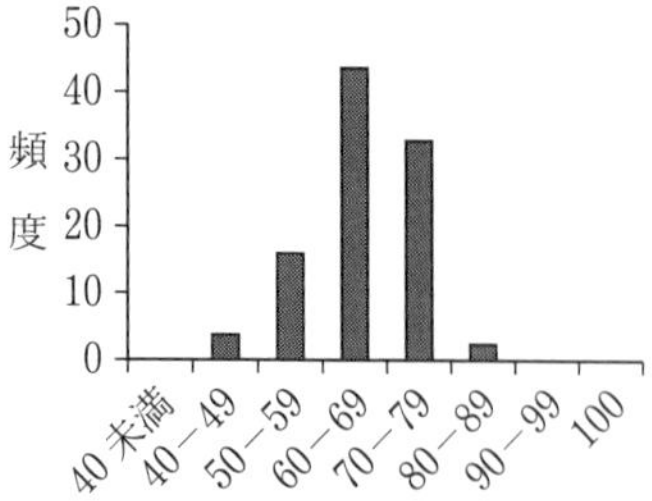

字を見て、こんなに資産をもっているのが普通なのかと、ちょっと驚く（がっかりする）のではないでしょうか。

データのちらばり

たくさんのデータを1つの値で代表させる、これが代表値の考え方でした。何百、何千のデータを見なくとも、たった1つの代表値を見ればいいだけですから、大幅に手間が省けて助かるのですが、残念ながら代表値だけ見ていたのでは大事な情報が抜け落ちてしまうことがあります。その1つが、データの**ちらばり**です。例を挙げて、考えてみましょう。上記の図は、ある数学と英語の試験の結果をヒストグラムにしたものです。両方のデータの平均は共に63点ですが、明らかにヒストグラムの形は違っていますね。

このグラフを見ると、データのちらばりに差があることがわかります。数学では満点を取った人や逆に40点未満の人もいて、全体的に人によって点差が大きいのがわかります。一方、英語の場合はおおよそ4分の3の人が60点・70点台であり、数学のように極端に成績が良かったり悪かったりする人はいないのがわかります。前者のようなデータをちらばりの大きいデータ、後者のようなデータをちらばりの少ないデータと呼びます。このように、ヒストグラムを書くと、視覚的にデータのちらばりを見ることができるのですが、数字ではっきりとちらばりを表すこともできます。そのための道具がこれからお話する分散や標準偏差です。

分散は次のようにして計算します。①各データから、平均を引く。このデータのことを偏差と呼びます。偏差は、各データが平均からどのくらいずれているかを示したもので、プラスになったりマイナスになったりしますが、全部足すと必ずゼロになります。②この偏差を二乗（平方）して、すべて足します。この値のことを、偏差平方和と呼びます。③偏差平方和をデータの数で割ります。[3] こうして計算した分散は、つまり正かゼロの値しかとりません。ゼロになるのはデータがすべて同一の値である場合、つまりデータのちらばりがまったくない場合、そして分散の値が大きくなるほどデータのちらばりは大きいと考えられます。実際に上記の数学と英語の得点それぞれの分散を計算すると、前者は約263、後者は約59となります。分散は、計算の途中で偏差を二乗していますので、データの散らばりがある意味で誇張されています。そこで分散のルートをとることによって元のデータと同じ規模にもどした**標準偏差**もよく使います。先の例でいえば、数学の標準偏差は約16・2、英語のそれは約7・3です。

　こうして、平均だけでなく、ちらばりの指標である分散あるいは標準偏差もあわせて使えば、データから得られる情報はより豊かなものになります。もちろん、データからさらにいろいろな情報を抽出することができます。**四分位数**《しぶんいすう》、**尖度**《せんど》、**歪度**《わいど》などさまざまな道具がありますが、これらは統計学をさらに深く勉強する機会に学ぶことになるでしょう。

個々のデータの位置づけ

あるデータ（たとえば、数学の試験結果で60点という得点）が上から何番目くらいかということは、非常に重要な情報です。しかし、データすべてが手に入ればいいのですが、そうでないことは多々ありますので（上の例でいえば、全員の得点が公表されないことは良くありますよね）、何らかの方法で順番を推測できれば大変便利です。

さきほど、図表8—18で数学の得点のヒストグラムを見ましたが、このように真ん中に頂点があり、そこから左右均等に度数が徐々に減っていくという形のヒストグラムは、経済データについては珍しいのですが、難易度が適度に作られたテストなどでは、よくこういった形になります。実は、統計学をさらに勉強していくと、必ず**正規分布**と呼ばれるものを勉強するのですが、この左右対称な山形のヒストグラムは、この正規分布と深い関係があり、この正規分布の性質を使うことで、平均と標準偏差から個々のデータの位置づけを、おおよそ推測できるのです。

具体的には、個々のデータが、平均から標準偏差何個分離れているかを計算します。つまり、個々のデータから、平均を引き、標準偏差で割り算します（これをデータの標準化と呼びます）。この標準化されたデータの大きさで、そのデータがおおよそ上から何番目くらいに位置するかがわかるのです。たとえば、標準化されたデータの大きさが、2・0くらいだとすると上から全体の2・5％くらいの位置にあることになります。データが100個あれば、上位2、3番目に位置すると推測できます。

このように、標準化されたデータは、そのデータの全データの中での位置をおおよそ教えてくれるわけですが、ほとんどの場合、絶対値が3以内の小数になること、またマイナスになることも多いため、日常生活では少々扱いにくい面があります。そこで、標準化データをさらに10倍して、50を足すという操作をします。実は、これが**偏差値**なのです。標準化の定義からたどればすぐにわかることですが、ちょうど平均に等しいデータであれば偏差値は50になり、逆に偏差値が50以上（以下）なら、そのデータは平均より大きな（小さな）データであることがわかります。また、先ほどの例を偏差値に置きなおすと、偏差値70のデータは上位2、3％に位置すると推測できることになります。

最後に

今回は、統計学の入門部分を簡単に紹介しましたが、これは広大な統計学のほんの一部分にすぎません。アメリカの大学には統計学部という学部があったりしますが、4年かけて勉強しても、まだしたりないくらいそれくらい奥の深い学問です。データを扱う学問としての統計学に、さらに一層の興味をもっていただければ幸いです。

ここでお話したのは、統計学の初歩的な部分で、専門用語で言うと**記述統計学**と呼ばれる分野に該当します。この記述統計について勉強したい人は、『データ分析　はじめの一歩』（清水誠著、講談社ブルーバックス）が良い入門書となるでしょう。また、推定や検定といった**推測統計学**と呼ばれる分野については、たくさんの教科書がありますが、文系の人にも読みやすい入門書として、『コア・テキスト　統計学』（大屋幸輔著、新世社）を挙げておきます。

【注】

（1）データの数が偶数の場合は、ちょうど真中にくるデータが無いので、その両端にあるデータの平均をとります。例えば、１００個のデータの場合、50番目と51番目の数字の平均をとればよいのです。

（2）http://www.stat.go.jp/　このＨＰにはたくさんの経済・社会データがありますので、大学での勉強、研究に大いに活用してください。

（3）場合によっては、（データの数−1）で割ることもあります。どちらを選ぶかは、分散を何の目的で使うかに依存します。

（椎名　洋）

《著者紹介》（執筆順）

広瀬純夫（ひろせ・すみお）担当：第1章1
信州大学経済学部准教授

西村直子（にしむら・なおこ）担当：第1章2
信州大学経済学部教授

岩﨑徹也（いわさき・てつや）担当：第1章3
信州大学経済学部教授

吉村信之（よしむら・のぶゆき）担当：第2章1
信州大学経済学部准教授

青才高志（あおさい・たかし）担当：第2章2
信州大学経済学部教授

中村絵理（なかむら・えり）担当：第2章3
信州大学経済学部講師

村上範明（むらかみ・のりあき）担当：第3章1
信州大学経済学部教授

篠原隆介（しのはら・りゅうすけ）担当：第3章2
法政大学経済学部准教授（元信州大学経済学部准教授）

井上信宏（いのうえ・のぶひろ）担当：第4章1
信州大学経済学部教授

樋口　均（ひぐち・ひとし）担当：第4章2
信州大学経済学部教授

荒渡　良（あらわたり・りょう）担当：第5章1
名古屋大学大学院経済学研究科准教授（元信州大学経済学部講師）

山沖義和（やまおき・よしかず）担当：第5章2
財務省財務総合政策研究所客員研究員（元信州大学経済学部教授）

徳井丞次（とくい・じょうじ）担当：第5章3
信州大学経済学部教授

真壁昭夫（まかべ・あきお）担当：第6章1
信州大学経済学部教授

青木達彦（あおき・たつひこ）担当：第6章2
元信州大学経済学部教授

天野雅徳（あまの・まさのり）担当：第6章3
（独）工業所有権情報・研修館（元信州大学経済学部教授）

金　早雪（きむ・ちよそる）担当：第7章1
信州大学経済学部教授

川上尚恵（かわかみ・なおえ）担当：第7章2
神戸大学留学生センター専任講師（元信州大学経済学部講師）

武者忠彦（むしゃ・ただひこ）担当：第7章3
信州大学経済学部准教授

六浦光一（むつうら・こういち）担当：第7章4
信州大学経済学部教授

関利恵子（せき・りえこ）担当：第8章1
信州大学経済学部准教授

井上朋久（いのうえ・ともひさ）担当：第8章2
信州大学経済学部助教

舟岡史雄（ふなおか・ふみお）担当：第8章3
（財）日本統計協会専務理事（元信州大学経済学部教授）

椎名　洋（しいな・よう）担当：第8章4
信州大学経済学部教授

（検印省略）

2012年11月10日　初版発行
2014年 5 月10日　二刷発行　　　　略称－大学生経済

大学生が出会う経済・経営問題

―お金の話から就職活動まで役立つ基礎知識―

編　者　信州大学経済学部経済学科
発行者　塚田尚寛

発行所　東京都文京区
春日2-13-1　株式会社　創成社

電　話　03（3868）3867　　ＦＡＸ　03（5802）6802
出版部　03（3868）3857　　ＦＡＸ　03（5802）6801
http://www.books-sosei.com　振　替　00150-9-191261

定価はカバーに表示してあります。

ISBN978-4-7944-3136-3 C1033
Printed in Japan

組版：緑　舎　　印刷：亜細亜印刷
製本：宮製本所
落丁・乱丁本はお取り替えいたします。